講談社文庫

増補改訂版

ふたりのトトロ

—宮崎駿と『となりのトトロ』の時代—

木原浩勝

講談社

目次

増補改訂版

ふたりのトトロ

——宮崎駿と『となりのトトロ』の時代——

原徹さんへ――

プロローグ

１９８６年……まだ夏の暑さが残っている頃のスタジオジブリ。

制作部で作業をしている僕の背中がポンと叩かれた。

振り返ったそこに宮崎駿監督が立っている。

「木原君、二人で『トトロ』を始めます」

その一言に胸が熱くなる。

そしてこの瞬間、『天空の城ラピュタ』制作終了後から抱き続けた焦りと不安の日々が終わりを告げた。

しかしまだこの時は次の制作が決まったと言われていた高畑勲監督作品の、さらなる次の作品を指している事だと思っていた。

遡(さかのぼ)ること３ヵ月前、１９８６年８月２日の朝。

僕たち制作部は１本の電話を待っていた。

スタジオジブリデビュー作にして宮崎駿監督初のオリジナル劇場用長編アニメーション『天空の城ラピュタ』が完成したのはこの日からわずか10日前の７月23日。

全国洋画系ロードショーとして公開されることとなっていたが、その劇場数は北から南まで１０３館にも及ぶ。

果たして完成した『ラピュタ』の35ミリフィルムはちゃんと届いて初日を迎えられるのだろうか？

その報告を待っていたのだ。

トゥルルル……。

「はい、スタジオジブリです」

受話器を取ったのは制作デスクの押切直之(おしきりなおゆき)さん。

…………

あまりに長く感じる緊張の時間……。

ガチャ。

「全国の映画館で無事に上映が始まったそうです」

この一言は足掛け2年にわたった『天空の城ラピュタ』の制作が完了したことを意味していた。

（完成した『ラピュタ』の〝その後〟はどうなったのか？　詳しくは『増補改訂版　もう一つの「バルス」―宮崎駿と『天空の城ラピュタ』の時代―』〈講談社文庫〉の書き下ろし「文庫版特別章」をお読みください）


僕がジブリに正式に入社した1985年10月21日。

目の前には机に向かって『ラピュタ』絵コンテをひたすら描き続けている宮崎さんの姿があった。

宮崎さんは普通のパイプ椅子に胡坐をかいて作業をしていた。

黙々とただひたすらに。

そして机を見て驚いた。

『ラピュタ』冒頭のスラッグ渓谷を描くにあたり宮崎さん自身が撮影したイギリス・ウェールズの写真が机のあちこちに貼ってあったのだが、これが全て空ばかり。

いや、正確には雲を捉えた写真ばかり。

凄い！　新しい映画は〝雲を描く〟作品なんだ!!

僕はこの人が〝変〟だと耳にしていたからこそ、普通ではありえない妙な納得をしてしまった。

宮崎さんがこれまで生み出した数々の作品は、空想とアイディアに満ちていた。

それらを作り上げた人が必要としているのは、わざわざ渡英までして見た空を流れて行く雲ばかり……。

やはり〝変〟でなければ凄いモノは作れない。


そんな出会いから10ヵ月。

『ラピュタ』が公開された後の僕の頭の中は、ウェールズの空みたいになっていた。

空を目的もなく流れていく雲。ポッカリと穴が空（あ）いたような喪失感……。

スタジオジブリで働くスタッフは作品ごとの契約。いわば傭兵（ようへい）部隊みたいなものだ。

だから制作中であっても作業が終わった人から元のスタジオに戻ったり、別の作品のスタジオに行ったりするので、次々と空席が出来ていく。

一人去り、二人去り……無人にどんどん近づいていく日々。

やがて制作部にはデスクの押切さんと僕の二人しかいなくなってしまった。

次の企画も決まっていないので、いつ代表の原徹(はらとおる)さん（通称：社長）から肩叩きされるかわからない状況。

新人の僕がここまでジブリに残ることができたのは、おそらくトップクラフト出身で、元々原さんの部下であったからに違いないと思っていた。

もちろん暇な毎日を過ごしていたわけではない。

終わった『ラピュタ』の残務が山とある。

しかしモノを作っていないアニメスタジオの仕事なんて、切羽詰まったスケジュールに追われていないわけだから暇も同然。そんな風に思うほど、僕のアニメ制作への熱はちっとも冷めていなかった。

あんなに辛(つら)くて忙しかった時期を恋しがるのだから変なモノである。

それにしても、あまりにも何も言われなさすぎた。

原さんから何も言われないままでは次の会社探しも出来ない。

このままでいいのか？　どうすればいいんだ？

僕の焦りと漠然とした不安が同居する日々が始まった。

第1章

トトロ前夜

代表の原さんの顔が『ラピュタ』公開後、時が経てば経つほど曇っていった。

理由は新人同然の僕にだってわかる。

次回作がなかなか決まらないからだ。ジブリは劇場用アニメ制作に特化した会社だから、車やコピー機のリース料金、もちろん僕の給料などスタジオの維持に関わる経費は基本的に制作予算で賄われる。次回作が決まらないと予算どころではない。

つまり新企画が動き出すまでのスタジオの運営・維持費をどこからか捻出しなければならない状態に陥っていたのだ。

原さんはトップクラフト解散後、徳間書店がスタジオジブリを設立する際に、請われて代表の仕事についている。

かつて東映動画で高畑勲監督と宮崎さん達が作った『太陽の王子 ホルスの大冒険』（1968年）で企画を務めた他、数多くの東映テレビアニメを手がけ（クレジットされてはいないが『宇宙パトロールホッパ』では原作までこなしている）、退職ののち、トップクラフトを設立。

『ホビットの冒険』『王の帰還』を原作とした『フロド』などのテレビスペシャルアニメや、劇場用長編アニメ『ラスト・ユニコーン』（日本未公開）などを制作している。いわば海外との合作アニメの先駆者的存在だ。

もちろん『ラピュタ』の前作『風の谷のナウシカ』の制作を取り仕切ったのだから、原さんほどジブリの初代代表にふさわしい人物もいないだろう。

だがスタジオジブリは原さんの会社ではないし、原さんは親会社たる徳間書店の人間でもないため、〝会社として〟他社からアニメの制作依頼を受けることが出来ないのである（次の仕事が始まるまでアニメーターに場所を貸すことは出来ても、テレビアニメやＯＶＡの1本さえ受注出来ない）。

他社の制作を請け負ってしまうと中断など出来ないから、もしその制作途中に次のジブリの作品が動き出してしまった場合、最初から自社作品の制作スケジュールに遅れが生じる。

他社作品を含めてアニメそのものを制作せず、自社の企画が通って予算が決定するまで、会社の維持につとめなければならない……という状態が原さんの顔を曇らせていたのだ。

せっかく1作目の『ラピュタ』が終わったというのにいつ頃動き出すのか分からないこの状況は、一種の冬の時代の到来を感じさせた。

親会社あってのスタジオではあるので、いきなり倒産の危機などという話にはならないだろう。

トップクラフトを立ち上げて10年以上も経営をしてきた原さんだ。

いくら自身の会社ではないとはいえ、代表を任されたからにはジブリの維持や運営をどうにかしてできないものかと頭を悩ますのは当然のことだ。

そんな曇った顔の原さんを見ていたある日、僕はアニメ専門誌「アニメージュ」で、アニメのセルを売買する専門業者の広告を目にした。

『ラピュタ』のセルは廃棄処分と決まっていたので、これをジブリで通販してはどうでしょうかと、僕は原さんに提案したのである。

売れば維持費に当てられるし、廃棄すべきセルのゴミだって減るのだから一石二鳥。

「こんなモノが本当に売れるんか？」

と原さんは半信半疑ではあったが、なんとかゴーサインをもらう。

もちろんスタジオの維持費の捻出が重要ではあるけど、仕事がなければ会社に残れるかわからない僕にとっても重要な提案だった。

さて、その通販は開始直後から軌道に乗り、スタジオの維持費として貢献できるようになったのだが、現場にはまだ次回作決定の知らせが届かないまま秋を迎えていた。

そんな中、スタジオに残っていた『ラピュタ』の演出助手を務めた木村哲(きむらてつ)さん、須藤典彦(すどうのりひこ)さんから相談を持ちかけられた。

「オリジナルアニメの企画を立てませんか？」と。

もちろんジブリで制作出来るとは本気で思っていない。

でも面白い企画としてまとまったら別の会社がアニメ化してくれるかもしれない。

二人はそう思ったのだ。

きっと『ラピュタ』という初オリジナル作品を作った宮崎さんの情熱に影響を受けたのに違いない。

僕も喜んで飛びついた。

キャラクターデザインとイメージシーンを描いたのは『ラピュタ』で原画を務めた

近藤勝也さん（後に『魔女の宅急便』でキャラクターデザインと作画監督を担当）。

近藤さんは『ラピュタ』で演出助手をしていた飯田つとむ（馬之介）さんが初監督を務める『デビルマン』（ＯＶＡ）の原画作業が控えていたので、このオリジナルアニメの打ち合わせ後すぐにキャラクターを作り上げた。

だが企画書……というよりプロット（物語のあらすじ）は完成までに至らず終わってしまう。

タイトルすら僕はちゃんと目にした覚えがない。

おぼろげながら覚えているのは、地球の環境破壊がテーマに入っていたことくらいだろうか……。

１９８６年というこの時代は、まだ〝世紀末〟に対する不安が色濃くあった。

完成には至らなかったこの企画だが、近藤さんが描いた絵は今でも僕の手元に残っている。

『ラピュタ』と『トトロ』の間にジブリの机上で生まれつつも、その存在さえ知られないまま終わった幻のキャラクター達を絵とともに紹介したい。

舞台は未来の日本。

主人公の名はジン（原画①）。

おそらく宇宙船（原画⑬・⑭）で地球にやってきてカプセル（原画⑯）で移動したのであろうヒロインのフィーナ（原画②）と、友人か弟か不明（弟っぽくはある）のタオ（原画③）。

ジンの親友であるアム（原画⑤）。アムのガールフレンドであろうサラ（原画④）。

フィーナの左手人差し指には謎を秘めた指輪がはめられている（原画②）。

残されたイメージシーンを見る限り、物語の途中でフィーナがこの指輪を失う展開があったようだ。

いかに企画に気合いを込めていたのかを窺わせるのが原画⑦に書き込まれた数字だ。

これは絵の具の種類を指す数字だから、なんとクリーンナップしていない絵なのに、希望する色指定のナンバーを書き込んでいる。一体、誰が入れたのだろう？

さて、ここで描かれたキャラクター達の中に注目すべきものがある。

それは「サラ」という女の子。

近藤勝也さんは後に制作された『魔女の宅急便』でキキのキャラクターを仕上げる際の初期段階に、このサラとそっくりな女の子をボードに描いている。

また、アムも心なしか『魔女の宅急便』に登場するトンボの原型のように映る。

『ラピュタ』のスタッフだった個々によって描かれつつも消えていったキャラクター達ではあるが、彼らは当時のジブリの自由さ、熱、夢、希望を今に伝えてくれる存在ではないかと思っている。

原画①（ジン）

原画②（フィーナ）

原画③（タオ）

原画④（サラ）

原画⑤（アム）

原画⑥（キャラクター対比図）

原画⑦（イメージシーン・色指定ナンバー入り）

原画⑧（イメージシーン）

原画⑨（イメージシーン）

原画⑩（⑨のラフ画）

原画⑪（キャラクター草案）

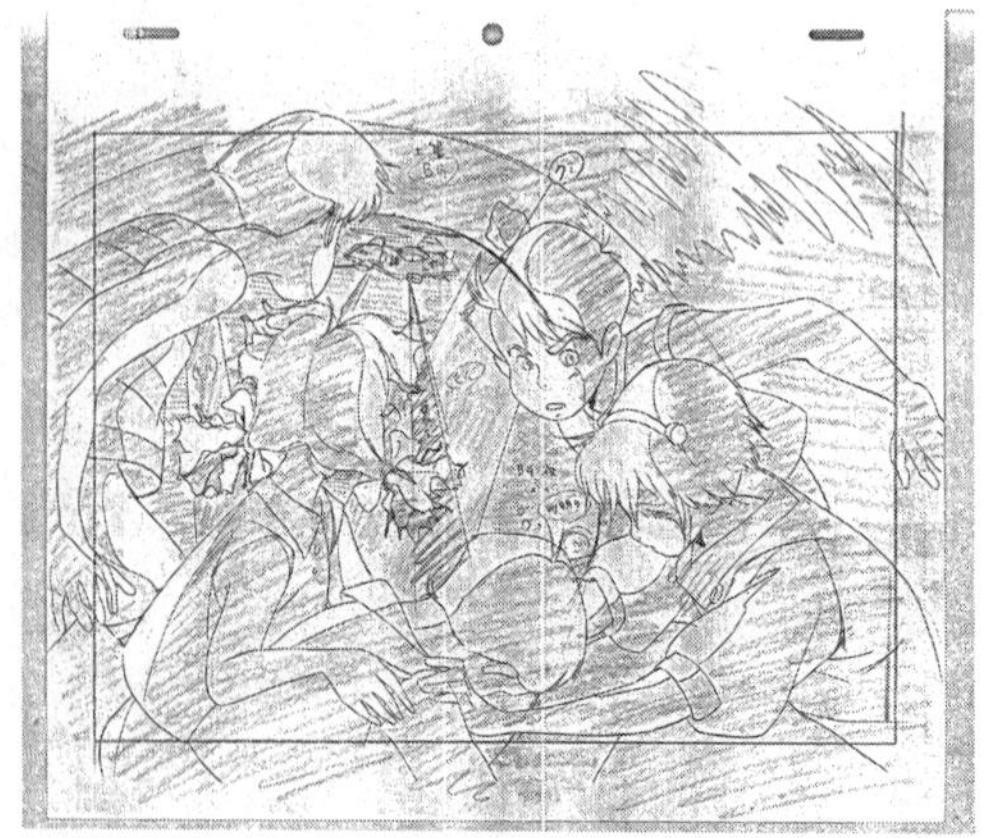

原画⑫（イメージシーン・土管の中）

原画⑬（イメージシーン・気持ちいい位の青空とあり）

原画⑭（イメージシーン・スイスの山の様、まっ青な空、雪山、真白な雪、遠くの雪山、足跡いっぱいありますとあり）

原画⑮（イメージシーン）

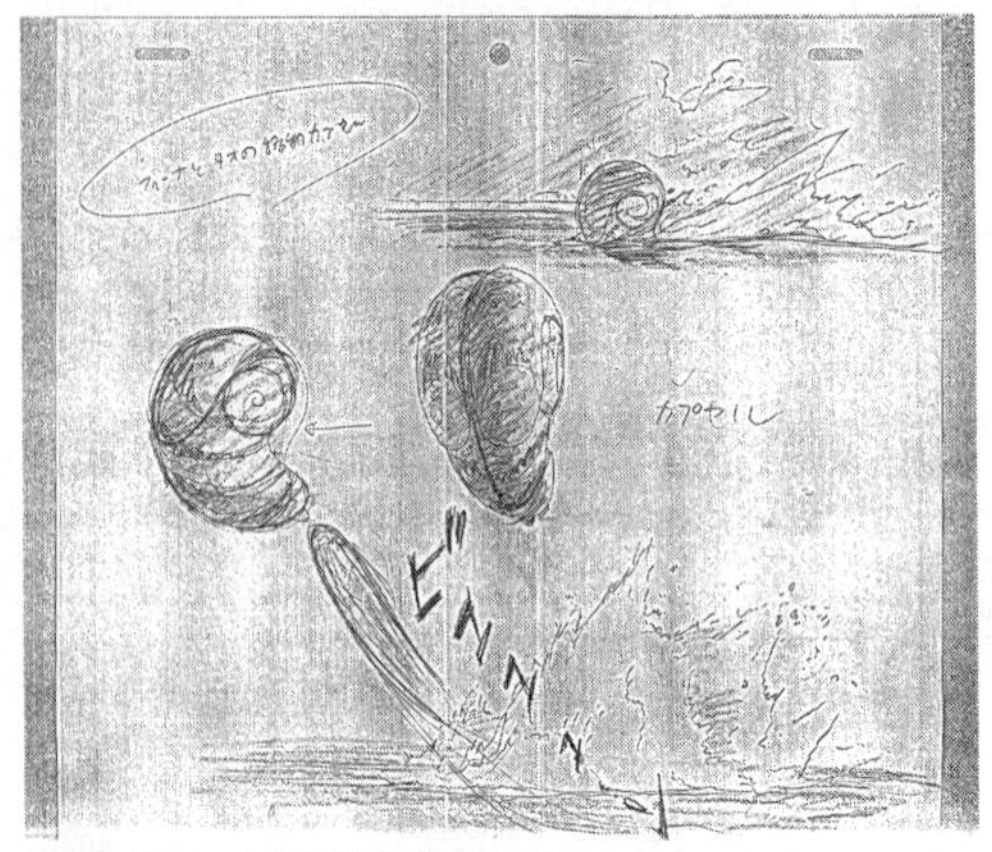

原画⑯（フィーナとタオの移動カプセル）

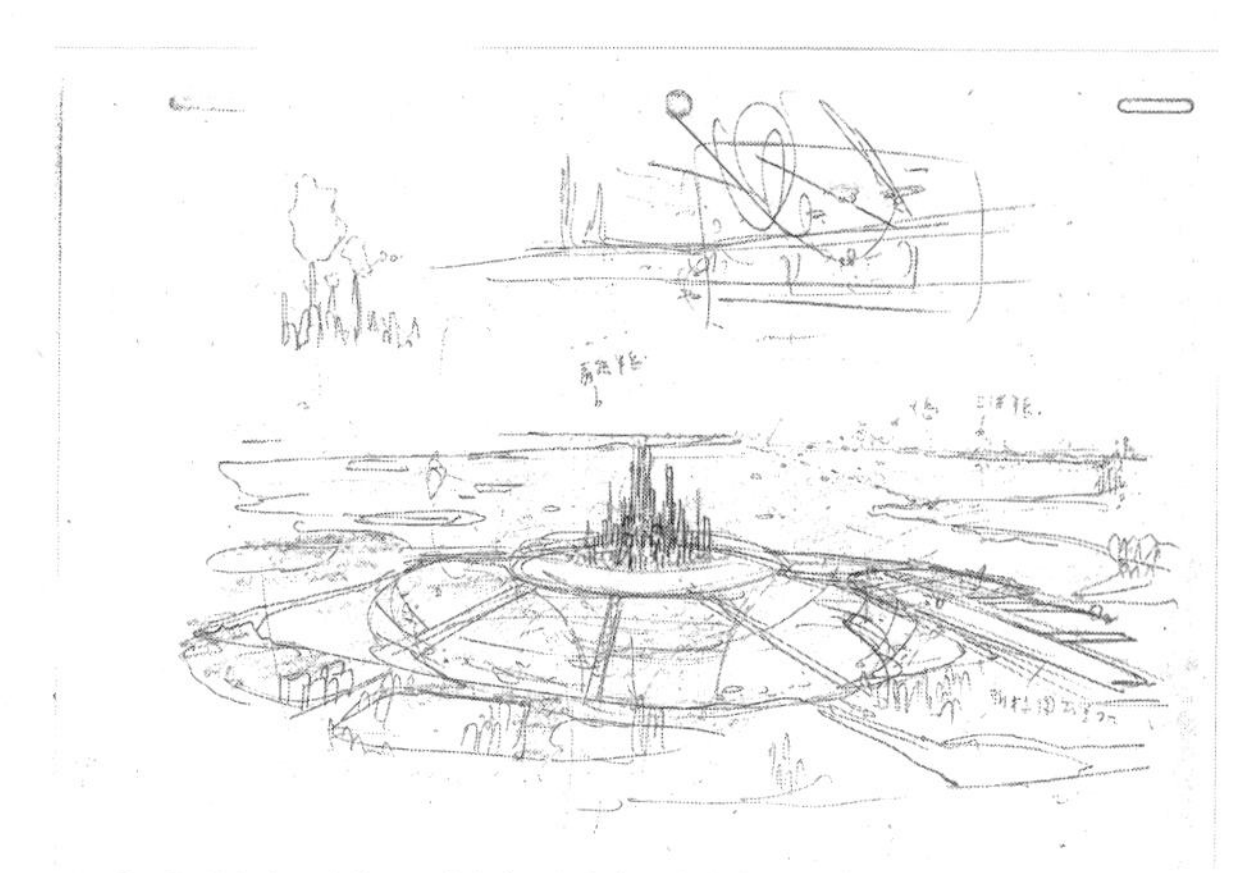

原画⑰（房総半島、大島、三浦半島、新東京国際空港とあり）

原画⑱ （ロングのたてもの書かないで明かりのみにして下さい、高層ラウンジです、緑地帯ですとあり）

第2章

「木原君は逃げるんですか？」製作開始決定

1986年8月末の頃だっただろうか？

『ラピュタ』の制作デスクをしていた押切直之さんがにわかに動きはじめた。なんと次回作が決定したというのだ。

監督は高畑勲さん。『風の谷のナウシカ』に続いて『天空の城ラピュタ』のプロデューサーを務められたのだから当然の話だと思ったが、作品が野坂昭如（のさかあきゆき）さん原作『火垂（ほた）るの墓』だと聞いて驚いた。

原作の文庫版の版元が新潮社（しんちょうしゃ）だったからだ。

なんでも高畑さんが長年温めていた企画で『ラピュタ』が公開された後、新潮社側に打診していたモノがようやくまとまったのだという。

親会社である徳間書店の上層が決める企画や経過など、現場の制作進行に伝わるわけはないが、徳間書店が新潮社との合同企画として動かしていたことが少しずつわかってきた。それと同時に原さんの顔も心なしか和らいでいるように思えた。

徳間書店・新潮社合同プロジェクトで、制作はスタジオジブリ……それを知ったが最後、これは相当大変な仕事（作業）になると僕は覚悟した。

原作の『火垂るの墓』といえば１９６８年に直木賞を受賞した作品で、過去、浦山桐郎監督と製作者の二人が途中で亡くなられたために映画化が幻に終わり〝映画界の鬼門〟などと噂されていたことは学生時代から知っていた。高畑さんが監督を務めるということなら、きっと質の高い作品になる。


最初の時点でわかったのは、製作／佐藤亮一さん（新潮社代表取締役）、原作／野坂昭如さん（新潮文庫）、監督・脚本／高畑勲さん、作画監督／近藤喜文さん、美術監督／山本二三さん。

高畑さんは、アニメの監督としては１９８２年の『セロ弾きのゴーシュ』（ＯＨ！プロダクション）以来だから5年ぶりである。

アニメ『火垂るの墓』は長い時間の中で練りに練られていたであろうことは容易に想像がつく。

一方、作画の近藤喜文さんはテレビシリーズ『赤毛のアン』（日本アニメーション）で作画監督として高畑さんと組まれていて、宮崎さんの『名探偵ホームズ』（テレコム）の作画監督も務めているのだから、心強い。

美術監督の山本さんに至っては、『ラピュタ』でその仕事っぷりを見たばかり。まさに凄い布陣と言い切れる。

ところが、しばらくしてふとおかしなことに気がついた。

スタジオで作品が動き出せばデスクの押切さんの下にいる僕も『火垂るの墓』の進行をやるのが当たり前のはず。

なのにずっと一緒に仕事をしていた原さんが何も言ってくれず、妙に引っ掛かった。

僕は原さんから気合いのひとつも入れて欲しいという気持ちが強かったのだ。

ある日のこと……いや9月の16日。

席に座っている僕の背中を誰かがポンと叩いた。

振り返るとそこに宮崎さんが立っている。

「木原君、二人で『トトロ』を始めます」

「はい！」

止まっていた僕の時計が動き出した瞬間だ。

宮崎さんはこの一言だけ残して『ラピュタ』の時からそのままになっている自分の机の方へと歩いていった。

『ラピュタ』公開後、久々に宮崎さんと会ったというのに、突然の言葉に僕は挨拶もできず、返事をするのがやっとだった。

今度こそ最初から宮崎さんと仕事が出来る！

たとえそれがどんな作品であっても、宮崎駿その人から〝二人で〟と言われ、感激という言葉しか見当たらないくらいに感激した。

そもそも僕は宮崎さんと仕事がしたくて、学びたくて兵庫県の尼崎から出て来た人間だ。

作品ごとの契約だから、ジブリに残してもらっただけでも僥倖だというのに、また一緒に仕事が出来るなんて進行冥利に尽きる。

それもこの時初めて『トトロ』を作ると知ったのだから尚のことだ。

思い起こせば『天空の城ラピュタ』の制作進行として僕が入社した時は、公開まで10ヵ月と迫っていた中で、宮崎さんの作業のメインは絵コンテを描き切ることだった。

一から作業を見ていたとは言い難い。その思いが強かったからこそ、宮崎さんから掛けられた言葉は輝くように耳に残ったのだ。

もちろん宮崎さんと仕事をするということは、また壮絶この上ない現場に身を置くということ。しかし、そんなことよりも傍で仕事ぶりを一から十までじっくり見ることのできる喜びの方がはるかに上回った。

……が、しかし……。

『火垂るの墓』が動く中、宮崎さんはそのプロデューサーをやりつつ、ジブリの次回作として『トトロ』の準備をするってことなのだろうか？ と僕は首を捻った。

ほどなくして今度は原さんから、

「木原君、ちょっと来て」

と声を掛けられた。

『トトロ』の制作スタッフとして、正式に辞令が出るんだと思いながら原さんの前まで行くと、意外な言葉に耳を疑う。

「木原君。君を『トトロ』の制作デスクに任命するから」

その一言でハッとした。同時制作だとわかったからだ。

「謹んで辞退させていただきます」

即答というか、反射的に返した。

とんでもない話である。

僕がジブリで制作進行だった経験は『ラピュタ』1作のみで、まさにド新人。兵隊でいうところの二等兵、会社で言えば新入社員だ。それに対し制作デスクは一般企業で言えば管理職にあたる。ほとんど戦闘経験のない新兵が軍曹になって部下を率いるようなものと言っていい。『トトロ』が完成しなかったらどうするんです⁉　と考えての返事であった。

それに1作品の完成だけでも大変だったのに、2作同時と知れば尚のことだ。

僕の辞退に原さんの顔が歪(ゆが)む。

おそらく原さんに初めて言い放ったノーの返事だったこともあったと思う。

しかし本気で無理、いや無茶としか言いようのない判断だと思ったのだから引く気はない。

「ここでデスクになるには、3〜4年の経験が必要だと思います。『ラピュタ』1本しかやってない僕に出来るわけがないじゃないですか！」

原さんはいつにも増して苦虫を噛(か)み潰したような顔に変わった。

「私が決めたんやない」

「原さんでなければ、誰が決めたんですか？」

「宮さんや、文句があるなら宮さんに言ってきなさい」

なるほど原さんの顔が歪むわけだ。

「わかりました。そうします！」

返す刀で僕は宮崎さんの席にすっ飛んで行った。

「宮崎さん！　お話があります。原さんから聞きました」

机からこちらを見上げた宮崎さんは、えらくニコやかな顔で、

「そうですか。よろしく――」

と口にしたが、僕は最後まで聞くことなく反論を始めた。

「新人で経験の浅い僕にいきなりデスクをやれなんて無理です」

それでも宮崎さんは笑顔を崩さない。

「木原君いいですか？　誰でも初めてはあるんです。最初から2回目ということはないんです」

と駄々っ子を諭すように言う。

「僕は今の進行のままで十分です！　なんでいきなりデスクなんですか？」

「ただ仕事を転がすだけみたいな人は嫌なんです!!」

そう声を上げてムッと睨みつける宮崎さんの顔に僕は少し嬉しさを感じたが乗せられる気はない。

「そんなことを言ったってあまりに経験が足らないと思いませんか!?」

一歩も引く気のない僕の言葉を聞いた宮崎さんは、顔を突き出すと眼鏡の奥の目をきらりと光らせて、こう言い放った。

「じゃあ木原君！　君は逃げるんですか!?」

カチンとくる言葉を大声で吹っかけられたために僕も思わず吠え返す。

「逃げはしませんよ！」

「じゃ、決まりですね」

……えっ？

その言葉を待っていたのだろう。宮崎さんは穏やかに言葉を返すとニコッと笑って、机の方へ目を戻した。

……しまった、図られた。

ああ言えばこう言う、こう言えばああ言う人間を丸め込むにはこの手があるのか……。僕の性格を知りつくしていた宮崎さんの術中に、まんまとはまってしまった。

………。

どう考えても反論が思い浮かばない。まるでお釈迦様の手のひらの上を転がされる孫悟空の気分だ。

「木原君は、いつまでそこに立っている気ですか？」

その言葉で体よく退けられた。

仕方なく原さんのところに戻ると、宮崎さんとのやり取りについて訊かれた。

「そりゃ、宮さんの勝ちやな」

僕は全然納得できない！　という顔をずっとしていたのだろう。

仕方ないと思ったのか原さんがこんな話をしてくれた。

『ラピュタ』の完成初号試写会の前だったというから1986年7月23日の少し前。

珍しく宮崎さんが原さんのところにやって来たそうだ。

現場作業も終わったというのに何事か？　と思っていたら、

「原さん、木原君は、彼は残してやってくれませんか」と訴えたのだという。

そんなバカな……とにわかに信じられない話に思わず苦笑いしてしまう。

ところがこんな態度をした僕は、

「ちゃんと最後まで聞かんか！」と原さんから一喝をくらってしまった。

「木原君は陰でみんなの力になりたいと思って一生懸命努力していたんです。だから残してやってくれませんか」とまで言ってくれたのだという。

驚きの話だ。

「映画が出来たばかりのまだ何も考えとらん時にこれだから……。それにな、『トトロ』の話も宮さんが自分から木原君に言うからと……。あんたら二人はよう似とるわ」と今度は原さんが苦笑いした。

そしてその原さんから突然、こう告げられた。

「それでな、木原君。なるべく早くこのスタジオから出て行ってくれんか」と。

周りは『火垂るの墓』で動いているので、ここで『となりのトトロ』が出来るわけがない。『となりのトトロ』を作るためのいわば〝スタジオジブリ第2スタジオ〟を作って、早々に引っ越してくれという命令である。

「木原君はスタジオが見つかるまで帰って来んでええよ」

はたから見れば、僕は本当にスタジオから追い出されるようなもの。

これから毎日、地図を片手に歩き回る自分の姿が頭を過り、思わず溜息をついてしまう。

物件に必要な条件が異様に難しいからだ。

①本社スタジオから離れすぎてはいけない。遠いと様々な打ち合わせや連携プレーが難しくなる。

②一定の広さが必要で、ワンフロアが望ましい。多人数で作業するため、狭すぎるのは困る。だからといって上下階に分かれての移動は大変で、スタジオ全体の進行に目が届き難(にく)くなる。

③1年間の短期契約を結べる物件であること。『トトロ』が終われば必要なくなるに違いない。二つ目のスタジオを維持することは簡単ではないので、また作業終了後に原さんの顔が曇ることになる。

④さっさと見つける！　いつまでも宮崎さんを本社の片隅で作業させるわけにはいかないし、契約作業にどのくらい時間がかかるかわからない。

⑤駐車場が近くにある。これは制作としての希望。最悪遠くても積み降ろしをスタジオ前で行える広い道があればなんとかなる。

本社スタジオは吉祥寺(きちじょうじ)の東急(とうきゅう)デパートの裏にある。

若者が住みたい町ナンバーワンに輝く吉祥寺。そんな都合の良い物件がそう簡単に見つかるとは思えない。

僕の頭に、条件①、②、④が重くのしかかってくる。

スタジオ用物件の発見が万が一にも準備期間を超えたら命取りだ。

『ラピュタ』制作の時に何度〝あと1日あったら〟と思ったことか……。しかも実際にあと1日2日遅れていたら公開には間に合わなかったのである。

それを知っているだけになおさら重い。

初日、不動産屋へ相談に行く前にとにかく本社スタジオの周辺を調査するため、まずは半径100メートル圏内を歩いて回ることにした。

見つかるわきゃないよな……。

陽も落ちて、辺りが暗くなり本社に帰ろうとした時だった。小さな3階建てのビルの2階にある、とても明るい窓の列が目に飛び込んできた。

改装工事中か。そういえば〝工事で車が通りにくくなります〟と書かれたチラシが本社スタジオのポストに入ってたっけ。

下から見上げると、天井板の設置作業すらまだ終わっていないのか、四角い穴がいくつか空いている。

夕闇(ゆうやみ)に改装工事用の作業照明が点(つ)けられたおかげで目に入ったのだ。

僕はビルに入り、勝手に作業中の2階のフロアに入っていった。

本社スタジオのおよそ半分くらいの広さしかないが、スタジオとして稼働する最低限の面積はありそうだ。

うーん。絵の具の置き場は本社だけとして、仕上げ（色指定）もここに入れないとしたらなんとかなるか？　パッと見、制作・演出・作画・美術は入りそうだ。しかしラッシュ（試写）はどうする？　最悪あっち（本社）の部屋を使わせてもらうとすれば……。

などと確認するように一つ一つ口にしていた。

そこへ「誰ですか？　困りますよ。勝手に入ってこられちゃ」と作業の人が声を掛けてきた。

「すみません、ここに入るテナントは決まっていますか？　完成予定日いつですか？　不動産管理はどちらでしょう？」

この頃の原さんは毎日ジブリに出社しているわけではなかったので、報告は1日2日してからだったと思う。

喜び勇んで「物件が見つかりました！」と言った途端、大声で一喝された。

「あんたはちゃんと探したんか!?」

そりゃそうだ。やっかいな条件をクリアするフロアがこの吉祥寺で、それもたったの1日2日で見つかるわけがないと、僕だって思ったくらいだから。

「原さん！　聞いてください！　不動産管理は、この上の（ジブリの入っている井野ビルの3階。本社もお世話になっていた）伯デザイン事務所です。話は通してありますから内覧も一緒にお願いします」

伯デザイン事務所の方と原さん、宮崎さん、僕の4人でフロアに入った。

物件はジブリ本社からおよそ80メートルの距離にあるビルの2階でエレベーター付き。広さもなんとかなる可能性が高い、内装は3月いっぱいに完了予定、従って中は内装工事中で作業用のあれこれでちらかっているとはいえ誰も使っていないのだから当然新品ピカピカ。『ラピュタ』が始まった時のスタジオと同じだと思うとちょっと嬉しい。

問題は宮崎さんからOKが出るかどうかだ。

「……」

ところが入口に立ったまま中を見回しているだけでピクリとも足が動かないから、寸前までの喜びが一瞬で冷や汗に変わる。

まだ内装工事中だから気に入らないのだろうか？

たまたま早く見つかったばかりだから、ここがダメでもまだ別の物件を探す時間はあるといえばあるが、本社スタジオ近くで……となるとこれ以上の物件を発見できる可能性は極めて低い……というかゼロだという思いが頭を過ぎり始める。

「あの……宮崎さん……どうでしょうか？」と、沈黙に耐えかねた僕が口を開いた。

宮崎さんは返事をする代わりに早足に右手の壁に向かって近寄ると、窓をひとつガラガラと開けた。「…………」その横の窓をガラガラ……。

僕も原さんもただ黙ってそのあとを追って行くしかない。

このフロアは入口以外の三面の壁全てに窓がある。

右手側の外の風景は表通り。正面は隣の建物。

左側の窓を中央まで開けた時に、宮崎さんのその手がピタリと止まった……というより窓の外に見える一本の大きな楠木を見つめたまま動かなくなった。

実はこのビルの後ろには開発が進んでビルばかりの吉祥寺で、孤島のようにポツンと古い材木商の家が残っていた。

もしかするとこの庭（作業用）の一角にそびえ立っていた楠木の巨木が宮崎さんに何か語りかけたのかもしれない（巨木はこの後、映画に登場する〝トトロの巨木〟のモデルとなる）。

「新しくてキレイでいいんじゃないですか？　窓がいっぱいあって明るくて風通しも良さそうです。ここがいいです」

その顔が笑っている。

窓の前から振り返った宮崎さんの一言で決定した。

やったっ!!

若者に人気ナンバーワンの街の吉祥寺です。内装が完了して物件案内に出されていたら、すぐに別の会社と契約が結ばれていたに違いない。

こんな偶然が重なって早々にスタジオが決まるなんて、『トトロ』という作品は運が良い……いや『トトロ』はまるで目に見えない何かの力で自分から動き出したかのようだと僕には思えた。

第3章

「どちらのサツキがいいですか?」宮崎さんキャラクターを作り始める

『ラピュタ』の次回作、徳間書店製作の『となりのトトロ』と新潮社製作の『火垂るの墓』の2本立て興行は設立間もないスタジオにとって大きな挑戦だ。

これまで通りなら、宮崎さんはすぐに月刊連載のマンガ『風の谷のナウシカ』を中断して監督作業に没頭する。

切り替えの早い宮崎さんの仕事っぷりから考えて『ラピュタ』後に『トトロ』の企画が出されたと思うが（『トトロ』の構想そのものは昔からあった）、いずれにしても現場の僕のところにはどのような経緯で決定されたのかは伝わってこず正確なことはわからない。

しかしジブリは徳間傘下のスタジオなので『トトロ』の企画提出が先であったはずだ。小説版『天空の城ラピュタ』の著者で「アニメージュ」の編集者・亀山（小説では亀岡）修さんが60分作品として企画書をまとめたと聞いている。

とはいえ『トトロ』は長編用として構想された作品ではなく、60分クラスの中編を想定していたので上映時間が短すぎて単独での公開は難しかった。

そこで併映作品がどうしても必要になるのだが、他所からもって来る作品がない。徳間としては予算の高低はともかく1作品にしか制作費は割けず、おそらく新潮社に企画を持ちかけることにより合同……つまり制作予算を出していただける決定に至ったのだろう。

1986年時点ではまだ新潮社に一度も映画製作の経験はなかった。にもかかわらず今回は映画どころかアニメーションだ。

新潮社単独ではなく、しかも高畑監督で、かつジブリが持つクオリティーならば安心・優秀なアニメになるだろうという形で決定されたと考えられる。

……が、しかし。

東宝や東映、かつての大映のようないくつもの撮影スタジオを持った大手映画会社が、自社で同時制作・公開していた実写映画とはワケが違う。

ジブリはついこの前まで1本のアニメーション映画を制作するのに公開日直前ギリギリまでかかったスタジオだ。

同日公開の中編アニメーション2作品一社同時制作……それも宮崎さんと高畑さん両監督の2本。スタート時点から波乱を予感させるには十分であった。

1987年4月18日に開かれた記者会見発表用資料によると、徳間書店代表取締役の徳間康快（やすよし）さんはその〝ご挨拶〟のなかで「この形の〝同盟事業〟は例を見ない」と述べている。

一方で新潮社代表取締役の佐藤亮一さんは「この類例のない〝共同事業〟を大成功させるため、相互協力の上、社の全力を注ぎ込む所存でございます」と述べている。デビュー作『天空の城ラピュタ』は空前の冒険活劇であったが、次回作は、プロジェクトそのものが両社あげての大冒険であったのだ。

後にそんな文章を目にすることなど考えもしていない制作の初期に話を戻そう。

スタジオジブリ内で僕と宮崎さん、二人の『トトロ』が始まった。

まずはフロアの一角に準備室（という名のエリア）作り。とはいっても、当時すでに『火垂るの墓』の制作準備が先行しているのでそれを手伝ったりもしている。宮崎さんはまだ原画マンが入っていないガランとしたスタジオの窓際にひっそりデスクを構えると、昔描いた古いイメージキャラクターボードを持ってきて、それを机の棚に画びょうで張り、新たにキャラクターボードを描き始めたといった程度。

一方僕はというと、宮崎さんの『ラピュタ』机から作画道具を移しただけだった。さすがにこの段階で出来ることはない。

さて、宮崎さんは昔描いたボードを張り、さらに新しくボードを描き始めたと言ったが、実は『トトロ』には2度の発想期があったので、ジブリでの企画提案は、まさに三度目の正直なのである。

以前のアイディアを基にするということは、これから始まるジブリの『トトロ』は改訂版とも新旧イメージ混合版ともいえる側面を持った作品になる。

ではいつ頃、どんな形で『トトロ』は生まれたのか？

最も古いイメージボードは1975年に、テレビアニメ『アルプスの少女ハイジ』（ズイヨーエンタープライズ）の終了後に描いた（3枚だった）と宮崎さんから聞いたので、企画が通過した1986年の時点ですでに10年以上経っている。

1枚目はポスターの原形にもなった、お父さんの傘を手にしてバス停にお迎えに来たメイ。そしてそのとなりに、フキの葉（宮崎さん談）を頭に載せたトトロが立っているというイメージボード。

元々は絵本にしようと描かれたモノで、小さな話のつもりだったのでメイという女の子一人しか登場しない物語にするつもりだったらしい。

そのメイの服は黄緑色に着色されている。

〝雨の日の出会い〟（夜）として一連の3枚が描かれ、メイとトトロとネコバスが出会うイメージはすでにこの段階で出来ていたわけだ。

そして2枚目はバス停にやって来たネコバスに乗ろうとしているトトロという絵だ。

そのトトロの手にはメイから渡された傘があるので、1枚目と2枚目は連続したものといえるだろう。

またネコバスにはトトロによく似た運転手と、乗客のバケモノが描かれている。

これらのボードの中には〝トトロ〟という名の明記はないので、この時点では物語の方向性も作品タイトルも決めてはいなかったようだ。

3枚目は切り通しの道を横切るネコバスが描かれている。

スピード感を出さずノソノソと歩かせるつもりであったようである。

注目すべきは、ネコバスは最初から〝ネコバス〟と明記されていて、すでに多足の巨大化したネコとして描かれていることだ。

これらの出会いのシーンやキャラクターたちはその原形をほぼ保ったまま10年後に

映画化されるのだから驚くほかない。

異質、別世界に生きる者同士が雨のバス停で出会うというドラマ設定には『トトロ』に欠かせない特別な要素が含まれているのだろうと思った。

2度目は、その4年後。1979年『ルパン三世 カリオストロの城』の後、宮崎さんが在籍していたテレコム（東京ムービー新社・現TMS）で数多く描かれている。

ボードが貼り込まれたスクラップブックを社に提出して、テレビスペシャル的なアニメを制作する目的で営業が動いたが、結局決定されることなく、宮崎さんの手に戻された……ということだった。

この時はハガキサイズの画用紙だけでなく、何枚かはテレコムのレイアウト用紙にも描かれている。

メイの服も初期には黄や緑を使って着色されていたが、後に白いシャツにピンクのスカートとイメージが固まっていく。

2度目のイメージ・キャラクターボードにおいても、まだタイトル的な文字は書かれていないが、スクラップブックの表紙には「となりのトトロ」と明記されていたと記憶している。

　このテレコム時代の多くのイメージ・ストーリーボードがジブリ版にも活かされているが、もちろん消えてしまったものも多い。

　キャラクターだけに触れておくが、登場人物は、お父さん（30歳）とメイ（５歳）と後にカンタと呼ばれるであろう少年（？歳）の３人で、お母さんに当たる人物がいない。後にススワタリ（マックロクロスケ）と呼ばれるキャラは描かれている。

　また後のトトロに当たるキャラクターには、おおとうさん／ミミンズク（１３０２歳）。

　中トトロは、とうさん／ズク（６７９歳）。小トトロは、ミン（１０９歳）と記されている。

　もしこれらのネーミングが活かされていれば『となりのミミンズク』となっていたわけだ。

　この点のみで推測すれば、メイが彼らに名前を付けるというストーリーラインはなかったと思う。

　創作者による区別上の名前として見受けられるからだ。

ジブリの片隅に机を構えた宮崎さんは、この2度にわたって描かれたイメージ、ストーリー、キャラクターの再生・再構築作業に入る。

ついに僕の夢が叶い、ボードを描く宮崎さんの姿を最初から見ることが出来た。

別に姿が見られたからどうこうなるわけではない。しかし何もない真っ白な紙から生まれるイメージから、形ある映画になるまでをしっかり見届けたくて飛び込んだ世界だ。その上見続けなければ本当のことなどわからないモノを見ているのだから。僕は興奮した。

もちろん話しかけたりなんかしない。制作部の机を時々離れて遠くからじっと見ているだけだ。近づけば集中の邪魔になることくらいわかっている。


「木原君！　ちょっと！」

最初にお呼びがかかって相談（？）された内容は、

「メイを二人にしようと思うんです。このままでは60分は難しいんです」

「はい……二人にするのはわかりますが、メイを二人ってなんですか？」

「お姉さんが必要なんですよ。サツキです」

机の上に置かれた1979年版のキャラクターボードに書かれたメイという名に矢

印が付けられてサツキと書かれてあった。

メイは5月の英語読み、サツキは5月の旧暦の異名だ。もともと一人のキャラクターを姉妹に分けたのだからピッタリのネーミングと思える。

「二人の5月ですね」

「そうです。これならトトロが動けます」

宮崎さんは満面の笑みを浮かべると、机にまた向かった。

ジブリの片隅の……それも窓際に机一つしかないトトロ準備室（？）時代のある日、作画監督に決まった佐藤好春さんが日本アニメーションでの仕事の合間をぬって宮崎さんを訪ねて来た。

好春さん（僕もだが他のスタッフもそう呼んだ。佐藤姓が多かったからだと思うが、宮崎さんだけは佐藤さんと呼んでいた）と、宮崎さんの様子を見に近づいた時だった。

「木原君！　ちょっと来てください」

こりゃ何か訊いてくるなと直感する。

「木原君は、これどう思いますか？」と、宮崎さんは出来たてであろう1枚のキャラクターボードを見せた。

その絵には、ポニーテールを三つ編みにして、その先を小さなリボンで結んだ女の子が描かれている。さらに続けてショートヘアの女の子のボードを見せた。

「サツキなんですが、佐藤さんにも訊きます。この長い髪のサツキと短い髪のサツキ。どちらのサツキが良いと思いますか？」

ここで好春さんと僕の意見が二つに分かれた。

この瞬間、宮崎さんがニヤッと笑った。どうやら思うツボにハメられたらしい。

好春さんは長い髪のサツキ。

僕はショートヘアのサツキ。

「二人ともその理由を聞かせてください」

宮崎さんの目が鋭くなっている。

好春さんの理由はシンプルだった。

「うーん、ボクは髪の長い方がお姉ちゃんらしくて女の子らしいと思いますし、メイの髪は短いからその逆がいいかな……。長い髪の女の子の方がボク好きですし……」

宮崎さんは好春さんの、反対側に立っている僕を向いて再びボードを見せた。

好春さんの答えの何が良かったのか、ご機嫌な笑顔だ。

ただ僕の答えは、メイが二人になると聞いた時から勝手に決めていた。

「短いサツキですよ！」

「……どうしてですか？」

と、その理由が知りたいという顔つきになる。

「動きやすいからです。動きやすさ最優先。きっと元々サツキの髪は長かったんです。その絵の通りに。でもお母さんがいませんから家事をしてメイの世話を焼く立場です。朝はまず早起きして食事の準備ですから、髪を梳かすだの編むだのの時間がありません。それに長いままだと前に垂れて仕事の邪魔でしょ？　だから自分でバッサリ切ってショートヘア。妹の髪は梳いて結んであげても、自分にそんな時間は使わないというのがサツキです……で、どうですか？」

…………。

『ラピュタ』の時と同じく相変わらず宮崎さんは僕には何も答えてくれない。そして好春さんの方へと体を向けた。

その背中から、

「木原君は、もう帰っていいです」という言葉が飛ぶ。

こういう時の長居は無用だ。

自分の机に戻るその後ろから、宮崎さんの声が聞こえてきた。

「佐藤さんはまだまだ女の子のことがわかってないですね……」


トトロのキャラクター表の整理や作画監督として原画に修整を入れてもらうための〝心得〟を知る第一歩は、まさにこの時から始まったのだった。

良いか悪いか？　使うか使わないか？　まずは描いてみる。これが僕の知る宮崎駿という人だ。

ただ人を試すためだけに宮崎さんがキャラクターボードを描くわけがない。

長い髪のサツキもアリかな？　と自分でも少しは考えたから描き、そして水彩絵の具で色を付けたのではないかと思うのだが、その途中で答えが決まったからクイズにしてしまったのだろう。

このスタジオ片隅時代に描かれた長い髪のサツキの1枚は、その先なんら発展して繋（つな）がることがないまま、これ1枚で終わったことで印象深く頭に残った。

ちなみに『THE ART OF TOTORO』（徳間書店）の47ページに今も見ることが出来る。

この1枚より後は、毛先が跳ね上がったショートヘアのサツキしか描かれない。

本社スタジオ（1スタ）での宮崎さんは、ほぼ鉛筆と水彩絵の具を使う仕事に絞っていた。

本腰を入れて取り組むには、落ち着ける〝自分の場所〟が必要だからだ。

1スタで出来ることは1スタで、2スタでないとやりたくないことは2スタでということである。

この頃、宮崎さんと二人で話し合いを進めてスケジュールを書きはじめている。宮崎さんの中で『トトロ』はどうやら70分の作品になりそうですと話し始めたのもこの頃だと思う。

1987年4月1日の午後3時。佐藤好春さん、美術監督の男鹿和雄さんにも内覧していただき、気に入ってもらえた。この日をもって正式にスタジオジブリ第2スタジオ（2スタ）、正確には「株式会社スタジオジブリ　トトロ班分室」での制作が始まる。

ついに公開までのカウントダウンが始まった……のはいいけれど世の中はそうそう上手くいかない。

フロアへ運ぶべき備品の調査や手配すべきアレコレで準備があと2週間近くかかることとなってしまった。

4月13日、ようやく引っ越し完了。

この日の夕方2スタで『火垂るの墓』班の高畑監督や作画監督の近藤喜文さんなども交えてささやかながら軽食とビールで〝スタジオ開き〟を行った。

しばらくすれば、ここに日本アニメーションから作画監督の佐藤好春さん、マッドハウスから男鹿和雄さんがやって来る。

果たして、誕生してまだ2年しか経っていないスタジオジブリで、同時公開の劇場アニメ2本の制作が完了するのだろうか？

正直言って、宮崎さん、高畑さんの作品は、その1本を仕上げるだけでも大変な仕事になる。

それを並行制作するなんて尋常なことではないと、それもまだ未経験の制作デスクならば心配も尽きないはずなのだが、僕の心は弾んでいた。

この凄い顔ぶれの皆さんと一緒に仕事が出来ることを喜んでいるのだ。

第４章

「この作品は楽しく作ってください」宮崎さん命を下す

本社から2スタへ引っ越す少し前のことだ。サツキとメイのキャラクターがほぼ固まり、宮崎さんは記者発表用のポスター画を水彩絵の具で描いていた。

ただトトロそのもののキャラクターがまだアニメ用に固まってないためか、草壁家の屋根に映画のラストを思わせる巨大なネコバスを描いて、その運転席にトトロのシルエットがあるという構成になっている。

『THE ART OF TOTORO』の24ページに今も見ることが出来るが、実はこの絵は2稿目のものだった。

初稿のポスター画は構図そのものは似ているがサツキもメイも髪型が全く違っている。またサツキは雨も降っていないのに傘をさしていて、その上映画よりサツキもメイもやや幼く描かれていた。

また彼女達の家はいかにも〝おばけ屋敷〟のように描かれ、オバケ（?）のシルエットが雨戸から顔をのぞかせている。

また周りにマックロクロスケに足や体まで描かれているものまでいるから現在の目

りで宮崎さんは、なぜか途中でピタリとその手を止めてしまった。

この初稿ポスター画は鉛筆で下描きを終え、空とサツキたちに色を付け始めたあるので、映画のラストシーンのように両足を揃えて丸く描かれている。

屋根にはもちろんネコバスがいるものの、初期のイメージボードから着想を得ていで観たら驚きの姿だ。


進み具合を心配する最中、宮崎さんは新しい画用紙を引っ張り出すと新たにキャラクターを最初から描き出して一気にポスター画として完成させた。

色を塗る仕上げ段階まで進めていたにもかかわらず完成させずに終わらせたということは、途中でサツキもメイもキャラクターが違うと思ったのだろう。『ラピュタ』の連載小説のさし絵の時は着色して完成させてから没にしていたくらいだからとても珍しいことだ。

初稿も2稿もネコバスが上にドカンと描かれているので、思い入れの強さがわかるとも言えるが、そのイメージがトトロより先に完成していたからだと思われる。

さてポスター画が完成した時のこと、例によって呼ばれると、

「木原君はどう思いますか？」と訊かれた。

「大丈夫ですか？　これにタイトルが載るんですから、このままだと初めて見た人がネコバスをトトロだと思いますよ？　こいつ（ネコバス）が主役にしか見えませんから」

アニメ用のトトロのキャラクターを決定させていないので描きようがないことがわかった上で、思った通りの感想を伝えた。

「それでいいんですよ」

と宮崎さんは上機嫌だ。

その嬉しそうな姿は『ラピュタ』の時とは全く違う。なるほどこれが〝昔から作りたかった世界観〟なんだ!!　と僕は妙な納得をさせられた。

トトロを制作する新天地、第2スタジオに最初に運ばれたのは、宮崎さんの机、佐藤好春さんの机に美術監督用の長机、そして制作の僕の事務机。

さらにまだ分解されたままで組み立てられていない山のような動画机であった。

広いフロアに4つの机。いるのは宮崎さんと僕の二人だけ。

宮崎さんは引き続きイメージボードやキャラクターボードを描いたり、トトロのプロットを描いたりしている。

「木原君。来てください」

「はい」

「いいですか、最初にはっきり言っておきます。この作品は楽しい作品です。楽しく作ってください。制作に言うことはそれだけです」

新しいスタジオで仕事に拘わる宮崎さんからの第一声がこれだった。

「はい!!」

その言葉が長くフロア内に響き渡っていたように感じた。

1986年8月の『ラピュタ』公開からこの'87年4月まで8ヵ月。映画『となりのトトロ』はスタジオジブリ第2スタジオのスタート時点から、〝楽しい作品を楽しく作る〟という目的で動き出す。

僕はというと、動かない次回作という重たい気持ちがようやく抜けて、スッと軽くなった。

心の中に小さく残っていた『天空の城ラピュタ』がたった今終わったのだと気がついたからかもしれない。

ここに至ってもまだ気が抜けていなかったのか？　と言われそうだが、そう思うほど『ラピュタ』の制作は大変だったのだ。

宮崎さんだって様々な点で辛かったことは想像に難くない。高畑監督とともに自身のオリジナル劇場版長編アニメーション制作のためにスタジオを創設。同時に『天空の城ラピュタ』をスケジュールがギリギリの中で監督作業を終えたのだから……。

この制作中に頭のテッペンからどんどん白くなって行き、最後は完全に白髪化した姿を僕は傍でずっと見ていた。

こんなに働く人を見ていたからこそ、こんなに完成が大変だったからこそ、こんなに次回作までが長く感じたからこそ、〝楽しく作ってください〟という言葉を不思議なほど素直に受け取ることが出来た。

スタジオの中に入ると流れ行く時間の感覚が外とは違う……としか表現し辛い。

さて、ここからはネコバス秘話だ。

それは2スタが出来た初期で、他のスタッフもいない頃。

広いフロアにポツンと二人という状況である。

「広すぎてつまらないから互いに机を向かい合わせてくっつけませんか？」

と宮崎さんが言い出し、広々としたフロアに奇妙な机のブロックが出来た。

そんなある昼のこと、

「木原君はお昼に何を食べるんですか？」と宮崎さんが机の向こうから訊いてきた
（作画机の棚に阻まれて、顔は見えない）。

「えっ？　えーっと……博多ラーメンでも食べようかな……と思ってます」

宮崎さんはお弁当持参の人なので昼食の話をするのは初めてだ。だから思わず首を捻ってしまった。

「貧しい食事ですね」

「貧しいんですよ!!　放っておいてください！　僕なりのワケがあるんです！」

途端に大笑いがして、

「じゃあ、お昼をご馳走しますから、一緒に食べましょう」

「えっ!!　宮崎さんお弁当は？」

「忘れたんです」

この人でも弁当を忘れることがあるんだ！　と驚くのと同時に、こんなことならもっとゴージャスな昼食を、せめてトンカツ定食とか言えばよかったと少し後悔する。

かくして〝吉祥寺ぶらりラーメン二人歩き〟が始まった。

正直、心が落ち着かない。ご飯の時くらい一人でご飯のことだけを考えたいってものですよ。

そんなこちらの気も知らず、「吉祥寺もずいぶん変わりましたね……」と宮崎さんが言ったが最後、昔話が止まらなくなった。

ところが、これがえらく面白い。

「子供の頃に遊びに来た井の頭公園の池は澄んでいて浅いから、底も魚も全部見えたんですよ。だから池の底に落ちた影がボートと一緒に動くんです……」

「おーーっ！」と感心。そして『パンダコパンダ　雨ふりサーカスの巻』のビジュアル原点はそこにあったのか！　などとオタク心が騒ぎ出す。

いろんな話が飛び出す中、京王井の頭線のガード下にある博多ラーメンの店に着いた。

実はこのお店、ラーメンの具、つまりワカメ、もやし、紅ショウガ、シナチクが取り放題だった。

僕が券売機で博多ラーメンのボタンを押すと宮崎さんもすぐに続く。

お金は宮崎さんの先払い。すぐにボタンが押されたので〝大盛り〟を押し損なったことに気付き、またも後悔する。

ラーメン丼(どんぶり)がテーブルに置かれた途端、テーブルにある具を次々と載せる僕。

あっという間に具の入ったケースが空になり、ラーメンの上に具の山が出来た。

僕を見つめる宮崎さんの顔が明らかに呆(あき)れている。

「それが木原君なりのワケですか？」

……そーですよ！　放っといてください！

「オジさーーん！　もやしとワカメなくなりましたーー」と、聞く耳なんか僕にはない。

若い頃は早く食うのも芸のうち。しかも仕事は制作。食える時にたくさん食うのが正義なのだ。

ガツガツと僕が食べている姿がよほど面白く映ったのか、宮崎さんが妙なことを口にした。

「木原君は、ネコバスに似てます」

「違いますよ、トトロもネコバスも宮崎さんの顔です。キャラはずっと昔に描いたんでしょ？　そんなこと言ったらネコバスがかわいそうです」

「……ネコバスは木原君で行こうかなと思うんですよ」

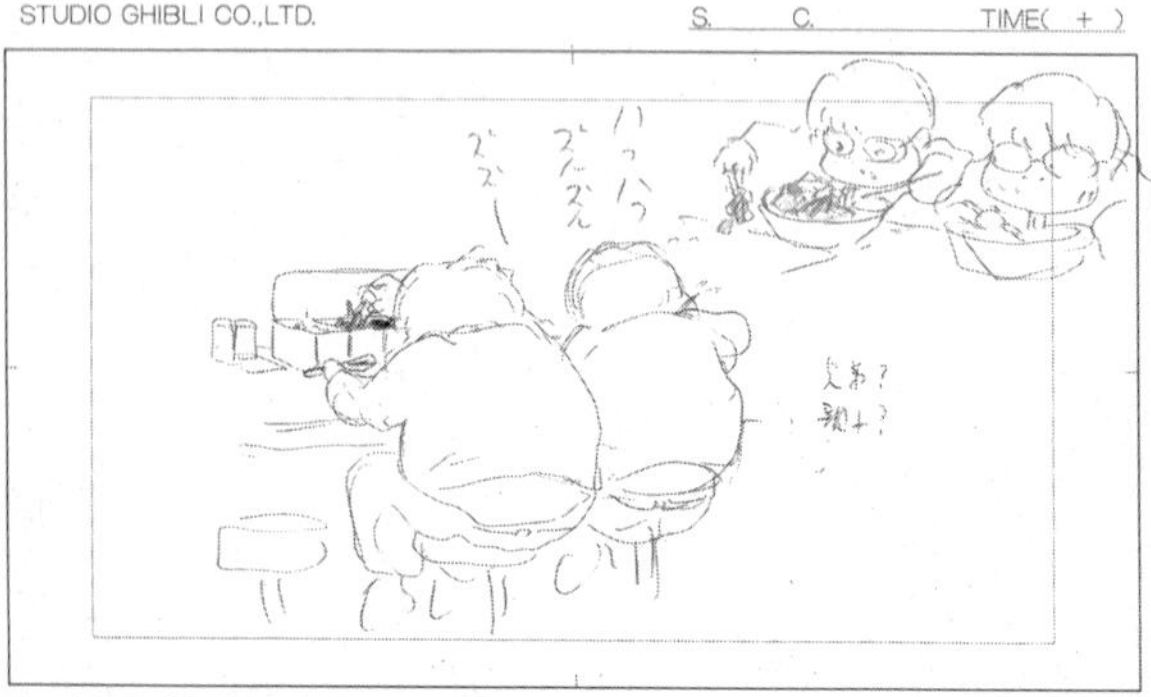

STUDIO GHIBLI CO.,LTD.　S.　C.　TIME(　+　)

思い出の品（宮崎さんが描いた二人ラーメンのイラスト）

「僕？　何がです？」

「『ラピュタ』の時に追いかけっこしたアレです」

「……あの夜中に二人で大笑いした？　２ＣＶ対自転車のバカ競走ですか？　ちっともバスと関係ありませんよ？」（詳しくは『もう一つの「バルス」』をお読みください）

「あんなバカがいいんです」

　などと会話をしていると、店のオヤジから
「いいねー！　昼間っから仲良く親子で話が弾んで！」と声が飛んで来たもんだから、

「親子じゃない!!」と二人で返した。

　２スタに戻ると、宮崎さんがニヤニヤしながら「はい。木原君にあげます」と言って１枚のレイアウト用紙を置いていった。

そこにはさっき二人でラーメンを食べている姿が描かれていて、〝親子？〟〝兄弟？〟と書き添えてあった。

ところで『THE ART OF TOTORO』の104ページで、トトロについて宮崎さんは「単なる動物であって、森の精ではないのです」と語っている。

そこまで言い切るわりには結構〝単なる動物〟の出来ないことをやっている気がする。

一方ネコバスに対しては「ネコバスはなんでも笑っているだけだからね。あの人は走っていれば元気という〜」などと述べている。

なぜ宮崎さんがこうもはっきり、トトロは動物でネコバスは人と語っているのかは、このラーメン屋での一件があってのことだと思っている。

2スタに移ってしばらくはスケジュールに追いまくられることもない牧歌的な日々が続く。

そんな頃、珍しく2スタに電話が掛かってきた（スタジオが二つに分かれたことは外部にはほとんど知られていない）。

宮崎さんへの仕事の依頼だった。

要約すると「私どもの東京ドームは来年（1988年）3月18日にオープンを予定しております。つきましては是非とも宮崎先生にマスコットキャラクターをデザインしていただきたいのですが」というもの。

『トトロ』がもっと忙しければ宮崎さんもお断りするだろうとすぐに察しがつくが、まだ2スタには二人しかいない。もちろんやることはたくさんあるものの、多忙ってほどでもない。

ひょっとして宮崎さんは受けるかもしれない。そしたらキャラクターイメージ作りから立ち会える。宮崎さんに声をかけるなんて東京ドームもお目が高い！

僕の心が躍った。

おまけにオープンしたての東京ドームのボックスシートがもらえるかも……などとあらぬ期待に胸をふくらませながら電話の保留ボタンを押した。

宮崎さんに内容の説明をすると、たった一言、

「お断りしてください」

と、にべもない返事。

「でも先方は、ぜひとも宮崎さんにお願いしたいと……」

諦めきれずに僕が言うと、

「ねぇ木原君、ボクたちは今、何をやっているんですか？　そんなヒマがあると思ってるんですか？」

いやぁ、『ラピュタ』の頃に比べたら十分ヒマだと思うんですけど……。

胸の中での突っ込みが、表情に出たのだろう。僕の方をじろっと見た宮崎さんは、こう言った。

「何かよからぬ思惑があるんでしょ。ともかくこの話は、多忙ですからと丁重にお断りしてください」

「はい」

……うーんもったいない。

そう思いながらも、僕はお断りの旨を伝え、電話を切った。

まだ工事中でどんな姿を現すかわからない日本初のドームスタジアムだ。そのあちこちに宮崎さんのデザインが飾ってあったら面白いのに……などと妄想がふくらむ。

その日1日、僕はよっぽどモヤモヤした顔をしていたのだろう。夕方になり宮崎さんが傍にやってきた。

「木原君、もったいないことしたと思ってるんでしょ」

……ギクッ。

胸の内がバレバレだ。

それを察した宮崎さんは、笑いながら追い打ちをかけるようにこう言った。

「君は本当に俗物ですねぇ」

「ええ、俗物でございます」

このやり取りのどこが面白かったのか。それからしばらくの間、宮崎さんはことあるごとに、

「俗物の木原君、来てください」

と呼び続けたのであった。


『ラピュタ』公開後、宮崎さんはアニメ雑誌「アニメージュ」で休載していた『風の谷のナウシカ』の連載を再開した。

そして『トトロ』が始まるや否や休載する。

当時阿佐谷にあった宮崎さんの会社であり個人の仕事場としている〝二馬力〟でのこと。僕は休載直前の『風の谷のナウシカ』を描いている傍らで〝宮崎さん待ち〟を

したことがあった。

もちろん原稿の担当ではないから、傍に編集者がいる。

ここで僕は実に丁寧な仕事っぷりに溜息をついた。

これまで『ラピュタ』制作中に宮崎さんの絵コンテや修正原画を描く姿を散々見てきている。

なのにマンガに向き合う姿や描きっぷりが、アニメの時とは全く違って見えるのだから面白い。

「木原君、お待たせしました」

と宮崎さんが机から顔を上げた。

「これでまた休載になるんですね」

僕はずっと机上の原稿を見つめていた。

そりゃ、連載第1回からの読者だし、アニメを制作したトップクラフト出身だ。上がったばかりの『ナウシカ』の原稿が目の前にあれば見つめもする。

きっと僕の顔に〝止めてほしくないなぁ〟と浮かんでいたのだと思う。

「仕事が違いますからね。一つに集中するべきなんですよ」

二つ同時に制作作業すべきではないというわけだ。

この人の口から出た言葉だと、それが正しいと素直に思うのだから不思議だ。

第5章

「このお面をかぶって授賞式に出てくれませんか」記者会見とアニメグランプリ騒動

4月中旬、スタジオジブリ第2スタジオに作画監督の佐藤好春さんと美術監督の男鹿和雄さんが加わった。

好春さんは、日本アニメーションで「世界名作劇場シリーズ」の原画担当を務め、1986年『愛少女ポリアンナ物語』でキャラクターデザインをした人物として知られている。

1スタで制作が始まった『火垂るの墓』の作画監督を務める近藤喜文さんから紹介されたことが『トトロ』作画監督となるきっかけであったと記憶している。

近藤喜文さんは好春さんの師匠格に当たる人だ。

好春さんは明るく温和で優しく静かな人物。まさにサツキとメイのお父さんのような人だと僕には映った。

後に『魔女の宅急便』『紅の豚』『借りぐらしのアリエッティ』などのジブリ作品で原画を担当することになるが、宮崎さんとの仕事はもちろんこれが初めて。またこの『トトロ』が好春さんにとって初の劇場作品でもあった。

一方、男鹿さんは、マッドハウスで腕をふるい、『時空の旅人』『妖獣都市』などの作品で美術監督をしていたことは当時から知っていたが、どこでどうやって宮崎さんと出会ったのかは聞きそびれていた。しかし『ルパン三世　カリオストロの城』の美術監督を務めた小林七郎（こばやししちろう）さんの小林プロダクション出身で、1973年に公開された『パンダコパンダ　雨降りサーカスの巻』で背景を描いていたのだから、宮崎さんと話しさえすれば美術監督に決まるのは当然の成り行きである。

朴訥（ぼくとつ）でどこかトボケた感じ（↑褒めてます）が男鹿さんの持ち味だ。

わりと着たきり雀（すずめ）だった僕が言うのもナンだが、男鹿さんもよくグレーのスウェットの上下が多かったので、ある日、

「男鹿さん、それ（スウェット）お気に入りなんですね」と声を掛けた。

「あっ、これですか？　パジャマです。わりと起きたらそのまま来るので」と返されたのには驚いた。

ちなみに、このフロアが2スタになった決定打は窓の外の大きな楠木だ……的なことを第2章に書いたが、その巨木の見える窓の前が男鹿さんの席となった。

さてスタジオの中に宮崎さんと僕、作画監督の佐藤好春さんと男鹿さんの4人しか

いなかったこの時期のこと。

男鹿さんは『トトロ』の美術監督を務めるにあたり、阿佐谷にあったアニメ制作会社マッドハウスから2スタに引っ越さなければならなかったが、使い慣れた筆、ハケ、使いかけの絵の具など、美術は道具が多く大変だ。

そんなある日、男鹿さんから、自分の代わりに麻雀（マージャン）大会に参加してもらえないかと言われた。

えっ!?　僕が!?

ジブリで美術監督就任が決まって早々、引っ越しも終わらないうちに麻雀大会へ出るのは宮崎さんに申し訳ないから、というのがその理由だった。

麻雀は4人で1卓を囲むゲームなので一人欠けると卓が立たない。大会に参加表明をしていただけにマッドハウスに文字通り面子（メンツ）が立たないという。

おそらくは今かかえている『妖獣都市』が終わったらすぐ麻雀やろうね!　なんて言っていたところにジブリの仕事が決まったのだ。

幸い『トトロ』の制作も、まだ仕事として動かすべきモノは何もない。

もちろん僕は二つ返事でOKしたかったが、ジブリには箱根（はこね）の関所の役人みたいな仕事の鬼がいる。

そう、『トトロ』のために『ナウシカ』を休載し、東京ドームの仕事をお断りした人が……。

僕が返事に困っているのを察した男鹿さんが助け舟を出してきた。

「宮崎さんへはボクからお願いしますから」

「木原君！　俗物の木原君！」

ほい来た！

「男鹿さんは引っ越しで忙しいんです。特別です。……君は麻雀までやるんですか!?」

宮崎さんの苦虫を嚙み潰したような顔がおかしいが、きっとここで笑ったら後がないので神妙な表情を作ってサッと頭を下げた。

制作にとって麻雀は重要なスキルだと僕は思っている。

麻雀卓を囲むのは常にアニメ関係者とだけ（現在も）。だから卓上は人材や各スタジオ状況の情報交換の場となる。

宮崎さんはじめジブリの人間にはほとんど知られていないが、トップクラフト時代はもちろん、『ラピュタ』時代もずっと週末の深夜に麻雀を打っていた。

卓上の会話で得た情報は制作の上で大いに役立てたのだから、芸は身を助ける。

腕前は？　と問われそうだが、ずっと後に麻雀専門誌で知られる竹書房主催の『第20回麻雀最強戦漫画家大会』で優勝するんですからまああの腕ではないのか？……と。


そして大会当日。僕はリーチ一発ツモの四暗刻（役満）で上がった。

これで大会の優勝者ではなかったのだから、マッドハウスって凄いアニメ雀士の集まりである。

とはいえ役満賞は日本酒（天狗舞だったか？）の一升瓶。役満がなかなか出なくて、ずっと繰り越されていた賞品だそうだ。

こいつは男鹿さんにいいお土産が出来た。僕は昭和のバンカラ学生のように、肩に担いで意気揚々と2スタに戻って来た。

仕事に没頭していた男鹿さんは、机から顔を上げないまま、

「ごくろうさまでした。まあ、優勝はできなかったでしょう、あそこはみんな強いから」

とねぎらいの言葉を口にした。

「ええ。もちろん優勝はできませんでしたが、その代わり役満を上がりましたよ」

「えっ!?」

男鹿さんが机からバッと顔を上げた。

「これ、役満賞でもらった日本酒です。どうぞ！」

「いやいやいや、こ、これは木原さんのものです」

「僕は酒を飲みませんから、男鹿さんが飲んでください」

「えっ！　本当にいいの？」

大の酒好きの男鹿さんは、満面の笑みである。

こんな二人のはしゃいだやり取りを机で聞いていた宮崎さんが、「ゴホンッ！」と咳払い（せき）した。

「遊びの話もそこそこに」

この出来事のおかげで、僕と男鹿さんは固い男の絆（きずな）で結ばれた……と思っている。

さて、2スタにまだ4人しかいなかった4月頃に、重要な仕事を宮崎さん、男鹿さん、好春さんは行っていた。

まず好春さんは、宮崎さんの描かんとするキャラクター達を自身の手に掴（つか）むために、毎日毎日懸命にキャラクターボードなどの模写や試し描きをくり返していた。

原画のみなさんが、宮崎さんと作画打ち合わせをするまでにキャラクターデザイン表（キャラ表）を完成させておかねばならないことはもちろん、自身で原画も描かなければならず、何より次々と上がってくる個性の違った各原画を統一しなければならないからだ。

ここで宮崎さんの作るキャラの表情、ポーズ、頭身、対比、顔の振り返りなどの習作を積み重ねておかないと作画監督の仕事は務まらない。

ところで僕の記憶通りなら、宮崎さんが最後に描いたキャラクターボードはサツキたちの母・草壁ヤス子（本編には名前は出て来ない）だが、この頃好春さんがキャラ対比図（登場キャラクター達を全員並べて身長・大きさを統一するための図）を作るための習作のひとつに、トトロとお母さんを並べて描いたモノがあった。

実のところ宮崎さんのキャラクターボードにはお母さんの全身の絵がない。おそらく最初からベッドを出て立ち上がる場面を作るつもりがなかったのだろう。ところがキャラ表には描かねばならないから、全身の姿やバランスのためには習作を描いて、宮崎さんにＯＫをもらう必要があったのだ。

しかし、絵そのものは、お母さんとトトロが並ぶ（出会う）ことはありません……とのことで幻の習作として終わっている。

ただこの時のお母さんの全身図は全キャラクターの対比図のバランスやお母さん単独のキャラ表作りの習作となった……と思っている。

本編ではただ入院しているだけのおとなしめに描かれたお母さんだが、キャラクターボードの説明には〝周囲の反対をおしきって学生結婚した行動力。サツキの性格は母ゆずり〟と書かれている。

結局お母さんの全身は、エンディングに宮崎さんの手で描かれたが、タクシーのドアに隠れているので、今もよくわからないままだ。

男鹿さんは宮崎さんと、延々と長い時間打ち合わせを重ねていた。

サツキたちの住む家の構造をきっちり決めておく必要性があったからだ。

家の内部が決まらなければ、絵コンテ内でサツキやメイの芝居はもちろん、そもそも家内移動が出来ない。

つまり廊下と部屋のつながりや居間・台所・風呂などの位置関係、家から見える風景を決めておかないと絵コンテが描けないということだ。

しかも家の外観だけはすでに宮崎さんのイメージボードで固まっているので、必要な部屋を出した上で一種のつじつま合わせをやっていたと言うべきかもしれない。とはいえ、さすがは宮崎さんと男鹿さん。和洋合体した妙な家を実に上手く構築していく。

家の方角による光の差し込み具合やそれによって生まれる影。時間帯による部屋の色の変化の基本は、この図面作りの作業によって共通認識になったといえる。

またこの時期に、宮崎さん、男鹿さん、好春さんの3人で1日だけロケハンに行っている（制作の僕は当然お留守番だ）。

少しでも『トトロ』で描かれる自然の風景を観察して共有するためである。

場所は、日本アニメーションのある聖蹟桜ヶ丘（せいせきさくらがおか）だったと聞いているが、『トトロ』は宮崎さんの住む所沢（ところざわ）など様々な場所のイメージで出来ているので、決定的舞台というわけではない。

ここでのロケハンは心のリフレッシュにも大いに役立ったみたいだ。

翌日、3人はすこぶるスッキリした笑顔で出社してきた。

この後も、男鹿さんだけは日野（ひの）市に住んでいたことから、一人で何度か足を運んだという。

〝監督〟の肩書きを担う3人が固まって行くところから映画『となりのトトロ』はさらに歩み始める。

〝楽しく作る〟がまた一歩、進んだ気がした。

さてスタッフが入り始める前に宮崎さんと共に考えたのが、机の配置。

ここでは、あくまで机の〝配置のみ〟で机に誰が座るのかは別である。

とにかく効率よく、できるだけ多くの机を並べてみた。

アニメはマンパワーで出来る。基本的に人が多ければ仕事は進むのだから、制作として最大収容数を知るための試みである。

もちろんこのレイアウト案は宮崎さんにNGを出される。

「この作品を楽しく作るためには、気持ちよくが大事なんです。そのための環境を考えてください。このフロアは窓が多いから、そこから入る光と通り抜ける風を殺さないようにお願いします」

コンセプトがわかれば工夫はしやすい。何度かテストをくり返してOKをもらうと、次は人の配置となる。

僕は原画マンと動画マンを分けるようなパートエリアを作らず、あえてランダムに配置しようと考えた。

『ラピュタ』の時の配置もそうだったが、動画マンが原画マンに相談しやすいようにしたかったのだ。さらにベテランの原画の方には通路側に座ってもらうようにした。

「それだと、横を人が通るから気が散るじゃないですか」

そんな宮崎さんの意見に対し、

「『トトロ』に参加するベテランは環境に左右されずに安定した仕事をしてくれます。それより通路側にベテランが座ることで、別な役割を果たしていただきたいと思っています」

「何ですか、木原君の狙いは？」

「若手は集中力が不明です。お茶や休憩を取りがち……すると席に戻る時間が遅くなりがちの可能性があります。でも机の並びの出口にベテランがいたら、奥に座る人はそうそう後ろを気軽に通れません。つまり、にらみが利くので抑えとなります……どうです？」

なるほど、と宮崎さん。

これでおおむねその通りの机の配置になった。

引っ越しした翌日の14日。宮崎さんは「演出覚書、登場人物について」というものを1日で書き上げた。

早い。みなぎるような『トトロ』への意気込みを感じる。この覚書にはキャラクターの性格などが書かれていたが、なぜかトトロやネコバスの記述がない。

不思議に思い、宮崎さんに、

「これで終わりなんですか？　トトロ達は書いてませんけど」

と突っ込んでみた。

「木原君。よく見なさい。ほら登場人物、人物についてと書いてあるでしょ？」と返された。

さらに翌15日から、宮崎さんはシノプシス（あらすじ）の執筆にとりかかった。

おそらく本来なら全部書き上がってから僕の手元に来るモノだ。ところがその日、1枚の原稿を手渡された。

「え？　1枚ですか？　終わってないですよ？」

宮崎さんは笑って、

「毎日連載するみたいに少しずつ書き上げて楽しませますよ」と口にすると、本当に1日1枚ずつ書いて8日間で仕上げてしまった。

シノプシス着手の翌16日。

「アニメージュ」6月号の企画で童話作家の中川李枝子(なかがわりえこ)さんと対談を行った。

その時に主題歌の作詞を依頼している。

宮崎さんは学習院(がくしゅういん)大学時代、児童文学研究会に所属していただけあって、絵本を含む児童文学に造詣(ぞうけい)が深い。中でも中川さんの『いやいやえん』の評価は高く、主題歌の作詞を中川さんにお願いしたいという話をこの対談前からずっと口にしていた。

『となりのトトロ』という映画の制作し始めの頃にはまだまだ決まっていることは少なかったが、ある一つの〝形〟だけは宮崎さんの頭の中で決まっていた。それは子供たちに向けた映画なのだから、堂々と「これから始まるよ――！」とタイトルを見せて、物語を展開させるというものだった。

つまり、プロローグから映画を始めないということだ。

プロローグとは、オープニングやタイトル前に見せる導入ドラマのこと。宮崎監督の『ルパン三世　カリオストロの城』『風の谷のナウシカ』『天空の城ラピュタ』……いずれもプロローグから物語を始めている。

この点だけをみても、宮崎さんがいかに『トトロ』を子供たちのために作り上げたいと思っているのかがわかる。

実際に宮崎さんは「このトトロは、『あ！　始まった！』から映画を見せたいんです。最初から『楽しい映画が始まったんだ！』と思って入ってもらいたいんです。だからタイトルから楽しく元気になる主題歌が必要なんです。これがないと始まらないくらい大切なんです」と熱を込めて僕に話した。

主題歌が最重要であるからこその中川さんへの作詞依頼であった。

その歌詞に対する宮崎さんの思い入れは強く、「童謡のように親しみやすい歌。すぐに覚えられて歌いたくなるような歌、聴いているだけで楽しく体を動かしたくなるような歌が必要なんです」と話してくれた。

また主題歌ありきの『トトロ』を証明するかのように、コンテ作業に入ってもオープニングには手をつけず、結局、最後までオープニングの絵コンテを切らず（描かず）に終わっている（絵コンテなしでどうやってあのオープニングの絵が出来たのかは第13章にて紹介）。

さて、詞が大事なら曲も大事！『トトロ』も『ナウシカ』や『ラピュタ』に続いて音楽は久石譲（ひさいしじょう）さんにお願いしたいと宮崎さんが口にしたのも、この対談が行われた日であった。

4月13日の正式なスタジオ開き以降、どうしてこれほど次々に事が進んでいったのかには訳がある。4月18日に『となりのトトロ』『火垂るの墓』の合同記者会見発表を控えていたからだ。

つまり、発表前までに出来る限り内容を固めておく必要があったのである。

またこの18日には、合同記者会見発表の他に、大きな予定が宮崎さんに控えていた。

『天空の城ラピュタ』が「アニメージュ」主催の第9回アニメグランプリ長編部門でグランプリを獲得していたために、記者会見後に日本武道館に行って授賞式に出席しなければならなかった。

その前日のことだった。

「木原君。お願いがあるんですが……」と宮崎さんが手に何かを持って近づいてきた。

「宮崎さん、わがまま言わないで明日の授賞式はちゃんと出てくださいよ！」と僕は話を全部聞かないうちから強く念を押した。

思い出の品（手渡された宮崎さんの似顔絵）

　宮崎駿という人は、作品完成のための牽引力は恐ろしいほど持っているのに、多人数の前に出ることを極端に嫌う。だからといって、スタジオ内のスタッフなら何人いても平気なのだから、別に人間嫌いということではない。

　むやみに人前で褒められたり賞賛されたりするのが苦手なのだ。だから、自身に必要と思えない授賞式に出たくない気持ちもわからないわけではない。

「あのですね。明日、木原君は、コレを着けて授賞式に宮崎ですって出てください」

と大きな画用紙を出した。

「何ですか？　これは？」

　手渡されたのはマジックで書かれた自分の似顔絵のお面だった。顔の形に綺麗に切り抜いてある上に、ご丁寧に色まで塗って、おまけに目に穴まで開けてある。

……………。

呆れて言葉が出ない。

僕は留守番をしている腹づもりだったからだ。

宮崎さん一人だけでなく制作の代表たる原さんや、『ラピュタ』のプロデューサーを務めた高畑さんも記者会見に同席してそのまま同行するのだから十分ではないか。

それにしても似顔絵のお面のニッと笑った口がトトロやネコバスそっくりだ。

「もう一度言います。木原君は明日の授賞式でこれを着けて宮崎駿の代理をやってください。任命します。何か挨拶を考えておいてください」

「ちょっと待ってください！　明日の武道館のお客様は宮崎さんを待っているんですよ!?　こんなお面を着けて〝宮崎駿でございます〟なんてやらかしたら、僕は殺されます！」と本気で食ってかかった。

「そうですか。そうなったら仕方のないことですね。これは男鹿さんが塗ってくれたんですから大丈夫ですよ」

宮崎さんはご機嫌な顔をして〝これで終わり〟とばかりに自分の席へ戻っていった。

こうなったら動かないのが宮崎駿という人だ。後を追ったところでひっくり返るとは到底思えない。

妙案が浮かばないまま、その日は終わってしまった。

4月18日、半蔵門にあるダイヤモンドホテルで『となりのトトロ』『火垂るの墓』の合同記者会見発表が行われた。

結局僕も会見場に行くことになった。

徳間書店・新潮社合同プロジェクトの正式な製作発表となるわけだが、別々の出版社同士の合同映画製作と言ってもそれは出資の話。実制作は一つのスタジオで二人の監督が並行して進める。同時公開なんて前代未聞の発表である。

この会場に250人以上の取材陣が集まったのだから、アニメーション映画の記者発表としては最大級といってもいい。役者やタレントや声優が一人も出席しないにもかかわらず（決まっていないのだから当たり前）、これほどの規模の会見。両出版社の力の入れ具合がよくわかる。

両出版社社長に、両作品のプロデューサーの原さん、『トトロ』原作・監督の宮崎さん、『火垂るの墓』の監督の高畑さん……それぞれが会見を行い、マスコミには発表資料が配られた。その中で宮崎さんは企画意図をこのように書いている。

日本が舞台の楽しい素敵な映画を作りたい

「となりのトトロ」原作・監督
宮崎　駿

☆企画意図
中編アニメーション作品「となりのトトロ」の目指すものは、幸せな心暖まる映画です。楽しい、清々した心で家路をたどれる映画。恋人達はいとおしさを募らせ、親達はしみじみと子供時代を想い出し、子供達はトトロに会いたくて、神社の裏の探検や樹のぼりを始める、そんな映画をつくりたいのです。
つい最近まで「日本が世界に誇れるものは？」との問いに大人も子供も「自然と四季の美しさ」と答えていたのに、今は誰も口にしなくなりました。日本に住み、紛れもなく日本人である自分達が、出来るだけ日本を避けてアニメーションをつくりつづけています。

この国はそんなにみすぼらしく、夢のないところになってしまったのでしょうか。

国際化時代にあって、もっともナショナルなものこそインターナショナルのものになり得ると知りながら、なぜ日本を舞台にして楽しい素敵な映画をつくろうとしないのか。

この素朴な問いに応えるには、新しい切口と新鮮な発見を必要とします。しかも、懐古や郷愁でない快活なはつらつとしたエンターテイメント作品でなければなりません。

忘れていたもの
気づかなかったもの
なくしてしまったと思い込んでいたもの
でも、それは今もあるのだと信じて「となりのトトロ」を心底作りたいと思っています。

僕は資料に入っていた自分が引いたわけでもない製作スケジュールを目にしてか

ら、会見もどこか上の空だった。そのスケジュールの一番下に〝'88年4月公開〟と印刷されていたからだ。

来年の今頃は劇場で公開……ジブリで『ラピュタ』1本の制作に携わっただけの僕には、信じられない気分だ。しかも今度は〝制作デスク〟という未経験の立場だから余計（よけい）信じられない。

ただでさえこの責任に押しつぶされそうなのに、この時間が終わったら宮崎さんの〝影武者〟をやらされるかもしれない。会見を聞いていても頭にさっぱり入ってこなかった。

気がついた時には会見が終わりを迎えていた。

徳間書店のアニメ専門誌「アニメージュ」編集部の皆さんはさすがだった。宮崎さんの性格をよくご存知で、記者会見が終わるや否や、ジブリの一団がバラバラにならないよう、ひとかたまりにして次々とタクシーに乗せていく。

僕は宮崎さんとワンセットで後部座席へ。

その〝となりの宮崎さん〟がジーッと僕のカバンを見つめ、そして今度は僕を見つめてきた。

「持ってきていますか？」

「はい」

もう！　往生際が悪いんだから……。

タクシーはあっという間に北（きた）の丸（まる）公園の日本武道館へ。

なぜ半蔵門のホテルで記者会見が開かれたのか？　おそらく武道館に近かったからに違いない。

なんという段取りの良さなのか、タクシーから降ろされた我々ジブリの人間は控え室に通されることなくあれよあれよという間に舞台袖（そで）へと通され、ほとんど待つことなく授賞式のステージに上がることになった。

おかげで宮崎さんは逃げるタイミングを失ったが、僕も逃げることは出来なかった（舞台袖にカバンを置くのがやっと）。

結局、チーム『ラピュタ』として第9回アニメグランプリ長編部門のグランプリを、監督の宮崎さん自身が受賞することになった。

授賞後、武道館の階段で受賞者全員の記念撮影が行われた。

そのままの流れだったために、宮崎さんや高畑さん、原さんに交じって僕も写真に収まってしまい、翌月の「アニメージュ」6月号に掲載されてしまった（宮崎さんと中川李枝子さんの対談も同号）。

なお、『天空の城ラピュタ』の授賞式に出席した関係スタッフは、原徹（制作）、高畑勲（プロデューサー）、宮崎駿（原作・脚本・監督）、山本二三（美術監督）、押切直之（制作デスク）、尾澤直志（動画チェック）、白神孝始（撮影）、と僕・木原浩和（制作進行）の8名であった。

僕の長い1日が終わった。

帰りのタクシー車内で宮崎さんが「これで『トトロ』だけです」とポツリと決意の言葉を口にした。

それは僕も同じです、と思いながらカバンからお面を取り出した。

「これお返しします」

「木原君に贈呈します。今日の記念です」

ちなみに、これらの発表記事が掲載された「アニメージュ」6月号の表紙も宮崎さんが描いている。

夜、停まったネコバスからトトロが降りてきた……でもサツキとメイはネコバスの顔に目を向けている、という絵だ（車内にはトトロっぽい〝モノノケ〟がいっぱい）。

このネコバスの顔の雰囲気は、そのまま本編に活かされている。またネコバスのライトに照らされたカエルがアクセントのようにポツンと描かれているが、これもまた後に顔を出すことになる。

記者発表用のポスター原画とほぼ同時進行で描かれていたために、宮崎さんにしては珍しく締め切りを大幅にオーバーして完成させた。

第6章

「そんなことをやって完成しますか？」
宮崎さん顔を曇らせる

宮崎さんのトトロがどのようなモノであったのか、１９８７年4月18日の合同記者会見発表で配布された資料に見ることが出来るので、ここで紹介しておきたい。

☆トトロとは

この映画の主人公のひとり5歳のメイが、彼等に命名してしまった名前です。本当の名前は誰も知りません。

ずーっと昔、この国にほとんど人が居なかった頃から、彼等はこの国の森の中に棲んで来ました。寿命も千年以上あるらしいのです。大きいトトロは2メートル以上にもなります。フワフワの毛につつまれた大きなミミズクかムジナか熊か、このいきものは妖怪といえるかもしれませんが、人を脅かすことはせず、のんびり、気ままに生きて来ました。森の中の洞（うろ）や、古い樹のウロに棲み、人の目には見えないのですが、どうしたわけか、この映画の主人公、サツキとメイの小さな姉妹には見えてしまいました。
騒がしいのがきらいで、人間につきあった例など一度もなかったトトロ達でしたが、サツキとメイには心をひらいてくれます。

これほど楽しさにこだわった文章であっても、会場の記者から〝次は墓とバケモノなんだ〟と揶揄されたのだから、完成も含めて前途多難だと思い知る。ただこの会見によってスタジオジブリの次回作が世に知られることになったと言っていいだろう。

ここまでプロデューサーとして宮崎さんを支えてきた高畑さんが監督になるので、代わって原さんが『トトロ』と『火垂るの墓』のプロデューサーとなり、それぞれに制作担当（制作デスクのボス）を設けることとなった。

肩書きこそ制作担当だが、ここでは実質的にプロデューサー的な仕事をすると言っていいだろう。

一方、僕は来るべき時に備えて、社内外である目的を持って動画スタッフを集め続けていた。

絵コンテもなければ原画マンだって揃っていない状況なので、実際に動画スタッフが仕事を始めるのは半年も先である。しかし直前になって集め始めたとしたら人材は揃わないだろう。

まずは『ラピュタ』で仕事をお願いした動画スタジオや仕上げのスタジオへ挨拶回りを始めた。

挨拶回りでは必ず、ある洗礼が待ち受けている。

それは『トトロ』のデスクになりましたと打ち明けた次の瞬間にやってくるのだ。

「えっ!? デスク!? 木原君は新人の進行じゃなかったっけ？」と。

こいつを通過しなければ話も何もない。

この時の僕はまだ27歳。その上制作としての経験はないに等しい。おまけに会う人会う人全てがベテランなんだから、話しにくいったらありゃしない。

とはいえ宮崎さんから〝じゃ、決まりですね〟と言い負かされた時から覚悟はしていた。

していたからこそ、「がんばります」と「よろしくお願いします」を力強く言い続けたが実際のところ、デスクが務まる証明材料なんかない。

「こんな無茶な人事は原さんが決めたの？　あの宮崎さんが納得するはずないでし

よ？　どうやって納得させたの？」

　ごもっともでございます。

「僕をデスクにしたのはその宮崎さんご本人です。新人にとってはいい迷惑ですよ」

　だがつまるところ〝宮崎駿監督作品〟だということと、『となりのトトロ』という題材・キャラクターが僕を後押ししてくれた。

　さて、キャラクターの基本を描く原画マンは宮崎さんが『ラピュタ』で原画を描いたみなさんを中心に声をかけている。一応それを基本に僕が書面にまとめた。一方、僕は動画マン集めを本格的に始め出した。スケジュール表を引くにあたって決めていた事があったのだ。『トトロ』はアクションが少なく日常芝居が多いはずだから、より丁寧な動画が必要だ。それだから強いこだわりを持って取り組んでいる。

　もちろんそのこだわりは、『ラピュタ』で得られた経験を基本としているからこそのクオリティ重視だ。


　一つ目は個人。

　動画が上がって受け取ったところで、動画チェックからのＯＫをもらわなければ仕事が完了したとはいえない。だが、ただ外部への発注だと、動画チェックからリテーク（やり直し）を求められる傾向が強い。

しかもジブリの動画は、細くしなやかな上によりセル画に転写しやすい鉛筆の線が求められる。さらには原画をいかに理解して動画として割るかが重要。そもそも動画は原画をクリーンナップして、原画と原画の間の動きを描いてつなぐ〝中割り作業〟だ。割り方一つで狙った芝居にならない。

この作業を動画スタジオにまとめて発注してしまうと、毎回手の空いた人へランダムに渡されることになり、質まで望むことが難しくなる。そこでたとえ外のスタジオに出したとしても動画マン一人一人に直接お願いすることにした。

個人で仕事をやっている人は動画の質が高い。個人に依頼して続けてもらえば質も安定する。さらに作品を継続してもらうことでスピードが上がりやすい。結果、肝心なラストスパートの時に戦力として読める。

何より、渡したり受け取ったりする時に行うコミュニケーションによって、個々人の作品への思い入れや責任感が強くなる。『ラピュタ』での経験とはこれだった。

毎週放送されるテレビアニメのような量産には不向きではあるが、宮崎さんの求めるレベルには合う。

長期的に見てリテーク率を下げられる方法はこれしかないと思っていた。

そう考えて、スタジオやプロダクションへの挨拶回りの後には、『ラピュタ』の動画に関わった個人に当たり始め、外のスタジオでも、所属する個人に対し『トトロ』専属になってもらえるようお願いをすることに。

『トトロ』の動画テロップで、個人名以外に3社しかスタジオ名がクレジットされていないのは、僕の依頼方法の結果だ。

二つ目は〝女性中心〟だ。

『トトロ』という作品でメインと呼べるキャラクターは、たったの6人しかいない。そのうちサツキ、メイ、お母さん、バアちゃんの4名が女性。

さらに言えば、子供ばかりが動き回る作品である。

トトロやネコバスがいるとはいえ、春から夏の終わりまでを描いた70分（当初）のこのドラマはほぼ姉妹の二人で構成される。

1980年代中期のアニメでは、1に美少女、2にメカニック、3に爆発が、ヒットの3要素で華だと言われていた。

これほどわかりやすい要素が『トトロ』には全く含まれていない。だから『トトロ』には派手なアクション的作画やダイナミック的作画がほぼ必要ないのだ。

舞台は日本で、日常の生活描写や女の子の芝居を、より繊細な線で楽しんで描くのが基本である。これらの観点から動画は女性にお願いしたいと決めたのだった。

重ねて言うなら、サツキやメイだった時代をすごした皆さんに動画をゆだねた方が『トトロ』の世界観がより活きるはずだということである。

そして三つ目。

これは環境。つまり制作の自分達が心掛けることだが、先の二つ目の理由をベースに、社内動画班を基本的に女性で編成して、女性が楽しんで仕事が出来るように現場環境を整えれば、仕事全体が楽しくなる。

誰かが楽しいのではなく、誰もが楽しい。つまりスタジオ全体が楽しくなる。スタジオの雰囲気そのものを作品にも反映させたいというのが宮崎さんの考えであるはずだ。

人材編成の面で宮崎さんの考えをサポートする方法で思いついたのはこの3要素だった。

……その結果。

『となりのトトロ』の〝動画〟と名のついたパート（動画チェック含む）には35名が

クレジットされているが、そのうち24名が女性。しかも残りの11名の男性動画マンのうち7名は外のスタジオのスタッフだから、社内の動画マンはほぼ女性という異色の編成となる。

この長編アニメの動画スタッフ編成は『となりのトトロ』が世界初なのでは？　と思っている。

一方〝原画〟でクレジットされているのは総勢11名。

そのうち丹内司さんを筆頭に、大塚伸治さん、篠原征子さん、遠藤正明さん、河口俊夫さん、金田伊功さん、近藤勝也さん、二木真希子さん、以上8名が『ラピュタ』ですでに原画を担当している。

残り3人の山川浩臣さん、田川英子さん（田中敦子さん）、田中誠さんが『トトロ』で初めて宮崎さんの原画チームに参加した。また、『ラピュタ』でも動画チェックを務めた立木康子さんも動画チェックが忙しくなる前の初期に原画を描いている。

『火垂るの墓』班と原画スタッフの取り合いがあったと後に宮崎さんはインタビューで述べているらしいが、そんなのは宮崎さんらしいジョークだ。

実際、僕はそんな話を耳にした事がない。

宮崎さんも『火垂るの墓』がいかに大変になるかを最初からわかっていたし、これまでプロデューサーとして宮崎さんの作品に関わっていた高畑さんが5年ぶりにアニメ作品の監督を務めるのだから、取り合いにまで発展することはない。ただ宮崎さんは『火垂るの墓』の作画監督の近藤喜文さんには加わってもらいたかったに違いない。だからこそ近藤さんは佐藤好春さんを紹介してくださったのではないかと秘かに思っていた。

いずれにせよ、原画とクレジットされた11名中8名が『ラピュタ』で一緒だったことは、新しいスタジオで楽しく仕事をするという点で大きな効果を上げた。作画の中心メンバーの個性を各々に知っているからだ。

スタート時点で気心が通じ合う原画チーム……こんな幸福はまたとない。

動画スタッフ集めの他に、大きく進めたいことが頭の中にあった。『トトロ』への導入を考えていた動画の新システムだ。

前作『天空の城ラピュタ』はとにかく〝風〟を描いたシーンが多かった。風を感じてもらう絵作りだ。風を受けて髪や服をなびかせる作画だと言えばわかりやすいだろうか。

カットの最初から終わりまで、ひたすらなびく。そんなシーンが山ほどあった。

言葉でいうと簡単だがキャラクターたちは止まっているわけではない。

体が動くにつれて、髪のなびきも服のなびきもそれに合わせて動いて行く。

この動画のリテークが多かったのだ。

動画チェックを経て直すにしてもやがては時間的限界がくる。この問題を減らすために『ラピュタ』の途中で打たれた一手が、動画を仕上げる前のラフ段階で、原画マンにチェックしてもらうという作業だ。なびきのシーンに限らず、難しくて自信のないカットはとにかくチェックしてもらうことに。

動画は（原画も仕上げも背景もだが）1枚描いて幾らの歩合給。しかもそれらはチェックのOKが出たらの話で、リテークで戻されてはお金にならない。もちろん作業進行の遅れにもつながる。

全カットで原画マンに動画のチェックをしてもらえば、手間はかかるが出来上がってからのリテークは理屈上なくなるし、原画マンが求める動画になればクオリティだって上がる。

この点を活かしたいと『ラピュタ』の時に思っていたのだ。

それで宮崎さんにご相談。

宮崎さん、基本的に全カット、動画ラフチェックを原画の人にやってもらいたいんですが……と。

さすがに手を止めて振り返ると、顔をおもいっきり曇らせた。

「全カット!?　木原君!!　君は自分で何を言っているのかわかっていますか!?」

僕は黙って頷いた。大声を出されなくても言いたいことはわかる。

いちいち動画のラフチェックなどしていたら、原画作業の手が止まる。

しかも個人の外注さんだっている。この人たちにも社内と同じように等しくチェックを受けるために来社してもらうというのだから大きな負担をかけてしまうこともわかっている。でも……だ。

「聞いてください、宮崎さん。他社にはないジブリ最大のメリットって何でしょう？　それは社内に原画マンが全員揃っていることです。もちろん宮崎さんの仕事の進めやすさがありますが、それを活かせば動画の質を上げるシステムが作れると思うんです。原画の人も自分の描いて欲しい動画にしてもらえます。それにこれだと動画チェックの負担が減りますから仕上げ（色指定）に早く回せますし、これだと動画のリテークの問題はほぼ線の問題だけになります」

「……………」

なかなか言葉が返ってこない。

「……でも木原君。やるなら最後までです。そんなことをやって完成しますか？」

そうくると思ってました。

「それは宮崎さんが稼ぐこれからの仕事のスピード次第かと……」

ここまではシナリオ通り。あとは怒られて終わるかどうかだ。

「……いいでしょう。君に任せたんです。好きにやってみてください」

曇った顔が晴れて呆れたような笑みがこぼれた。

……よっしゃぁ！

宮崎さんは若者の無謀な挑戦に否定的な人ではない。まぁバカにはするけど……。

この一点突破でオリジナルシステムが生まれた。

図のフローチャートで、動画から原画に一度戻る矢印が書かれているのは、このシステムを意味している。

4月28日。記者会見から10日。ひと通りのボード作業を終え、家の中の配置図も決定した。ここから宮崎さんがいよいよ絵コンテ作業に入る。

まだ『トトロ』の作業を本社スタジオの片隅でしていた頃の最後には、『トトロ』

〈制作工程〉

イメージボード・キャラクターボード

脚本

絵コンテ

キャラクター表などの設定

色指定
（メインキャラの
色作り）

原画マンがレイアウト作成

監督・宮崎さんチェック

リテイク

レイアウトの
オリジナルは
美術へ（背景）

監督・
宮崎さん
チェック

リテイク

コピーは原画に戻して
原画作業

監督・宮崎さんチェック（修正）

リテイク

作画監督チェック（修正）

動画

（動画ラフチェックを受けた後、
動画クリーンナップ）

動画チェック（修正）

リテイク

色指定（上がった各動画に彩色指示）

仕上げ（セルに色を塗る）

仕上げチェック

リテイク

撮影

ラッシュチェック

リテイク

編集

アフレコ・音楽・効果音

は、A、B、Cの3パートで各30分、22分、22分としてオープニングの約3分を加えて77分を目標にしますと宮崎さんは語っていた。

それ以前の企画の初期段階では60分ですと言っていたらしい。僕とのスケジュールの打ち合わせでは散々70分ですと言い、さらにそこからいつの間にやら7分増えている。

それどころか、宮崎さんはコンテを描き始めてからしばらくして、Dを加えた4パートにしようと思い始めたらしい。

第7章

「すみません。長くなります」宮崎さん頭を下げる

4月28日に絵コンテ作業開始。だからといってテキパキ進んでいくなんてことはなかなかない。

どこからどんな風にドラマを始めるかで以降の物語の展開や時間残量などに大きく影響を与えるので、コンテ作業の初期の初期は特に慎重だ。ちなみに『ラピュタ』の時にはドラマの始まりを実に6回も描いている。

『トトロ』のイメージボードでは街中にポツンと島のような森が残された風景が1枚だけ描かれているが、これについて宮崎さんは『THE ART OF TOTORO』でこのように述べている。

「冒頭は、その1ヵ所だけ木におおわれた家が街の中にあって、その屋敷のまわりの風景が変わりはじめる。まわりから家が消えてゆき、畑があらわれマンションの立つ高台は林に変わり、そこの木がまた小さくなったり、自動車の走っている道がいつの間にか野の道になっててね、まわりの住宅が消えて田んぼが現われ、歩道になってしまったところに水路があらわれ、で、その間にも屋敷の木はどんどん小さくなっていって、そこにサツキたちが住んでいる家がポコッとあらわれる。そこにトコトコトコとオート三輪が来るという話を書いたんです。(以下略)」

しかしその案はボードに描いてすぐに廃案にした。

おそらくこれでは楽しい主題歌の後に、子供の心が素直に映画に入りにくいからだ。

そこで3枚の案をレイアウト用紙に描いた。

1枚は、土手の上に電車が走っていて、そのガード下をくぐり抜けて来るオート三輪という絵(おそらくこの土手と、その上を走る電車はメイの捜索やネコバスが通り抜けるシーンの基本となる)。

このガード下を抜けるというのが、物語はこれから都会から農村部へ入る、という一種のメタファー的役割を果たすのだろう。

この後すぐに2枚目を描く。

土手も何もかもそのままだが、その上に小さな駅舎を建て、その下にロータリーを作ってボンネットバスを配置した絵だ。

もちろんこれは、初期から決めている〝バス停〟を出すことへの伏線。

宮崎さんはこの2枚を持って、男鹿さんや好春さんに意見を求めた。

「どちらがいいですか？」と。

二人がいったい何と答えたのかわからないが、僕のところにもやって来た。

「田舎道から始めたらどうですか？　最初はゴチャゴチャしたところより、街から離れたっぽいところからの方が……」などと答えたのだが、それには明確なワケがある。

宮崎さんは別のイメージボードで〝松郷之図(まつごうのず)〟という名の舞台地図を描いている。この地図からいえば、オート三輪がガード下をくぐると、すぐにトトロのいる塚森(つかもり)の前を通って引っ越し先の家に着いてしまう。距離が短すぎるのだ。塚森を早くに見せることは出来るが、広がる田園風景（つまりトトロが居そうな田舎的感じ）をほとんど見せることなく家に到着してしまう。

さらに別のイメージボードではカンタの家の前を通ってやって来る絵が描かれていた。

地図を見ると、ガード下↓塚森↓サツキの家とあるから、その先にあるカンタの家の前を通過することが出来ない。

おそらく男鹿さんも好春さんも僕と同じように答えたに違いない。

「そうですか」と言って宮崎さんは席に戻ると、すぐに走ってやって来た。

「これですね」と再び手にしてきたのが映画と同じ麦畑の中を走るシーンだった。

それがどういうわけか、〝ガイナックス〟の『王立宇宙軍　オネアミスの翼』で使用されたレイアウト用紙に描かれていた。『ラピュタ』時代に原画の前田真宏（まえだまひろ）さんが持って来たのか、庵野秀明（あんのひであき）さんが持って来たのか……。


さて、『トトロ』も冒頭は下描きとしての絵コンテを描いている。

画面情報的には映画本編とはそれほど違いはなかったと記憶しているが、それ以外で大きく違う点が一つある。オート三輪に積まれた机の間からサツキとメイが顔を出している時のサツキのナレーションとして、

「きょうはひっこしです。パパと私とメイは郊外の家にうつるのです」

と入っていたことである。

僕が驚いたのは冒頭にナレーションが入ったことではない。〝パパ〟という表記だ。

これまで散々〝お父さん〟と耳にし、キャラクターボードにも〝お父さん〟と書いてあっただけに、なぜ!?　と驚いたのだ。パパとお父さんではニュアンスが大きく違

う。

もちろんコンテを清書する際に直された。

ここで余談を一つ。

このサツキのナレーションの後に、オート三輪は橋に近づいていく。

前述した〝松郷之図〟では、松井川(まついがわ)に架かっている橋には〝万代橋(ばんだいばし)〟と記されているのだが、絵コンテ上では〝木原はし〟、その手前の電柱には〝佐藤のふとん〟と書かれていた。

こんなのは断然抗議だ！

「宮崎さん！　橋の名前にコレはないでしょう」

物語開始早々、妙な橋の名前が観客の頭の中に引っ掛かってもらっては困るのだ。

もちろんイタズラだとわかっていてもだ。

「そうですか？　わかりました」と笑って答えてくれたが、コンテを直すことはなかった。

――で、結局本編で橋の名は〝河童(かっぱ)はし〟。電柱は〝サトウのふとん〟になった。

この河童という名の橋は原画を担当した遠藤正明さんのニックネームが〝カッパくん〟だったからだ。

これまでの宮崎さんならこんな遊びを物語の設計図たる絵コンテに入れなかったから、きっと心の中でクスクスと笑いながら名前を書いたのだろう。最初のイメージボードが日本アニメーションで描かれてから12年。やっと辿り着いた絵コンテ作業。楽しく描きたいに決まっている。

それを証明するかのように『ラピュタ』の時にあって『トトロ』にはほとんどなかった宮崎さんの行動がある。それは落書きだ。

『ラピュタ』の時は絵コンテの合間にたくさんの落書きをしている。飛行機だったり戦車だったり……。これがピタリとなくなったのだから如何に「トトロ」の絵コンテが楽しく、ストレスのない作業であったのかの証しだと思った。

とにかく『ラピュタ』のように肩に力の入った様子もなく、絵コンテに向かう手がスラスラ動いていく姿を見ているのは楽しかった。

もう一つ楽しげに仕事をする宮崎さんを表すような話があった。

にわかに信じ難い話ではあるが、宮崎さんが僕にゲームの企画を持ち出してきたのだ。

「木原君は、ゲームってやりますか?」

その手にしたイメージボード用の画用紙には三菱96式艦上攻撃機(いわゆる96艦攻)が描かれている。もちろん雷装(魚雷を装塡)している。

なんとご丁寧に色まで塗ってある(こんな絵を何も見ずにパパッと描けるんだから、呆れる)。

「いきなり何ですか? やりません。その手の遊びは苦手です」

「これなんですけどね……」自分がノッている時は人の話など耳に入らない。

96艦攻には小肥りしたヒゲのオッサンと部下の凸凹コンビが乗り込んでいる。まるでその構成が『名探偵ホームズ』のモリアーティ教授と、部下のトッドとスマイリーだ。

なぜいきなりそんなアイディアが飛び出したのか?

おそらく当時、小説風なゲーム本が売れていたからだと思う。

読者の選択によって物語の展開や結末が変わっていく本のことだ。

このゲーム本のように、短いアニメをたくさん作ってLD(レーザーディスク)のチャプター機能みたいなので選択しながら進めていくという企画らしい。

そのアニメにはいちいちオチを設ける。

例えば雲の上を行く、雲の中を行く、雲の下を行くの3択。上だと敵の編隊とぶち当たる。中だと雷が待っている。下だと敵艦隊が待っている……といった具合に。目的は敵空母に魚雷を命中させることらしいが、選択によってひどい墜落に遭うとか……。

正しい選択は1本のみ。

それが見つかるまでは最初の空母発艦シーンに戻って何度でもやり直す。無事敵艦に魚雷を命中させると、味方空母に着艦。次のステージに移行し発艦する。

そして正しい選択だったかどうかはともかく、96艦攻がオチまで辿り着くと、そこまでプレイしたシーンが繋がって映画のように楽しんで観られる。まるで自分で作ったかのようなゲーム的映像だ。

こんな話を1時間くらいたっぷり聞かされた。

なんか凄く面白そうだ……しかし。

「……で、こいつはトトロの後にやりたいわけですか？　まさか他の人にやらせたいわけじゃないんでしょ？」と訊ねた。

「……そこなんですよ！　難しいんです。……木原君にこれあげますから覚えておいてください」

結局ひと通り話すと納得したらしくて、96艦攻の絵を渡したまま、それっきりになった（もちろん今も残っています）。

28日の絵コンテ作業開始からおよそ2週間はスタジオ内に人がチラホラいるだけで、2スタ時代の中で最ものんびりした期間だった。

しかし、この時期の男鹿さんは凄かった。

宮崎さんのイメージボードと同じように、画用紙をハガキサイズに切って、次々と美術ボードを描き続けていたのだ。

なんといっても男鹿さんの前の仕事は、マッドハウスで制作された『妖獣都市』（原作：菊地秀行　監督：川尻善昭）だ。

大都会とそれが破壊されていく世界の美術と、緑多き田園風景とは勝手が違うから、代表の原さんもその点を心配する発言をしていた。おそらく誰より心配していたのは、当の男鹿さん自身だったかもしれない。

ところがその作業をする姿が実に楽しそうに見えた。

それもそのはず。秋田出身の男鹿さんは、自分が見て育った経験がこんなに活かせる仕事はないと思って宮崎さん以上にノッていたのだ。

それは絵に……というより〝色〟に表れていた。

驚くべきことに、男鹿さんの絵は絵の具の数が少ない。

描いていく中で、画用紙の上で混ざり合ったり溶け込んだりしながら次々と色が生まれていくのだ。

夕方の美術ボードなど、空を赤く染めたりせず、紙の地の白を活かして〝輝く日没〟を描き出したりする。

ことに木々、草々の〝緑〟の作り方は凄かった。陽の強さ、それによる奥行き、空気感はもとより様々な緑を作り出して〝時間〟や〝湿度〟までも生み出していく。

それらが紙の上に浮かんでくるとしか言いようがない。

まるで紙の上がパレット。中間色の魔法使いとでも言うべきだろうか？　男鹿さんの凄さを表現出来る言葉を僕は見つけられなかった。

宮崎さんもおそらく、ここまで男鹿さんが凄い美術ボードを次々と描き上げていくとは思わなかったに違いない。

その喜びっぷりが行動にすぐに表れた。

用事があろうとなかろうと宮崎さんは男鹿さんのところに行って話し込んだり、色の説明を受けたり……。絵コンテの休憩のたびに自分の机を離れた。

その上、男鹿さんのボードから絵コンテのインスピレーションを受けたいと思ったようで、宮崎さんはボードを借りて自分の目の前に並べた。これはもう驚異としか言いようがない。

宮崎さんの絵コンテに対する集中力はただごとではない。

一心不乱とはまさにこの姿を指すと『ラピュタ』で思った。

それが絵コンテを切る最中に男鹿さんの傍へこまめに行ったのだから、『トトロ』の〝楽しい〟に美術の果たした役割は大きい。

この〝楽しい〟が、絵コンテを切る速度に明らかな好影響をもたらした。

宮崎さんは少しでも早くこの美術の上にトトロ達の芝居を重ねてみたかったのだ。

新しく加わった男鹿さんと好春さんの作品に対する真摯(しんし)な姿勢は、個人の能力を最大限に求める宮崎さんにとって得がたい推進力となった。

その頃の僕はというと、どのように対処したらよいのかわからない大きな問題に直面していた。

〝映写室〟問題である。

まだフィルムのこの時代、コマ撮りで撮影されたフィルムをチェック（この作業をラッシュチェックという）して〝リテーク出し〟をしなければならないのだが、『ラピュタ』を作った広い本社スタジオと違って、およそ半分もないくらいの床面積しかないワンフロアの2スタに別室となる映写室を作ることは難しいと思えた。

ところで、時間もかけた絵で描かれているアニメにはリテークが少ないのでは？などと思っている人がいたら、それは大変な誤解です。

撮影時のカメラワーク（フォローやパン）のミスで起こる〝ガタ〟。色の塗り間違いや、あるいは塗り忘れで起こる〝色パカ〟。フィルムになってわかる芝居のタイミング変更などだ。

もっとも撮影はセル画と背景がそろった順で撮っているから、バラバラなカット順で上がってくる。

だからその時にはミスに気づかず、うっかりＯＫで通ってしまう場合もある。

例えば物語の冒頭のオート三輪に乗せられた引っ越し荷物。

自転車の後輪にバケツが付いていたりいなかったりするし（バケツありが正しい）、バス停の行き先が〝七国山行〟だったり〝前沢行〟だったりするのもそうだ

（〝前沢行〟が正しい）。

ＯＫを出すのもリテークを出すのも、その判断はフィルムを映写してこそ。つまり暗室化出来る別部屋が必要なのである。

フィルムは何回映してでも、スタジオにいる全員に見てもらう方針だ。

作品の進み具合や世界観、自身の参加感、達成感は、実際に見てもらわなければ伝わらないことが多い。またラッシュを重ねるということは、完成までのカウントダウンを全員で確認する作業でもある。

どうしよう？……『火垂るの墓』を制作している本社スタジオまで行く？　いや毎回毎回ラッシュを掛けるたびに押し掛けるのはどうなんだ？　作業を止める時間も長くなるし、かといってメインスタッフだけで見るなんてあり得ない。

問題化していないのは、撮影がまだまだ先の作業だからだ。

5月初旬。かねてから原さんから聞いていた〝制作担当〟つまり僕の上司となる田中栄子（たなかえいこ）さんがやって来た。

宮崎さんが『トトロ』の監督で、それまでプロデューサーを務めた高畑さんは『火けたのだ。

並行して2本のプロデュースをすることは大変なので、両作品に〝制作担当〟を設垂るの墓』の監督に就任。そして代表だった原さんはプロデューサーとなる。

実質的にプロデューサーとしての仕事をする。

田中さんは日本アニメーションでプロデューサーの経験を積んだ、活発、陽気、おまけに度胸があって美人という四拍子揃った凄い人。

『トトロ』の完成はこの人抜きにはあり得なかった。

後の話であるが、ジブリ退社後、STUDIO4℃を立ち上げて、大友克洋さんの『MEMORIES』やアカデミー賞にノミネートされたマイケル・アリアス監督の『鉄コン筋クリート』のプロデュースを手がけるのだから、才色兼備に〝超〟を付けてもいいくらいだ。

田中さん着任早々に、僕は映写室をどうしましょうか？　と相談した。

そうね……と、フロアをながめていた田中さんが、すぐに答えを出すんだから驚いた。

「作ればいいのよ」と。

スタジオジブリ第2スタジオのフロアは正確には四角いわけではなく、道路側に三角にハミ出していて、デッドスペースが存在する。

このデッドスペースの境界の床、壁、天井などのあらゆる所に木枠をはめ込み、そこへ黒幕を張れば、フロアの一角が簡易映写室になるというアイデアだ。

2スタは『トトロ』と『火垂るの墓』の2本同時制作態勢のためにだけ借りた、ワンポイントリリーフスタジオだ。

制作作業に入っているこの時に、大きな工事をやるお金も時間もなく、また制作終了後に行う現状復帰工事の予算だってない。

枠組みを作るだけのこの方式なら、ちゃんと機能する映写室が出来上がる上に、『トトロ』の制作が終了次第、木枠を外せばいいだけだ。しかも早く低予算で出来てデッドスペースがなくなる。

一石何鳥なんだ!!

そしてこの木枠工事は、わずか1日で終わった。

「凄い人がやって来ましたね」とその手腕に宮崎さんも驚いた。

田中さんは同時に日本アニメーションで働いていたベテラン制作の川端俊之(かわばたとしゆき)さんも連れて来てくれた。相談出来て一緒に考えてくれる人が傍にいてくれるのは心強い。

経験不足な僕が抱き続けた最大の不安が小さくなって行く。

この時からやっと『トトロ』が楽しく作れそうだという実感が僕の心に湧いたのだった。

同じ頃、押井守(おしいまもる)監督(私の年代で言うと代表作は『うる星やつら2　ビューティフルドリーマー』)からの紹介で、演出助手の遠藤徹哉(えんどうてつや)さんがスタジオに入る。

5月中旬になると『ラピュタ』で動画チェックとして参加した立木康子さんが今回も同じ役職としてスタジオに入る。

ただし絵コンテが上がっていないので、チェックすべき動画は、この先しばらく上がって来ない。原画の仕事をするためのスタジオインだった。

立木さんは宮崎さんが〝たたた〟とニックネームを付けるほどに仕事でも何でも素早く片付けてしまうので、動画チェックを始める前に原画を〝たたた〟とやってもらうつもりで声を掛けたのだと思う。

5月下旬、絵コンテがラフながらBパート(物語の半分)まで描き上がる。

ここでの〝ラフ〟とは下描きという意味ではない。

細かな書き込みを加える可能性があるので、まだタイム（秒数）未記入状態のものを指している。セリフも含め芝居に必要な書き込みをほんの少し加えるだけで秒数が変わるために最後にタイムを記入するのだ。

ここで「木原君、来てください」と宮崎さんから声が掛けられた。

「何でしょう？」

「すみません、長くなります。これはDパートまで行きます」と言って軽く頭を下げた。

「そうなると思ってました。そのまま楽しく描いてください」

僕の答えに疑問が浮かんだ顔をする。

「木原君はいつから、どこでそう思いましたか？」

『ラピュタ』の頃、宮崎さんの絵コンテに数多くのツッコミを入れ続けていたので、その度に感想を求められた。

ここで経験が活きたのだ。

『トトロ』でも読んでみてくださいと言われて、何度もコンテに目を通している。だからずっと前から気がついていたのだ。予定より長くなるということを……。

理由は簡単だ。

『トトロ』は5月の美しい青空の下、麦畑を走るオート三輪から始まり、サツキのナレーションが入って物語が動き出す。そしてAパートのラストではサツキの「こうして私達のひっこしは無事おわりました」のナレーションで終わる。

つまり絵コンテの（映画全体の）4分の1も使って描いたのは、実に〝引っ越しの1日〟だけなのだ。

しかもそのAパートの80パーセント近くが家の敷地内を描いていて、物語の舞台自体はほとんど動いていない。

『トトロ』という作品にとって引っ越しがいかに大事件であったかということが伝ってくる。

その大事件を観客に知ってもらうために、サツキとメイの目を通して見せているのだ。宮崎さんはノリにノッて、この二人の姿を〝小さな冒険〟として絵コンテに描いていた。そのためにお父さんのタツオが家の中で何をやっていたのかが、ほとんど描かれていないくらいだ。

このドラマの消化速度で予定通りの時間内に終わるわけがない。

乱暴な言い方をすれば、引っ越しただけで、『となりのトトロ』は実質的にはまだ始まっていないということだ。

僕がそんな話をすると、「そう！　ここからなんですよ！」と宮崎さんは一転してひどく喜んだ。


6月初旬。ついにAパートの絵コンテにタイムが入り切った。

212カット、1166・5秒。

当時ですら都会で目にすることのなくなった昭和中期の家を、あるいは世界観を生活者視点で描き切っている。

もちろん、ススワタリの登場と〝まだ目に見えないネコバス〟描写によって〝ここは他とはちょっと違う〟という物語後半への期待感を出していた。

ところで見えないネコバスとはどういう意味なのか？

カット190。サツキの腕から枯木（風呂の焚き付け用）が突風で大クスのさらに上まで飛ばされて行くシーンがある。

これはまだ見えないネコバスがサツキの傍を通過したから起こった出来事だ。

映画は観る人の判断にお任せするとしても、作画する人はしっかりと意識して描かなければならない。

　そこで絵コンテにタイムが入る際、☆印とともに〝ネコバスがとおったのです〟と追加記入された。

　もっともそれは直前のカット189でサツキに空気の球がぶつかり、枯枝を巻き上げていく絵に〝☆理屈よりかんじを!!〟と書いてしまったからだ。

　これでは〝何のかんじ〟かわからない。そこで〝ネコバスが通った〟かんじとわかるように指示が加えられたのだ。


　この頃、7月の作画スタート（原画イン）を目指して、作画監督の好春さんがキャラクター設定書の最終段階に入る。

　これまで宮崎さんが描いてきたキャラクターボードを手本として、好春さんが大量に描いた中から選ばれた絵のクリーンナップに入ったのだ。

　もちろんその中にトトロも入っている。

　そのトトロはシンプルなデザインではあるが故に、質感ひとつ線1本分で印象が変わるので、実に細かな指示が記入された。

　つまり〝決め事〟が文字で書いてあったり、絵で描いてあったりするのだが、唯一

〝爪の数は決めない・要るときしか出さない〟と明記されているから、ネコのように出し入れできる――らしい。

　このキャラクターデザイン表に描かれたトトロの横顔が、後の映画の冒頭に「スタジオジブリ作品」と表される時の〝カンパニーロゴ〟となる。

　好春さんがクリーンナップして完成させたキャラクターは、Aパートに登場するメインキャラクター（お母さん含む）やサツキの級友だけ。引っ越しのオート三輪や電話を貸してくれた本家のバアさま、草刈りをしていた男性、電報配達員などは登場するカットが少ないので宮崎さんがサッと描き上げている。

　ただ、どういう理由なのかは覚えていないが、ネコバスのデザイン表は作られなかった。考えられるとすれば『ラピュタ』の時の原画作業を気に入っていた近藤勝也さんにその登場シーンを任せるつもりだったからかもしれない。

　少々やっかいな話を一つ。東電鉄のボンネットバスの設定書では、バス停のプレートが〝八国山行〟となっている。

　しかし、ポスターのバス停のプレートは前沢行。

　それなのに本編には前沢行と七国山行と八国山行の3通りが描かれている。

　その実、行き先が七国山行では物語上困ったことになってしまう。

サツキとメイのお母さんが〝七国山病院〟に入院しているからだ。

何が困るのかといえば、七国山行きのバスがあるなら、父と娘二人はわざわざ自転車で面会に行く必要がなくなる可能性がある。またバスに乗って終点で降りれば七国山に行けると幼いメイにわかってしまうと、後のシーンで行方不明になるメイがバス停で待っているところをサツキにあっさり見つけられる可能性がある。

こんな不統一のままで、どうして映画が出来たんだろう？

さて、バス停のプレートの行き先表示はよくわからないのにバス、、の運行、、そのものはわかっている。

カット517のレイアウトに〝時刻表〟がしっかりと書かれているからだ（絵コンテでの時刻表は裏側を見せている）。

この東電鉄バスの時刻表に〝昭和三十五年四月改定〟とあるので、『トトロ』という物語はそれ以降のお話ということになる。

また行き先は〝前沢行〟と〝七国山行〟の二つの表記があるので1本の道に行き先の違う2本のバスを運行させている。

前沢行は、6時15分・7時30分・10時（判別不明）・15時11分の1日4本運行。

一方、七国山行も1日4本。8時5分・16時3分・18時15分・19時5分となっている。

ということは、傘を手にお迎えに来たサツキとメイは18時15分のバスにお父さんが乗っていなかったので、50分もの間、稲荷前（いなりまえ）バス停で待っていたことになる。

そりゃメイは待ち切れずに眠くもなります。

この時刻表のおかげでさらに重要なことがわかる。二人は19時5分の最終バスでお父さんと合流しているのだから、トトロとはだいたい18時50分頃、ネコバスとは19時3分頃に出会ったのだ。

クリーンナップ作業で必死な好春さんとともに、絵コンテをバリバリ切らなければならないはずの宮崎さんだったが、どういうわけか昼休みに〝卓球〟をやり始めた。

正直言ってこの時まで宮崎さんが卓球が好きとか出来るとか、まったく知らなかったので凄く驚いた。

スタジオにある美術用の長机を二つ合わせ、ボール紙をガムテープで貼り付けてネットを作る。そして試合開始！

しかし長机では強く打つとすぐアウトになるし、かといって弱く打つとネットに当たる。

微妙な力加減を要するので、僕や好春さんは全く宮崎さんに歯が立たなかった。だから相手はいつも男鹿さん。

僕は『天空の城ラピュタ』で鬼のように働く宮崎さんを見てきた。でも目の前にいるのはキャッキャッと卓球をしている宮崎さんだ。これが同一人物だなんて……もう訳がわからない。

……が、〝この作品は楽しく作ってください〟と指示した張本人が楽しんでいる姿を見るのは気持ちが良かった。

だから見ているだけでいいのに、いちいち呼ばれて相手をさせられた挙げ句に、

「木原君は卓球下手ですね！」と笑う。

「だったら相手にしなきゃいいじゃないですか！」と言ったところで不参加はかなわない。

「じゃ、左手で相手をします」

なにを!!　……とは思ったけれど、やっぱり一度も勝てなかった。

とうとう宮崎さんは昼休みだけでは飽き足らなくなったらしく、コンテに疲れると、

「誰か卓球やりませんか？」と言い出した。

「…………」スタジオの誰一人として声を上げない。

「じゃあ男鹿さん、卓球やりましょう」

この二人の戦いが始まり、ギャラリーが集まるという毎日が続いた。

おかしな映画作りもあったもんだ。


6月下旬には作画インに必要なキャラクター設定書が、好春さんの手によって全て仕上げられた。

これに合わせてBパートにもタイムが入れられて脱稿。

212カット、1219・5秒となった。

これでA、Bパートを合わせて424カット、2386秒（39分46秒）だ。

事実上の半分の絵コンテが仕上がると、作画インに対する気持ちが高まる。


Bパートでは、お父さん、サツキ、メイの3人で洗濯をした後、お母さんとの面会に出かけ、さらにメイがトトロと出会う。サツキがそのメイとトトロ達との出会いを手紙に書くところまでで構成されている。

ここでようやくメイがトトロ達と出会った。1975年、たった3枚のイメージボードから始まったこの物語は、12年の時をかけて、やっと出会ったのだ。

スケジュールは記者発表を行った4月18日から作画インが始まる6月30日までで72日を消費していた。

ここまでの時間をかけて絵コンテが半分上がっているのなら、問題なし……という ことはないが、まだ完成への心配が頭をもたげるということはなかった。

第8章

「木原君……どう思いますか？」宮崎さん少し悩む

7月1日。ついに作画打ち合わせ（作打ち）に入る。

宮崎監督から各原画マンにコンテ内のカットが振り分けられる。そしてカットの一つ一つに対して注意や説明をしたり、お互いに話し合ったりした。

宮崎さんのコンテはかなり描き込まれているものなので細部までわかるといえばわかるが、それはあくまで読み物としての話。

コンテに明記されていない意図や感情を口頭で説明されても、監督の狙い通りに芝居を描くのは困難をきわめる。

Aパートは遠藤正明さん、河口俊夫さん、近藤勝也さんでスタート。

4日には『ラピュタ』の作画監督を務めた丹内司さん。さらに同じく『ラピュタ』で原画頭を務めた金田伊功さんが作打ちに入る。

Bパートは篠原征子さん、二木真希子さん、『トトロ』の作画監督の佐藤好春さん、そしてジブリ初参加の田中誠さんが作打ちを行う。

動画チェックでクレジットされている立木康子さんも原画担当としてBパートの後半を描いている。

それにしても凄い原画の布陣だ。

ほとんどが前作『ラピュタ』で腕をふるった原画マンであるのはもちろん、ほぼ全員が作画監督を務められるほどの実力を持った人たちだからである（実際に作監を経験した人もいる）。

それだけに芝居も的確だし、仕事も早い。楽しい仕事になりそうだと思えるが、『トトロ』は、宮崎さんにとっても初挑戦のジャンルといえる作品だ。制作的には楽ではないだろうと逆に気が引き締まる。

一方、宮崎さんも作打ちを始める少し前から、自身初の挑戦のためにこれまでにない言葉をくり返し口にしていた。

「今回の映画の舞台は、日本というより我々の生活の側にあります。したがって、設定資料は極力増やしません。屋根瓦、道端の草花、生垣など自分で観察してよく調べて描いてください。小さく細かなところに気付いたり再認識しながら描くことが大切な映画です」と。

さらに描かれるべき子供たちの芝居に対して、

「サツキとメイの仕草も実際に子供たちを注意して見ていれば大いに参考になるはずです。特にメイくらいの年齢の子供は、大人が考えるほど計算された行動はとりません。歩いているかと思うといきなり両足を揃えて飛び跳ねてみたり……」

などと話している。

これを実際に自分が芝居でやってみせながらしゃべるので、その熱が伝わってくる。

これらの言葉を絵コンテを切り始めた頃から宮崎さんは何度も口にした。作画が始まってから注意を口にし出しては遅いからである。

話は少し戻って5月上旬の頃だっただろうか……、絵コンテを切っている宮崎さんが僕に声を掛けてきた。

「木原君はどう思いますか？　サツキくらいの子の動きならわかると思うんですがメイくらいならどうでしょう？　皆はそれほど子供（幼児）の動きを知らないと思うんですよ」

確かに。小学生以下の子供ののびのびした姿を目にする機会は少ない。これは単に子供が少ないという話ではなく、子供が子供らしく自由に動き回る場所がそんなに多くないということだ。

それでなくてもアニメーターは昼間から深夜までスタジオにこもりがちなので、見る機会はなお少ない。

そこで子供の動き見学計画を立てた。ジブリからほど近い保育園にお願いして、園の外からこっそりスケッチを行うというものだ。

参加者が何人になるのかは不明にしても、大人がぞろぞろと子供からも見える場所からスケッチしていたのでは、子供たちに自然な動きなど望むべくもない。

だから園のフェンスの外から、そっと園内の子供たちを見せていただくわけだ。園の先生の何人かが『天空の城ラピュタ』を観てジブリを知っていたおかげで、1時間ほどならということで許可は下りた。

せっかくの許可だから有効に活かしたい。

そこで『火垂るの墓』班の原画マンの人たちにも声を掛けた。

『トトロ』にはメイが、『火垂るの墓』には節子（せっこ）がいる。時代は違えど共に4歳の小さな女の子だから、少しでも芝居のヒントになってくれればと願っていればこそだ。

この呼びかけに『火垂るの墓』の作画監督・近藤喜文さんが真っ先に手をあげて下さったのは嬉しかった。

話がまとまったところで『トトロ』と『火垂るの墓』合同観察スケッチ会をやります、と宮崎さんに報告すると、これがえらく喜ばれた……までは良かったが、自分も行きますと言い出した。

それは困る！

「絵コンテに集中してください！　今は大事な時期なんですから」

とかなんとか言って押しとどめた。

もちろんそんなのは聞こえの良いウソだ。

宮崎さんが1時間程度のスケッチで仕事を遅らせることなどないのはわかっている。

スタジオ外の原画マン同士のスケッチ会は一種の気分転換を兼ねていた。

子供をとらえる目にも自由さが必要。

そんな場所に（うるさ型の）監督がいたら、落ち着いてスケッチどころではない。

だからお引き取り願ったわけだが、この件だけは珍しく尾を引いた。

「楽しかったですか？」「参考になりましたか？」「子供たちは元気でしたか？」など

証だといえる。

とその日は何度も訊いてきたから、よほど一緒に行きたかったようだ。
これは単にスケッチを行うことだけが大切なのではないと、宮崎さんが考えていた
証だといえる。
そう。『トトロ』は本人も含めて楽しくみんなと一緒に作りたいのだ。

作画を始めるにあたって宮崎さんの語った〝観察してよく調べて描いてください〟
とは本当のことで、劇場用アニメとしては異例だが、絵コンテを基本として設定書の
類い（美術設定）が作られることがなかった。
原画マンは自身の注意力・観察力・思考力を高め、よく考えて作ってもらいたいと
いう意図がある。
もちろんそれは宮崎さん自身もそうであった。
そう思える場面を僕は見ている。
『トトロ』のイメージボードは言うまでもなく宮崎さんが全て描いている。
その〝トトロの棲処〟は、テレコムで1979年頃に描かれたボードも、新しく1
986年に描かれたボードも、木の〝ウロ〟をさらに削って作ったかのように木目が
むき出しになっている。

こう表すとあの巨大で鋭い爪を使ってゴリゴリと削り出したかのような荒い表面のイメージを持ちたくなるがそうではない。

きれいにくり抜かれていて年輪がはっきり見えるように描かれている。

そのためウロのある巨木の外側を古代からの苔むしたイメージに描こうとするほど、きれいな棲処とのイメージが合わない。

迷った男鹿さんから宮崎さんに質問が出た。

「このボードはこのままでいいんでしょうか？」

ところが宮崎さんはそこには特に思い入れがなかったようで、

「真っ平らな壁でいいです。どうやって作ったかわからないようなきれいなウロでいい」と答えている。

そこへ男鹿さんが、「きれいな木肌として見せるためには木目をキッチリ描かねばならなくなりますが、そうするとどうしても〝新建材〟みたいになっちゃいます」と提案した。

言われてみれば確かにその通りだ。外から見た木の様子を考えるほどに中がおかしい。

そこで宮崎さんと男鹿さんが一緒にこれまで観察してきた記憶を元に考え直した結

果、あの苔むしたウロの棲処が出来上がる。

それどころか、光を取り込んで明るくして花までチラホラ咲かせ湿気を感じさせない絵にしたものだから、最終的には蝶々が舞うファンタスティックなシーンとなって完成する。

トトロの棲処として新・旧合わせて3枚のイメージボード。

メイもお腹の上に乗せたトトロのストーリーボード2枚。

5枚も木目調で描いておきながらの変更は、僕にとっては驚異に値する。

そもそも作品のイメージを固めるために描いたボードなのだ。

その描き手の宮崎さんにあっさり「これで行きましょう」と言わしめた男鹿さんの美術力は凄い。そして考えて決めたことをさらに考えて変更したのだから、まさに〝再認識しながら描いてください〟は本物の言葉として活きたと言えるだろう。

もしトトロに〝緑濃い〟というイメージを持つ人がいたら、それはあのクスの巨木以上に〝棲処の美術〟のおかげであると思う。

〝観察して描いてください〟についても書き残しておきたいことがある。

Aパートの絵コンテを切っている最中の、それも0時を過ぎた時のことだ。

「木原君は小津安二郎は観ていますか？」と訊いてきた。

「え？　小津ですか？　少しですが観てます。ロー・アングルの画面で知られていますよね」

……なんの話をしたいのだろう？　もし宮崎さんと重なる点があるとしたら画面構成くらいだろうか？

観たとは言っても『東京物語』や『秋刀魚の味』、そして僕の大学時代の恩師・宮川一夫先生が撮影した『浮草』と3作品ほど観ていたにすぎない。

「そう、ロー・アングルの小津です。どうしてロー・アングルだと思いますか？」

えっ!?　ちょっと絶句した。正直言って考えたこともなかったからだ。

さすがに答えに詰まっている僕を見て、こんな話を口にした。

照明に秘密があるのではないか？　というのだ。

昔（トトロの時代も）の家の照明といえば裸電球だった。

ところがこれがさほど明るくはないから天井近くにぶら下げられていると部屋の中央部が少々見えるだけで、基本的に周りは薄暗い。

しかし食卓を囲んで家族団らんの時は、顔も見たいし食事だって明るい方が食べやすい。

……で。

「光量が変えられない電球の場合、木原君ならどうしますか？」

「……距離を変える……ですよね？　映写機と理屈は同じですから近いほど明るくなる……かな」

正解だったらしいので宮崎さんは話を続けた。

「だから昔の電球のコードは、余裕を持たせて天井近くでくるりと輪を作るように括って部屋全体、輪を解いてちゃぶ台の近くまで降ろしてその周りだけを明るくしたわけです。いずれにしても降ろせば天井は暗いわけです。それを映画の撮影に困るからといって無理に照明を入れて光源不明の変な明るさにしたくない。つまり日本家屋らしく光をとらえて画面作りをしようとしたら？」

「裸電球をいちいち動かさないとすれば明るい部分をより多くとらえたロー・アングル。上は暗いままでいいし、光の届く範囲内だけで撮って他はどう切ってもいいということですか……」

「……だと思うんですよ」

日本家屋の暗い照明事情をとらえることが小津のロー・アングルの基本となったのではないか？　と宮崎さんは言ってのけた。

ちなみに絵コンテのカット597には〝暗い天井（8畳に60W）〟と当時の裸電球がとても暗いとわかるようにわざわざ枠外に明記している。

照明を意識してか、『トトロ』では家の中は天井がなるべく入らないレイアウトで絵コンテが切られ、夜の食事シーンも作られなかった。

さて『トトロ』を楽しく作りたいと願う宮崎さんには、〝観察することや考えることは楽しい〟という考えがある。

12年前から基本的アイディアがあった『トトロ』だけに絵コンテ作業にそれほど大きな遅れはなかったのだが、全てが順風満帆だったということではない。

A、Bパートの作打ち後の宮崎さんが最も悩んだところがある。

それはお母さん初登場の場面だ。

サツキとメイが入院しているお母さんのところを訪れたシーンだ。

メイはお母さんを見るなり、駆け込んで膝にしがみつき、躊躇（ちゅうちょ）なく素直に甘える。

一方サツキはお姉さんとしてメイと同じように甘えることが何となく出来ない。

家では自分がお母さんの代理としてがんばっているから、お父さんのこともメイのことも心配しないで、とお母さんに伝わってほしいという気持ちもある。

サツキは一種の〝少し大人〟を演じていて、それをすべてお母さんはわかっている（お母さんにとっては、まるで昔の自分を見るようだ……と思っているのかもしれない）。

では、メイの前で甘えさせずどうやって言葉以上に愛情を交わし合うシーンを成立させるのか？

そこで宮崎さんはお母さんにサツキの髪を梳かせることにした。

それがより自然に映るよう、サツキがいつもメイに同じことをやっていることにお母さんは気がついていると描いている。

メイはサツキに梳いてもらってもサツキは誰にも梳いてもらえない。

だからこそサツキの髪を梳くお母さんの気持ちがより伝わるのだ。

さて例によって絵コンテの際に、宮崎さんに呼ばれた。

「木原君……どう思いますか？　髪を梳くだけの芝居ですが……伝わりますか？」

「大丈夫です。伝わります」

すでに絵コンテを読んで唸（うな）っていた僕は自信を持って即答した。

「どうしてですか？」

宮崎さんはそのあまりにはっきりとした返答をいぶかしく思ったに違いない。

その時、僕にはあるエピソードが思い浮かんでいたのである。

10歳くらいの頃から「怪談」……怪異と出会った人の体験談を集めていた（それを元にジブリを退社した翌年の1990年『新・耳・袋』という百物語形式の〝怪談〟本を出版して作家デビューする）僕は、高校時代、親しい人から怪談とともに聞いた体験談を、宮崎さんを前にゆっくりと語り始めた……。


その女性が子供の頃、お母さんはずっと入院生活をしていた。

だからお母さんとは病室のベッドでしか会ったことがない。

ところが病室に入ると、いつもすぐ側まで呼び寄せるのになぜか、後ろを向かせると、自分の愛用しているブラシを手に黙ったまま髪を梳き出す。

お母さんは髪が長いが、その女性はショートヘアだった。

だから梳くのは簡単、すぐ終わる。

それなのに、ずっとずっと何度も何度も髪を梳いてくれる。

その間中、正面を向かせてくれないから、病室の壁ばかり見ていた。

どんな顔で自分の髪を梳いてくれているのか？　その最中の顔をお母さんは一度も見せてくれなかった。

髪を梳く長い時間、ほとんどポツリポツリと独り言をしゃべるだけのお母さん。

部屋に入った時と出て行く時にしか見ない笑顔。

やがてお母さんは退院することなくこの世を去った……。

しかし……とこの女性は続けた。

長々と顔すら見た覚えもないのに、母親の愛情を見失ったことはなかったという。

「だから私は片親だったけど、それでいじめられたことも多かったけど、淋しいと思ったことはないし、一度もグレなかったんですよ」と誇らしげに笑った。

「宮崎さん……親子はこれで（コンテ通りで）いいんです。僕はこのままであって欲しいです」

「…………」

宮崎さんはしばらく黙った後、いい話ですねと一言呟いて机に向かった。

僕はここに至って初めて宮崎さんが自信を強く持てずに少々悩んでいたことを知った。

本編中に母子が顔を合わせるシーンはここしかない。

姉妹にとってのお母さんの存在を伝える場面は1度しかないのだ。

これでいいのだろうか？　という芝居の自信の差は後の演出プランに大きく影響する……との悩みではなかったか？　と思う。

もし伝わらないと思えば後々お母さんの独り芝居や姉妹の芝居を加えた方がいいのかもしれないと手が止まってしまう可能性があるからだ。

その場でコンテに描いたのだから終わり……ではない。『トトロ』の絵コンテはまだ途中で、全て上がっていない。直したり加えたり出来るのは常に描いている今なのだ。

おそらく『となりのトトロ』という作品で僕が最も役に立ったのは、この話を宮崎さんに語ったことではないかと思う。

ところで、このお母さんとの面会シーン、カット246でお母さんは、「ちょっと短すぎない？」と（切ったのはいいけれどという感じで）話しかけて、それにサツキは「わたし、この方がスキ」と答えている。

サツキの髪を本人か母親のどちらが切ったのかは判別できないが、入院前には〝長かった〟ことを表している。

念のために書いておくと、サツキはお母さんが入院する前に髪を切っているはずだ。再会したこの時、サツキの短い髪型に「あら！　切ったの!?」という驚きのない母の自然な姿を描いているからだ。

おそらく元の髪型は前述した、1スタの片隅時代に1度だけ描かれたロングヘアのサツキだったに違いない。

どっちが切ったとしても、お母さんはサツキがなぜ髪を短くしたのか理由がわかっているに違いない。

それはおそらくこの1スタ時代に好春さんと3人で話した時の僕の答えだ。

お母さんはわかっているからこそ、短すぎると思うほどなのにその理由に触れもせず「相変わらずのクセッ毛ね、わたしの子供の頃とそっくり」と温かい言葉をかけている。

スタッフも悩みながら仕事をしていたが、中でも宮崎さんとの初仕事という田中誠さんは大変だった。

田中さんが担当したカット275の話。

家族3人で朝ご飯を食べている時に、友達のみっちゃんが学校に一緒に行こうと誘いに来る。大慌てでご飯を掻き込んでランドセルを抱えたサツキが、家を飛び出した後のシーン。

宮崎さんが描いたコンテは2コマ。1コマ目は、家の前の橋を渡った切通しの入り口で待っているみっちゃんの全身と、切通しを下るサツキの後ろ姿の頭とランドセルの一部。次の2コマ目は、二人が仲良く並んで橋を渡っているところが描かれている。

ここが田中誠さんにとって難関だった。

このシーンはどう見てもただの切通しの坂をサツキが下っていくだけの芝居だ。ところが何度田中さんが原画を描いても、宮崎さんからOKが出ない。

くり返すが、コンテの最初は切通しを下るサツキの頭。次はみっちゃんと二人で並んだところ。

確かにサツキが坂を下る姿は描かれていない。とはいえ、その距離感はおそらく5〜6メートルほどしかない。

しかも登校待ち合わせシーンなので特別な芝居があるとも思えず、OKの出ないほど大きな要素が欠けているとも思いにくい。

慌ててみっちゃんのところに行く時の駆け下りる動きが問題なのか？　速さが悪いのか？　それとも手を振ればいいのだろうか……？

とにかく田中さんが原画を出すたびに宮崎さんはパラパラと見るだけでスッと返す。

しかも何一つ注意の言葉もアドバイスもない。

これにはほとほと田中さんは悩み抜いた。わずか5〜6メートル、時間にして4秒半のカットにはいったい何が必要なのか？

ある日、宮崎さんの机の横にある原画チェック上がり棚を見に行った時だ。

宮崎さんが原画を取り出し、ウキウキした顔で話しかけてきた。

「いい芝居が上がってきたんですよ」

原画を見せてもらうと、みっちゃんがすでに待っているところへ、焦って靴をちゃんと履いていないサツキが、坂を下る途中で指先を片靴に突っ込んでケンケンしながら履き直して走っていく芝居になっていた。

「これですよ、これ。こんな芝居が欲しかったんですよ」

自分がコンテに描かなかった小学生らしいサツキの動きに、宮崎さんはご満悦だった。

一方、その前のカット260は少し残念なことになる。

寝ているお父さんの上にメイがドスンと飛び乗って起こすシーンだ。

ここはコンテでは5コマも描かれている。布団で寝ているお父さんに朝から元気いっぱいのメイが飛び乗って、「オキロー!!」と大声を出し、さらにその上で〝お馬ピョコピョコ〟を4回くらいやる。

ここまでで3コマ使った。

残り2コマはお父さんが「アンギャーッ」と布団を持ち上げメイを包み込んでゴロゴロする芝居に。ところが完成した本編では最後の2コマ分の芝居がない。

実はカットした部分もきちんと原画が描かれていた。それなのになぜ最終的に削除しなければならないのか?

おそらく芝居の長さ（秒数）だろう。

カット260は5コマも描かれているだけあって、12秒もある。

朝、テキパキと動き回って朝食やお弁当を作っているサツキのテンポと合わなくなることを気にしたのかもしれない（この12秒を除けば他のカットは2〜6秒）。

しかし、悩みに悩みながら作り上げた『天空の城ラピュタ』ですら、原画が描き上がってからその半分を削除するということはなかったので、この原画未使用は大変印象深く残っている。

僕にとっては良い芝居に仕上がっていただけに〝もったいない〟と思ったのだ。

Aパートのラストで3人揃って引っ越しした夜にお風呂に入るシーンがあったが、その最後はお父さんが「ガアオー」と騒いで3人で大笑いする芝居で締めくくられている。

こんなお父さんには朝、布団で「アンギャーッ」とメイと共に騒ぐ芝居が実によく合うとコンテを見ながらずっと思っていたからだ。

僕が単に怪獣好きである点もあるにはある。

しかしそれにも増してお母さんの不在で一番淋しい思いをしているメイに対して、まだ大きくドラマが動かないうちに（トトロと出会わないうちに）、お父さんとの楽しい時間を作って欲しかったのだ。

後に、フィルム化されてラッシュで見た時だっただろうか。

「どうして切ったのですか？」と訊いてみたが、僕の問いに宮崎さんは、「これでいいんです」としか答えてくれなかった。

ただいつもの、「木原君は俗物ですね」とは言われなかった。

僕は演出意図的な答えが知りたかったのではない。そこまで描かれた原画をなしにするのはアニメーター出身の監督としてはどうなのだろうか？　という気持ちの方が知りたかったのだ。

演出家として優秀であるという以前に自身で絵コンテを切り、芝居やタイミングを直すこの監督は〝こんな芝居にした方が面白い〟や〝こんな芝居を描いてみたい〟を好んでコンテに取り込む。

『天空の城ラピュタ』のコンテ作業では、作画の手間に対する効果、完成までのスケジュール、映画自体の尺（上映時間）などの問題で多くのシーンが絵コンテの決定前段階で変更されたり未使用になったりしている。

つまり、『ラピュタ』は〝切りたくない〟〝なくしたくない〟が続出した映画であったのだ（映画的には不自然に仕上がってはいないが……）。

『トトロ』には『ラピュタ』ほど強力な縛りがなかっただけに、出来れば活かして欲しい……そんな青臭い思いが強かった。

僕への反応が弱かったのはそれらが伝わっていたからかもしれない。

僕は俗物だと言われた方がまだ納得できたのだ。

この話はカットの長さを書けば少しわかりやすいかもしれない。

・カット259／4秒（雨戸を開けるサツキ）

・カット260／12秒（お父さんの上に乗るメイ）
・カット261／2秒（まな板で切られる小松菜）
・カット262／5秒（台所のサツキに近寄るお父さん）
・カット263／2・5秒（洗った顔を上げるお父さん）

見ての通りカット260だけ秒数が長い。だからバランスを考えて切ったと書いてしまったが、ひょっとするとお父さんの個性を伝える芝居はAパートのお風呂ですでに描いているから重複をさけたのかもしれない。

カットを一つ一つ大事に考える監督の下で学んでいると、こんな点にうるさい人間が育ってしまうのだ……。

第9章

「トトロは楽しくなります」茶カーボン奮戦記

7月下旬。2スタにコピーライターの糸井重里（いといしげさと）さんが娘さんを伴って来社する。

糸井さんの希望で『トトロ』を作っている現場を娘さんと共に見たいとの事前連絡があった。

その糸井さんは宮崎さんと2スタで作品のイメージディスカッションを行うために来たのだ。

もちろん作品のポスターや広告に使うキャッチコピーのため。

打ち合わせから離れて娘さんと一緒の糸井さんの姿は、まさに〝お父さん〟であった（いや、本当にお父さんなんですけど）。

手をつなぎながらのスタジオ見学。時々ダッコをして「ほら、こうやって1枚1枚絵を描くんだね」「これがトトロっていうんだよ」「たくさん絵を描くんだね」と娘さんに見せている様子は〝ほほえましい〟としか言いようがなかった。

娘さんの年齢がメイに近かっただけに、スタジオ内の女性陣の糸井さんに対する好感度はうなぎのぼり。

この出来事が後に作品に大きく関わることとなる。

この頃、色指定（セルの色を決める人）の保田道世さんと水田信子さんと宮崎さんで色打ち合わせが行われて、メインキャラの色がほぼ決められた。

保田道世さんは色指定の大ベテランで宮崎さんの初監督作品となったテレビアニメ『未来少年コナン』やジブリの前作『天空の城ラピュタ』の色指定を手がけている。

水田さんは、原さんが社長をしていたトップクラフトで仕上げ部にいた人だ（つまり僕の先輩）。『ガンダム』のキャラクターデザインや作画監督として知られる安彦良和さんが監督した劇場用アニメ『アリオン』（制作：サンライズ）を終えた後、声をかけてトトロ班に入っていただいた。

『トトロ』のセルを彩色するために決定した色数３０８色。

この数の絵の具を使って、セルに試し塗りをくり返してキャラクターなどの色を決定する。

もう少し詳しく書くと、サツキやメイのクリーンナップされた線をトレスマシンにかけて（セルと動画の間にカーボンを挟んで線を転写）、それに様々にバージョン違いの色（例えば同じ〝青〟にしても何種類かの青色）を塗って試作を重ねながら決定していくわけだ。

さらにフィルム化した際のスクリーン上での発色（色の映り具合）まで計算に入れるのだから、決定までの道程は人知れず険しい。

長年の経験に裏打ちされた勘も大きくモノを言う職種だ。

もちろんメインキャラの決定などほんの第一歩にすぎない。

ここで決められたのは〝ノーマル色〟と呼ばれる、いわばデイライト（昼間の色）とその陰のカラーである。

同じキャラで同じ服装であっても、夜色、雨の日の色、森の中色、夕方の色など状況で色が変わるため、この先山ほど決めなければならない。

さらにお弁当、トウモロコシ、オタマジャクシ、オート三輪、様々な葉っぱ、そしてそれらの陰の部分の色。セルとなる全てが試作を重ねた後に決定される。

『トトロ』のような一見単純とも思える作品（メインキャラが6人しかいない映画）になぜ、どこに３０８色も必要なのかが少しでもおわかりいただけたらありがたい。

さて、なぜこのタイミングでメインキャラの色を決定する必要があったのかには理由がある。

そう！　ポスター作りだ。

一番最初に描かれたイメージボードをそのまま活かすと宮崎さんが最初から決めていたからだ。

『トトロ』のポスターそのもののラフ原画（下描き的原画）は早かった。

雨の夜。稲荷前のバス停。右手で傘をさして、左手にはお父さん用の傘を持ったサツキと、その横にいるトトロ（この段階でのトトロは両手をお腹に当てている）。

――という画面構成（レイアウト）。

このレイアウトでキャラクターたちの位置、バランスなどを確かめると、宮崎さんはすぐに第2稿に入った。

構成はそのままだったが、遊びが足りないと思ったのか、ここで「アニメージュ」6月号の表紙に描いた、ネコバスのライトに照らし出されたヒキガエルがポスターに再登場する。

正面左手からカエル、サツキ、トトロという並び。

ところが描き上げた直後、サツキの身長が気に入らず、その周りをくり抜くと、少々大きめに新しく描いたサツキを貼りつけた。

ここでトトロは両手をお腹から体の横に揃えられる。

……がそこへ、当然の問題が持ち上がる。

バス停で待っているのはサツキ一人でいいのか？　……と。

もちろん夜の雨のバス停にお迎えに行くのならお姉ちゃんということになるかもしれないが、でもメイ一人を家に残して？　と思われてしまう。

……そこで第3稿が描かれる。

だからといってサツキとメイの二人がトトロと並ぶのはどうしても違うのだと宮崎さんは言う。

どうやら雨のバス停でトトロと出会うのは一人でなければいけないらしい。

その結果、なんとサツキだった女の子は１９７５年の初期イメージと同じ〝メイ〟的な一人の少女に戻されてしまう。

このため、ポスターの少女をサツキだと思っている人、メイだと思っている人がいると思うが、実のところどちらでもないといえるし、どちらでもあるともいえるキャラクターだ。

一種の合成キャラクターとでもいえばいいだろうか？　具体的にいえばサツキより

低くメイより高い身長。服装はサツキ。肩から上（顔立ちや傘の色）はメイとして決定される。

映画に登場しないキャラクターを使ったポスター画など前代未聞だと思った。

ちなみに見落とされがちだがポスターのトトロには小さく口がちゃんと描かれている。また爪が本編と違う色になっている。

ポスターの背景はもちろん男鹿さんが描いている。

女の子とトトロの映り込みが、見事にバス停の濡れた地面に描かれていて宮崎さんを唸らせた。

完成したポスターには『トトロ』『火垂るの墓』共通のキャッチコピーとして、糸井さんが作った『忘れものを、届けにきました。』と入れられ、『トトロ』のコピーとして『このへんないきものは、まだ日本にいるのです。たぶん。』と入った。

8月。

7月1日に作打ちを始めてから1ヵ月ほど経つと、原画マンは次々とレイアウトを描き上げていた。

レイアウトは宮崎さんのチェックを通過すると、オリジナルは背景を描くために美術へ。そのコピーは原画マンに渡されて原画作業へと入る。

原画が上がれば、宮崎さんが芝居とタイミングを直し、作画監督の好春さんに回される。

ここでキャラクターが統一、整理されてカット袋へと入れられる。

これでやっと動画に出せる準備が整う。

ちなみにカット袋は『ラピュタ』も『火垂るの墓』も『トトロ』も共通だ。

作品のタイトル欄が空いていて、ここに制作側（デスクの川端さん）が彫ったゴム判が捺(お)され、カットナンバーが書かれる。そして最後にA、B、C、Dパートごとに色マジックで上と横に線が引かれて完成。

Aパートのカット袋は赤、Bパートは青といったように、色でパートの区別が瞬時に出来るよう工夫がされた。


さてメインのスタッフはというと……。

この頃から本格的に動画と背景作業がスタートするので、男鹿さんは美術スタッフの作業のために色やタッチの見本となる美術ボード作りをするのに多忙な毎日を送っていた。

一方、宮崎さんは残る絵コンテC、Dパートの作業にレイアウトチェック、原画チェックを全て同時にこなすスーパーマンと化して、椅子の上でお地蔵さんのようになっている。

もちろん動画スタートに備えて作画監督の好春さんも宮崎さん並みに、机の前から動けない。

そして、この時期に重大な決定が下される。

〝茶カーボンを使用する〟という決定だ。

そもそも従来のテレビアニメや劇場アニメの線は黒。

動画の鉛筆の線を、トレスマシンを使ってセルへと転写する。

その転写はアルミ箔をはさんだような特殊な硬い板に動画を固定し、その上にカーボンと呼ばれる薄いシートを載せて最後にセルを重ねる。

このセルを傷つけないようにカバーをかけてトレスマシンを通過させて出来上がり。

トレスマシンとは、上下のローラーによる加圧とガラス管に入った白熱ヒーターの光と熱によって鉛筆の線をセルに転写させる機械である。

黒い色（線）に対して光や熱がより強く反応するので、青鉛筆や赤鉛筆で描かれた線はセルに転写されない。

したがって動画のキャラクターは鉛筆。影の線には赤が使われている。

アニメのセルといえば黒い線が当たり前。カーボンといえば黒にほぼ決まっていると言っても過言ではない。

これまで黒以外の色がなかったわけでもないので、特殊なシーンにおいて他のカラーカーボンを使う場合はあった。

例えば『風の谷のナウシカ』では、ペジテのアスベルがガンシップでトルメキアの船団に奇襲をかけた際、ナウシカが「やめて！」と叫ぶ一瞬があるが、ここには赤カーボン（赤紫色）が使用されている。

このカーボンを黒から茶にするというのだから、当時のアニメを制作する認識（常識と言ってもいいかもしれない）からいってバカげた発想に等しかった。

この決定に至る過程で、色指定の保田さんと宮崎さんと『火垂るの墓』の高畑さんも加えて綿密な打ち合わせがくり返され、さらにカーボンを販売している城西（じょうさい）デュプロさんに数々のテストショットを作ってもらった。

ちなみにコストは黒カーボンの倍。さらに導入後、制作部が実際に使ってみたところ、納品直後より数日間寝かせて使用したほうがより安定した線が出せるとわかったため、茶カーボンの製造ナンバー（ロットナンバー）への注意も必要になるから。なかなか厄介なものであった。


そもそもなぜ茶カーボンを使用するのか？

それは『火垂るの墓』と『トトロ』が共に描かんとする世界に関係している。

舞台が太平洋戦争末期の日本と、戦後の高度成長期とはいえその経済的発展がまだそれほど郊外には届いていない日本。

当時のアニメがヒットにつながらないという理由で目指さなかった昔の日本を舞台とするのに、黒い線のままで良いのだろうか？　という考えが根底にあったと思われる。


とはいえトレスマシンが導入される以前、1枚1枚ペンによって手作業のトレスをしていた転写を、ゼロックスによる黒い線にした初の劇場用アニメーションが、1968年に公開された『太陽の王子 ホルスの大冒険』で、その企画が原徹さん、監督が高畑勲さん、そして場面設計が宮崎駿さんなのだから、妙な巡り合わせだと僕は思った。

この茶カーボンは保田さんと両監督の狙い通り、背景との相性が抜群に良かった。これまで違和感なく背景と黒い線のセルを見てきたにもかかわらず、一度茶カーボンのセルを知ってしまうと後には戻れないほど日本の風景との親和性は高かった。

とはいえジブリオリジナルとして開発された茶カーボンは黒より価格が倍になる。しかし、コストが高くても、開発直後で動画の線が転写しづらくても、両監督の作りたいものを作って欲しいと願えばこその茶カーボンである。

さて、この茶カーボンの最終決定とメイのカラーリングの最終決定は、実際にテスト撮影を行ってそのフィルムによる発色具合を確認した後に下されている。

テストのために描かれた絵が2種類あったことは覚えている（原画は好春さん）。

一つ目は、右横顔から振り返ってやや正面になるメイの上半身。

これはメイのツインテール（？）の振り返りによる変化を見るためのもの。原画チェックする際において動きやその見え方を統一してとらえておくためだ。

ここで重要だった確認事項はメイの服の色。

ほぼショッキングピンクと言うべき明るいピンクのスクリーン映えがどうなるのかわからなかったからだ。

セルに塗られた色だけでは判断しにくいということで、明るいピンクと一段明るさを落としたピンクの2パターンを撮影した結果、明るいピンクに決まる。

決め手はフィルムの特徴にあった。

映写機のライトでスクリーン投影されるフィルムの場合、その距離に比例して明度が落ちる。ショッキングピンクくらいの色にしておかないと狙った色よりスクリーン上では暗く見えるということだった。

二つ目は、鞠（まり）をついているサツキ（膝（ひざ）より上のショット）の止め絵の周りを、メイがグルグルと走り回るという絵。

この時のメイの顔立ちは驚くほど映画本編でのメイとは印象が違っていたから、さすがの好春さんもまだ手が馴染（なじ）んでいなかったのだろう。

鞠をつくサツキは〝実際の茶カーボンの映り具合〟のテストだ。

これもまたセルだけでなくフィルムになった場合はどう映るのかを知るためであった。

茶カーボンは黒い線よりずっと明るいので、背景と接する部分では良く馴染んで効果が高い。

しかしその明るさの分、色味が薄いので目や鼻や口の線が肌の色に呑（の）まれて表情が消えてしまわないかのチェックだ。

これらをフィルムによって確認して決定へと至った。

ただし何でもかんでも茶カーボンを使用するわけではない。茶の線は昼間のシーンでしかその効果を発揮しない。光のあふれる背景の上で黒い線が使われることに違和感が生じるとすれば、逆に暗いシーンで明るい茶カーボンを使うとその光源的違和感が生じてしまう。

そこで、夜、雨の野外シーン、機械や人でない存在には従来の黒カーボンを使用することとなった。

また昼の大トトロの体は黒だが、お腹は茶カーボンなので動画は体とお腹の2枚に分けられた（中トトロと小トトロは茶のみ）。もちろんその大トトロも夜は全て黒カーボンとされた。

これらの動画は全て昼、夜、人、物の判別なく、単に鉛筆の線（三菱鉛筆ハイユニ2B）だけで描かれている上に、その上がりの順番はバラバラのため、何もしないままだと仕上げ段階で大混乱が生じる。

そのままでは転写する際に黒とするのか茶とするのかパッと見、わからなくなるからだ。

そこで動画チェックの立木康子さんと『トトロ』から新たに加わった舘野仁美さんの二人に、黒カーボンのシーンと茶カーボンのシーンの仕分け指示を書き加える大活躍をしていただく。

この作業のおかげで、『トトロ』の黒・茶のトレス線間違いは1カットもない。カーボンの開発からトレスマシンなど、様々な調整と尽力に対して感謝の意を込め、エンディングには「仕上技術協力」として、城西デュプロと村尾守さんの名がクレジットされている。

季節は夏も盛りとなっていた。

そして、この時期に絵コンテのCパートにタイムが入り切る。

240カット、1206・5秒。

前作『ラピュタ』では季節的な変わり目を描かなかっただけに『となりのトトロ』は不思議を感じる作品に思えた。

Cパートの中で描かれる季節と作品を制作している季節がシンクロしていたからだ。この時、コンテで描かれた風景が窓の外に輝いていた……。

宮崎さんはコンテを僕に手渡すとすぐ机に向かって、夏の中盤から始まるDパートの作業にとりかかる。

「トトロは楽しくなります！」と宮崎さんが声を上げる。

するとスタジオの全ての顔が〝知ってます〟と頷いた。

第10章

「これは本当に大変な仕事でした」宮崎さん動画の作業に感謝する

宮崎さんは、絵コンテのDパート作業に加え、レイアウトチェック、原画の芝居やタイミング全ての手直し、男鹿さんの美術ボードや上がった背景のチェックなどを同時並行でこなしていた。

相変わらずの超人っぷりだ。

前章で『トトロ』と『火垂るの墓』の最大の個性、茶カーボン開発・導入・実践使用について書いたが、その中心は仕上げの保田道世さんであった。

茶カーボンの必要性がその作品の舞台と描かれる時代にあると書いた。だがそれを、線を変えただけで表すのは難しい。実際、観客にとって初見で捉えるものが〝線〟であるわけがないと思っていたし、黒と茶の差などさほど気にならないし、そもそも物語上何の問題もない。

観る側にとってスクリーンからまず目に飛び込んでくるのは〝色〟だ。

〝色〟には時代を表すことが求められる。

セルに塗る水溶性絵の具は、太陽色彩(たいようしきさい)とスタックの2社に発注しているのだが、両社のカラーチャートにある色で時代を表すには数が足りない。正確に言えば〝色がない〟という決定が下る。そこで必要な色の絵の具のレシピを作って両社に発注をかけている。そのために何種類もの絵の具を混ぜ合わせて試色を作り、その決定混合比の記録をレシピとした。

おそらくそれは〝ジブリカラー〟と呼んでいいと思う。

その多くはスタックにお願いしたと記憶している。

当時は価格の関係もあって多くのアニメ作品は太陽色彩の絵の具で塗られていたが、そんな中で『トトロ』や『火垂るの墓』はスタックに対して、知る限り69色も発注している（『トトロ』時の正確な発注数は不明で、その後に引き継がれた『魔女の宅急便』のカラーチャートを元に計算）。

さらに太陽色彩に対しても13色のオリジナルカラーを発注している。

トトロの全色が３０８色だとわかっているので、約25パーセントの色は当時の他のアニメでは見られないものということになる。

ジブリの特別色とも言えるこの69色＋13色は大きく分けて茶系、明るい紫（小豆（あずき）色）系、緑系の３系統のバリエーションで出来ている。

それほどこだわってなぜこれらの３系統の色幅が必要であったのか？

『火垂るの墓』から『トトロ』まで、つまり太平洋戦争末期から高度成長期までのおよそ20年間に共通する舞台となるのが日本なのに、その〝日本を表現する色〟が足りないと言うのだから色の点から見ても両監督の作品へのこだわりはただ事ではない。

それは服や道具、生活必需品など石油を原料とする化学製品があちこちにあふれかえる前の〝世の色〟と言えばいいだろうか?

言語化しづらい中間色が数多くなければ、色が時代にウソをついてしまう。これらの色とのマッチングに尚更茶カーボンが必要不可欠だった。

ただしこれらの色（茶カーボンも）の話は主に『火垂るの墓』の表現の必要性から生まれている。したがって『トトロ』の絵の具は、その新色開発の恩恵を賜ったといえよう。

色を作り茶カーボンの開発に尽力したのは保田さんだが、この308色を使って数々の色見本を作り、『トトロ』の全カットに色指定を行った水田信子さんの労力も大変なものだった。『火垂るの墓』と『となりのトトロ』を連続で観ても色の使い方に違和感がないのは水田さんの功績が大きいと思う。

前章で書いた通り、夏の中旬にCパートの絵コンテを描き終わっている。

『トトロ』の中の季節も外の景色も夏だというのに、現実の進行状況の中身……つまり原画は梅雨前どころかまだ春すら描き終えてはいなかった。

この『トトロ』という作品にはAパートの1カットとBパートの2カット、計3カットの超難度のスーパーカットがあったからだ。

その難しさから原画もちょっとやそっとでは上がらなかったが、そのバトンを渡された動画の作業はさらに困難をきわめた。

制作で大変だったカットの総数は『ラピュタ』の方が上回っていると思うが、原画から動画、仕上げまでを含めて出来上がるのに最も時間を要したカットは『トトロ』の方にあった。

一つ目は、Aパート冒頭、カット13。木立ちの間を抜けて行くオート三輪をほぼ真後ろからとらえて、遠ざかりながら1回バウンドさせる5秒のカットだ。

果たして何が大変なのか？

それは積み荷の最後部に縛り付けられた自転車だった。

タイヤの真円もスポークもフレームも何もかもオート三輪が遠ざかる比率のままに正確に小さくしていく手描き作業を想像してみてください。

くり返しますが、タイヤの厚みやスポークまでもが5秒もかけて小さく描かれていくのです。それも途中にバウンド付きで……。

最初に絵コンテを見たその時から設定書のラフを描いている段階まで、僕は何度も宮崎さんに自転車の話を持ちかけていた。

「……木原君はそんなに自転車が気になるんですか？　後で出て来るのは知ってるでしょ？　あなたはどうして後ろに縛ってあるのかわかってるんでしょ？」

もちろんわかっている。サツキやメイの前に自転車があったらそれが邪魔で二人の顔が見えない。その反対側に縛り付けると見えるカット数もその秒数も少ないから観る者に（特に子供に）自転車があるとの印象づけが難しい……自転車を少しでも長く見せておきたいのだと。

「わかってるじゃないですか。横がダメなんだから後ろしかないんです。他にないでしょう」

「あの……上ってどうですか？　積み荷の……」

僕は降ろす時にゆっくりと見せればいいなあと思っているのだ。

「あのですね！　君は――」

とお叱（しか）りを受けることになるが、実のところ僕としてはこの先を読んで一度叱られておきたかったのだ。それは後々どうなるかを計算してのことだった。

宮崎さんは、この原画をコンテ段階から遠藤正明さん（テレコム時代のいわば教え子に当たる人）に任せるつもりだったので、

「原画に楽をさせちゃいけないんです。このカットは見た目にわからないスペクタクルなんですよ」

と言っていたが、その言葉の通り誰にもわからないスペクタクルなシーンになっているから、ウソでも間違いでもない。

だが思った通り、ツケは後からやって来た。

原画が上がらないのだ。

このカット13だけがAパートの原画の上がりからドンドン遅れていく。

一方、難易度の高い動画は外部には出せないと、社内動画マンの誰もが知っている。

しかもキャラクターがいないから原画が上がれば演出・作画作業が早い（……はず）。

ということは、原画が上がればすぐに社内動画の誰かの手元にやって来るわけだ。

カット13が上がる寸前ともなると、……まさか私に渡すつもりではないですよね？という社内動画スタッフからの刺すような視線と重い空気が２スタ全体に漂い始める。

もちろんこの不穏な空気が読めない宮崎さんではない。

「木原君……ちょっと……」（小声）とお呼び出しを食らった。

当然カット13の動画の話だと気付かない僕ではない。

「どうします？　あのスペクタクルな動画？」と大いに困り果てた顔を作った。大変な動画は時間もかかればリテークの可能性も高い。だから誰に担当してもらっても良いというわけではない……とはいえ、動画の担当を決めることなど監督に相談するモノではない。だから一度お叱りを受けておけば、これは大変なカットを作った宮崎さんの方から解決に向けた相談をしてくるはずだと思っていたのだから、そりゃもう思い切りの困り顔で。

「それなんですが……こちらから話しておきますからモロちゃんに……」（小声）

モロちゃんとは諸橋伸司（もろはししんじ）さんのことだ。原画の遠藤さんと同じくテレコム出身の動画マン。

「……宮崎さんのご指名ってことで……いいんですね？」（小声）

僕としては同じ仕事を担当してもらうのなら、より奮闘しやすい人が良いと思っている。

それは集中力、作業速度、質にも関わってくるのだから、ただ渡されるよりは監督からのご指名を受ける方がいいに決まっている。

宮崎さんの一言効果のお陰で、諸橋さんは毎日毎日オート三輪に取り組んだ。

春の……のどかな木漏れ陽の中をゆっくりのんびり走るオート三輪の動画が上がったのは……秋だった。


やがてカット13はセルに仕上がって撮影され、ラッシュを迎える。

わずか5秒のカットに映写室の中で溜息が広がった。

長い長い時間がかかった、たったの5秒間。

僕は映写機の横で勝手に感慨にひたっていた。ヤレヤレだ。

そこで宮崎さんから声がかかった。

「木原君……ホッとしてましたね」

人の心を読むのはやめていただきたいもんだ。

「ええ……まぁ」と返す。

「『ラピュタ』の時でしたか……映画なんだからテレビで出来ないことを思いっきりやるべきだとか言った人がいたんですが、誰だったか覚えていませんか？」

宮崎さんは知った上で訊いている。そんなバカはこの僕だ。


さてBパートにある超難度動画とは、メイの言う「オジャマタクシ」のカットだ。しかもカット286と288の2カットもある。

一つ目は元池だった水溜り（みずたま）りに群れるヒキガエルのオタマジャクシ。そしてもう一つはその水溜りの中にメイの手が入って水が濁るという画面だ。

パッと見、なんでもないごくごく自然なオタマジャクシなのだが、この当たり前の〝自然なオタマジャクシに見える〟ことこそが凄く、そして大変なのであった。

原画の担当は自然を描かせたら並ぶ者なしと謳（うた）われた二木真希子さん。

前作『ラピュタ』では、ハトにキツネリスやミノノハシ（『ラピュタ』固有種）を描いている。

一つ目のカット286では、涸（か）れた小さな池に出来た水溜りに、底に集まる、空気を吸いに上がる、吸って潜る、他でウロチョロするという4種類のオタマジャクシがいたが、それぞれ間違わないようにと動画も下描きの裏から薄（うっす）らと色鉛筆で塗り分けられ、もちろんセル の仕上げでも4種類に塗り分けられた。

このウジャウジャいるオタマジャクシの1匹1匹が薄いリボンの如く尻尾をひらひらさせながら動く上に、オタマの体から伸びた尻尾の中心部は黒カーボン。さらに尻尾の中心部の上下についたヒレは全てハンドトレスされるのだから、まるで実写を思わせる。

また、その動画の色トレスの部分はトレスマシンで黒カーボンが転写しないよう色鉛筆で描かれている。色鉛筆は消しにくいから鉛筆で下描きをしてから、原画マンのチェックを受ける。このカットはこれを何度もくり返してようやく動きのOKをもらうと、クリーンナップの時にそのヒレの線が色鉛筆で引かれた。

ラフでチェックをしてもらって本番さながらの動画を1度描き、さらに動画の際にリボンのごときヒラヒラだけを赤鉛筆で引き直すのだから、気が遠くなるような手間と時間を要する作業だ。

微妙な楕円形を保ちつつ尻尾の動きで頭（本体）を左右に振って動かさないとオタマジャクシに見えないということだから、そりゃ超難度動画と化すのも無理はない。

さらにはこの水面に色鉛筆で描かれた波紋が広がるのだから、嫌になるくらい面倒くさい（この波紋も立体感を出すためにハンドトレスで光と影に塗り分けられている)。

その後のカット288は、このオタマの群れにメイが手を突っ込む芝居が入るもんだから、四散するオタマにさらなる波紋を加え、水の濁りのセルを作って二重撮影を行っている。

この2カットのオタマジャクシの原画は、いかに二木さんといえども右から左にすぐ上がるはずもない。といってこの2カットの作業で他の作業を止めてもらっても困るので、他の原画作業と並行して描いてもらった。

しかしこの作業密度は原画よりも動画の方が圧倒的に高い。

それがわかっている二木さんは急ピッチで作画したが、毎日毎日、朝から晩までオタマジャクシばかり描いていては気が滅入(めい)る。

結果として、オタマジャクシの原画は単独ではなく、メイの原画と共に上がってきた。

作業時間の半分をメイに、半分をオタマジャクシに当てて同時に上げてきたわけだ。

その原画には二木さんの手で〝社内動画にして下さい　細かなチェックが必要で

す〃とメモが付けられた上に、オタマジャクシ動画参考用特別図解が付けられていた（その動きが精密機械も同然だからだ）。

この2カットもまた、オート三輪と同じく宮崎さんの手も好春さんの手もわずらわせることなく、すぐにチェックを終えて動画出し準備が整う。

ここにありがたい誤算があった。

社内動画マン達の間で、オタマジャクシは〃カワイイ〃と人気があったのだ。

つまり、オート三輪とは正反対に、この動画をやりたがる人が多かったということ。

二木さんがオタマの原画を描いている時に、

「5、6匹減らしません？」と冗談めかしつつ（心の中では、けっこう本気で）言い続けた僕にとってはちょっと拍子抜けだったが、楽しい作品こそ苦しんだ方が想いは深くなる。

決して楽ではないカットだとわかっていても、二木さんが描いた生物の原画で難度の高いオタマジャクシならジブリの動画として参加した以上、誰もが挑戦してみたかった……らしい。

おかげでオタマの2カットは社内動画の女性二人の手にあっさりと渡っていった。

――までは良かったが、問題は常に後に起こる。

「木原さん……終わりません、この動画」と動画マンが焦り出す。

オート三輪も二つのオタマジャクシもおよそ動画の完成までに1ヵ月か、それ以上かかることはコンテ段階から想像できていた。

原画マンだってそうだったのだから、動画の人だって毎日朝一番から夜退社するまでずーっとオタマジャクシの群れや積み荷を描いていては集中力など続かない。集中力が低下すると質や速度も落ちていく。

動画は歩合制。仕上がり枚数イコール収入だ。

そこで制作としては、1枚の単価を上げたり、枚数が稼げる楽なカットを用意したり、仕事のリクエストに可能な限り応えたりして、その労をねぎらうよう心をくだいた。

アフターケアは大事です。

高難度の動画のリテークは精神的にも体力的にも金銭的にも時間的(スケジュール)にもダメージが大きい。だからこその対応である。作業の質は心が作るといっても過言ではないからだ。

動画が上がった後の様々なリテークの怖さは『ラピュタ』で嫌というほど学んでいる。

そのため最初から高難度を想定して動画のラフ段階で原画のチェックを受けてもらう独自のシステムを設けて、劇的にパーセンテージを下げた。これが後々ジブリ独自の標準システムとなる。

質にこだわるスタジオ、監督、人々……そして時代が揃って初めて可能となった。

それはまさに天の時と地の利と人の和が重なったと思えた。

ところで、楽なカットとは短時間で枚数の上がる比較的に楽なカットのことだとして、リクエストとは何を指すのか？

この点においても『トトロ』には奇跡のようなことがあった。

動画マンがぜひ描きたいとリクエストする人気カットが多かったのだ。

それがトトロとネコバスだ。

だからといって決してトトロとネコバスはそれほど楽な連中ではない。トトロは線1本分の違いでニュアンスが変わる微妙なフォルムを持ったキャラクターだし、昼のカットはアウトラインが黒カーボンでお腹は茶カーボンなので、動画は2枚に分ける面倒さがあった。

一方のネコバスは足が6対12本もあり、複雑な足運びで走り回るから、これもまた面倒さが目立つ〝バケモノ〟だ。

でも『トトロ』の仕事をやったならば、この二つのキャラは外せない！

宮崎さんの作品だから大変なのだけれど、このトトロとネコバスは社内どころか外の個人動画マンからの人気も絶大だった。

正確にはネコバスの人気がややトトロを上回った。

描き手にネコ好きが多かったからだと思えるが、実のところ日本のアニメにネコが動き回る作品は滅多にない点も大きく働いたのだと思う。

このようなエピソードを詳細に書くにはわけがある。

オート三輪もオタマジャクシも、その作業途中に〝動画リクエスト〟を（多少なりとも）プラスしたからこそ、最後まで集中力を切らすことなく完成したと制作的には思っているからだ。

ただ上げればいいのではない。線のクオリティを一定に保たねばならないのは『トトロ』においては必須。

高難度のカットを描きつつも楽しんでもらえなければ社内動画の意味がない。

原画のチェックを何度も必要としがちな作業を楽しんで（笑って）やってもらうなんて都合のいいことは本来無理な話だ。それが単なるリクエスト作戦みたいなことで可能に出来たのだから『トトロ』は、まったく奇跡に等しい。

最も重要なのはこのキャラクター達が、〝原画チェックシステム〟の定着に貢献してくれたことだ。

システムを作ったはいいが、あまりにも不満が出るようでは廃止の恐れだってあった（厳しいチェックを受けるため外の個人動画マンも他のスタジオの動画マンも来社していただくのですから）。

そこへ描きたいキャラクターがあったり上手い原画マンと直接アドバイスやお話が出来たりしたおかげで、チェックが面倒くさい、大変だという気持ちが軽減され、システムが定着して動画のリテークリスクの回避にも成功した上に、質の向上に貢献してくれたのだから、もしトトロとネコバスがいなかったら……あっ！　映画にならないか。

重ねて書くが宮崎さんの作品というだけでなく、トトロやネコバスの魅力によって前代未聞の新システムを一作品で標準化出来たのだから、本当に奇跡的作品と言っていい。

さらにここまで大変なのにもかかわらず、宮崎さんの願う〝楽しく作る〟が揺るぎもしなかったのだから、これを奇跡と呼ばずして何と言おう。

宮崎さんはA、Bパートのこの大変な3カットが全てフィルム化された時、「これは本当に大変な作業でした……なんでもないことがちゃんとしてないと『トトロ』ではないいんです」と動画マンの丁寧な仕事に対して感謝の気持ちを口にした。

……が、しかし新システムの導入と茶カーボン対応のために動画はより慎重に作業を進めざるを得なかった。

原画も宮崎さんの求める子供の芝居、生活描写に苦戦を続けている。

それではスケジュールが順調なわけがない。原画、動画の作画班に明らかな〝疲労〟が見え始めていた。

第11章

「強化キャンプに行きましょう！」宮崎さん決断す

スタジオジブリでは毎日、制作が〝日報〟を書く。

その日の出来事はもちろん、来訪者、病欠者、問題点、感想など様々なその日1日を記録する。

日報は会社への報告のものだが、書き留めれば同時にいろんなことが頭に残るので、制作にとっては重要なものだ。

まだまだ仕事は出来ないまでもちゃんとたくさん覚えたい。なんとかして自分のモノにしたい。だから出来る限り注意深く見て頭の中に詰め込んだ。

日報で重要なのはその日あった出来事を知らせること（毎日いろいろあるので共有は大切）、そして1日の状況（上がり）を知らせることだ。

日報の下段はデータ記入欄になっていて、レイアウト、原画、動画、仕上げ、背景、撮影、それぞれの上がりカット数を書き込んでいく。

さらにその数字の横には予定進行率と実際のパーセンテージを記入する。

上がった数字を基にして、完成予定までの残り日数と残カット数から、果たすべき

1日の消化量（達成すべき量）を割り出すのだ。

それらは週に1度報告書として、制作担当の田中栄子さんがまとめて原さんに提出する。

さらにそのコピーは、制作全員はもちろん、監督、作画監督、美術監督、演出助手、動画チェック（つまりメインスタッフ）にも手渡され、現状把握してもらう。

もちろんその中に記されていたのは、予定した数字通りに進んでいない実状を表したものだった（残念なことにこのデータは行方不明）。

さて、そもそもの予定スケジュールはどうであったのか？

1987年4月18日の記者会見発表時には、12月には作画を終了して翌'88年1月には全カットがフィルム化されるオールラッシュを予定していた（全ての色がついているのが最上の理想だがそれならほぼ完成形だ。全てに色がついていなくてもそれ以外は動画になっているのが希望的理想、動画が上がらず一部原画の撮影というのが現実的理想。原画が上がらずレイアウト撮影などは1カットも許されない）。

制作が始まっていない記者会見段階の机上スケジュールであるとはいえ予定は予定だ。

12月に作画終了とするなら絵コンテ作業はもう終盤にさしかかってなければいけないのだが、現実は夏も終わろうかというのに、宮崎さんはまだDパートのコンテ作業に入ったばかりであった（8月中旬にCパートのコンテが上がったばかり）。

決して宮崎さんの絵コンテ作業が滞っているわけではない。

僕の体感から言って『ラピュタ』に比べて、迷いや悩みがほとんどないだけに『トトロ』のコンテ作業はずっと速かった。

しかしコンテと同時に、上がって来るレイアウトや原画のチェック（描かれた芝居はほぼ全てに修正を加え、動き、タイミングもほぼ全部直す）はもちろん、背景、色指定の見本の打ち合わせやチェック作業も増えて行くから、絵コンテのみに時間を集中して割けなかったのだ。

もちろん『ラピュタ』の時だって同じではあったが、作品の描写内容の密度が違うため『トトロ』は〝早い〟と僕の目には映った。作品時間が短いのだからなおさらそう見えたのだと思う。

とはいえ、宮崎さんのコンテに限らずデータの数字から見て、原画、動画、美術……2スタ全てのペースダウンは明らか。スタッフに疲れが溜まっていた。

何とかして作業ペースを上げなくては——しかしどうする？

9月初旬、ここで宮崎さんから信じられない一石が投じられた。

「強化キャンプに行きましょう！」と。

強化といっても別に体力トレーニングをやろうという意味ではない。

その日1日、仕事を忘れて英気を養うために遠足・ハイキングに行くという話だ。

スケジュール的に1日の消化カット数ゼロはキビシイ。しかしこの先、作業ペースが上がらない方がもっとキビシイ。

「行きましょう!!　宮崎さん、それいいです！」

制作担当の田中栄子さんは迷うことなく即決する。

もちろんただ1日を楽しみましょうではない。

『トトロ』の舞台は緑あふれる世界であることは間違いないが、深山幽谷（しんざんゆうこく）どころか里山の話ですらない。

これは『トトロ』が優れている点の一つだと思う。

周囲にあるのは田や畑……近くに電車やバスまで走っている世界にトトロやネコバ

スがいると描かれているのだから、どこにでもある風景が舞台だ。

映画を観た子供たちが〝トトロに会いたい！〟と願ったのも当然である。

だから、作画を始めるにあたって宮崎さんは、なるべく設定的なモノは作りません。身の回りを観察してくださいといった発言をしたのだ。

だがスタジオジブリがあるのは吉祥寺。少し歩けば井の頭公園はあるものの、トトロの世界の参考にするには、あまりに都会の中のオアシス的な場所である。

もう少し自然に目を向けて欲しいと思ってもその自然がない。

数字（作業量）の問題はあるものの、目の前の仕事に没頭するあまりに、自分たちが描かんとする世界を見失いつつあるのかもしれない。つまり、絵コンテにあるものをただ絵にしているといった単純作業になっていないか？　これではトトロは楽しい仕事にならない、と宮崎さんは考えたのだ。

この発想の原点は、２スタの初期に宮崎さん、男鹿さん、好春さんの3人で聖蹟桜ヶ丘へロケーションハンティングに出かけたことだったのかもしれない。スタッフも同じように自然を体験すれば、一つの作品を作る上での何らかの共有財産が得られるはず。

いずれにせよこの〝心や体験のガス欠〟に活を入れるかの如く、〝強化キャンプ〟

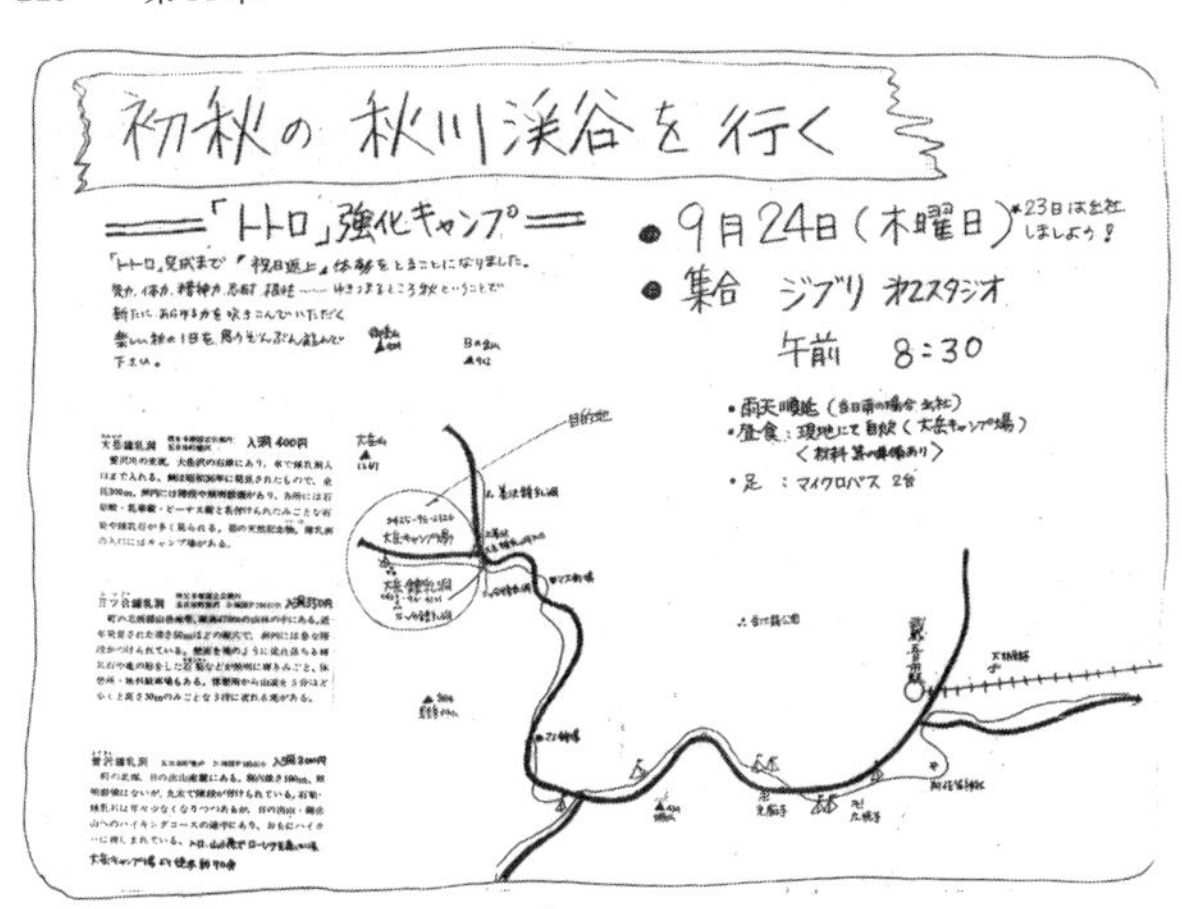

思い出の品（スタッフに配られたチラシ）

は実行に移された。

初秋の天候に恵まれた9月24日（木曜日）。午前8時30分に2スタの前に全員集合し、マイクロバス2台に分乗して一路、秋川渓谷の大岳キャンプ場を目指した。

宮崎さんの長いアニメ人生の中でも、制作期間中に現場を離れて行楽に出かけるのは初めてだというのだから、すごい行楽もあったもんだ。

そのバスの中で宮崎さんはこんな言葉を残している。

「人に楽しんでもらおうと考えて作っている映画なんです。作る側にも楽しいことや思い出のひとつくらいあったほうがいい。後々になって〝よかった〟と思えれぱいいんです」と。

ついに到着。焚き火をやらせると一日中黙々と作業していられるのが僕だ。料理好きで、『ラピュタ』時代にスタジオのビルの給湯室で自炊を始めて演出助手の飯田馬之介と共に宮崎さんに叱られた過去もある。

河原での焼き肉と焼きソバに僕は大いに腕を振るった。

近藤勝也さんを中心に、〝頭〟こと金田伊功さん……原画・動画の面々がエアガンで空き缶シューティングをして大はしゃぎしている。

こんな皆の姿を『ラピュタ』で見たことなど一度もなかった。

ジブリの仕事は1年の短期決戦である。一緒になって遊ぶこともなく、全員が互いに親しくなる前に全てが終わってしまう。

自然に触れることも大事な『トトロ』であったが、みんなが自然に振る舞えるように親しくならなければ『トトロ』を楽しく作れなかったかもしれない。

コミュニケーションは本来スタジオ内で取ればいいのだが、宮崎さんのいるワンフロアの中で、それも他の人が仕事をする中、各々が打ち解け合える時間は取りにくくい。

それがこの強化キャンプを境にガラリと空気が変わる。

皆から堅苦しさが消え、まとまっていったのだ。

帰りのバスの中で目を開けている人などほとんどいない。

遊び疲れてしまって寝息をたてている。

子供の遠足そのものの1日であった。

——で、強化キャンプの具体的な効果はあったのか?

この強化キャンプの後しばらくは、完成目前の追い込み時をのぞいて最高の数字をたたき出す。まさに効果絶大だった。

スタジオ内が明るくにぎやかになったにもかかわらず、作業効率はアップするという凄い結果をもたらしたわけだ。

これは宮崎さんの見事な作品外演出術だといえるかもしれない。

1日を行楽に当てた代わりに、この先の祝日を返上して平日扱い(正月休み以外は)としたのですから、演出と制作のやることは……ある意味ズルイ。

しかしスタジオの誰もが『トトロ』の完成は休日を取る以上に楽しみだと考えていたのである。

10月上旬、ついに初ラッシュを行う。

『となりのトトロ』の本編ラッシュフィルムが2スタの映写室に映し出されたのだ。

このジブリ初の本社スタジオ外の映写に僕の心は躍った。

『ラピュタ』公開後、1年と2ヵ月にしてついにスタジオジブリの2作目のフィルムを映すのだから心躍らずにはいられない。

社内動画スタッフとして参加した人の中には、ラッシュ……つまり制作途中のフィルムをこれまで観たことがなく、『トトロ』が初めてという人が数人いた。

一番最初のラッシュは背景オンリーカットやセル枚数の少ない簡単な内容のカットがほとんどで、音もなく、カットの順番はバラバラ……それでも制作途中で、自分たちが描いた動画に色がつき動いているのを初めて観た人の驚きや感激といったら、それはそれは大変なものだった。

僕がジブリに集めた動画の人たちの中に駆け出しの新人なんか一人もいない。

通常、本社スタジオ的な場所で働かない限り、動画や仕上げの人たちはラッシュを観る機会がないのでこんなことが起こる。

初秋の強化キャンプ以降、作業効率が上がったことに、この新鮮な驚きも大きく影響していると思う。


少々この上映までのプロセスをもう一度書いておきたい。

絵コンテを基に原画マンがレイアウトを描く。監督のチェックが通るとレイアウトのコピーを取り、オリジナルは美術に渡されて、背景化される。一方、コピーの方は原画マンへと戻されて、原画が描かれる。

原画は監督・作監のチェックの後、動画マンの手に渡る。動画は原画をクリーンナップして中割りと呼ばれる原画と原画の間の絵を描いてつなぐ作業だ。『トトロ』では〝原画チェックシステム〟を設けて、ラフの段階で動きの詰めをチェックしてもらう。また対茶カーボンのためにトレスマシンにかけて、デリケートな線の出来具合のチェックをする。そして〝動画チェック〟（部署名）を通過した動画のみが仕上げに回されて色が塗られる。

それも1枚1枚透明なセルにトレスマシンを使ってカーボンで線を転写し、線の出ていない（あるいは薄い）ところはハンドトレスで補整される。

セルに線を転写し終わると水溶性アクリル絵の具が塗られる。水溶性だから、塗り上がれば終わりではなく、〝乾き待ち〟があるので、作業が終わるまでには大変な時間を要した。

プロの動画マンの人がラッシュ映像くらいで何をそんなに感動するの？　と言われてしまいそうな現在なので、二度も書いておきたい仕事のプロセスだ。『となりのトトロ』が制作されていた時代はそれほど、フィルム化されるまでに苦労が多かった。

後にジブリのアニメは〝線が命〟などと言われるのは実のところ体感から始まったのかもしれない。

——それほど、制作途中で初めてラッシュを観た動画マンの喜びは決して大袈裟な話などではない。

宮崎さんも制作担当の田中栄子さんをはじめとする我々制作部もこの社内動画スタッフの喜びをここでとどめてはならないと、動画のチェックを受けに来た外部の個人やスタジオの動画マンにも可能な限りラッシュを観てもらった。

それはジブリにおける線の大切さや茶カーボンの効果を知ってもらうためでもあっ

たが、一つの作品を作り上げる気持ちの共有に大きく役立ったと思う。

アニメにおいて、線が茶や黒（あるいは他の色）であっても、おそらく作品評価に大きな影響を与えることはないだろう。それでも場面によっていちいち線を使い分けるのが『となりのトトロ』だ。

ここまで神経質にかつ繊細に線の1本1本に気を配った劇場用アニメーションが日本に何作あったであろう。

それを〝『トトロ』の動画は大変でした〟の1行で終わりにしてはならないと思う。やがてジブリの標準となる作業の第一歩は、多くの汗の結晶で出来ていたのだから……。


「木原君。外の動画の皆さんにもちゃんと観ていただいていますか？」

「もちろんです！」

「自分の動画のシーンをもう一度観たいという人がいたら応じてあげてください」

おそらく宮崎さんがこれほどまで外の動画マンの仕事に気を配ったのは『となりのトトロ』が最初だ（少なくとも『ラピュタ』は自身のことでいっぱいいっぱいで出来なかった）。

そもそもラッシュはこちらから声をかけてまで外の人に見せる性質のモノではない。

外で働くスタッフへのお礼の意味も込められている。

9月下旬に秋川渓谷への強化キャンプ、そして2週間後の10月上旬のラッシュ映写へと続いたことで、社内だけでなく社外においても動画が息を吹き返したことを数字が証明していた。

これはまさに宮崎さんの英断のおかげであった。

いや……もしかしたらこの作品の完成には、やはり〝目に見えない何か〟が手を貸してくれていたのかもしれない。

初ラッシュの上がった10月の少し前のことであるが、徳間書店「アニメージュ」編集部より12月号の表紙の依頼が来た。

ジブリは傘下会社だから、いかに宮崎さんでもお断りする選択肢はない。より多くの人々に対する宣伝も告知も重要な現場だ。

知らない作品に対してお金を払ってまで観に来てもらうには興味や好奇心が必要なのだから。

4月の記者会見用のポスターも、その発表が特集された6月号のネコバスの表紙も描き下ろした宮崎さんであったが、絵コンテの完成が急がれるこの時期だから、今回ばかりはなかなか手がつけられなかった。

……というか、はっきりと、

「木原君……やりたくないんです」と口にした。

面倒くさいというワガママなどではないことは十分承知しているから、僕は口を挟みにくかった。

6月号の表紙が宮崎さんの描き下ろしなのは、確かに時間的にも作業的にも余裕があったからではあるが、何よりアニメ用のキャラクター設定が未完成……わかりやすく言うとセルとしてお見せ出来るキャラクターもその色も決定に至っていない段階だったからだ。

つまり今はアニメ制作中なのだから『トトロ』のセル画の表紙をくださいと編集部から言われているのと同義。

正直なところ、宮崎さんが鉛筆でレイアウト兼用の原画を描けば事は足りる。

後は好春さんか、立木さん、舘野さんのいずれかがクリーンナップし、制作がマシンをかけて、仕上げの水田さんが色を塗ればいい。

ただし問題は背景だ。

宮崎さんの言葉に僕が口を挟みにくかったのも、男鹿さんの仕事の手を止めてほしくなかったからである。

大変なレイアウトを描いたら、大変な背景が必要になるのは必然。ましてや、この頃はいよいよ撮影に入る段階だったから、自分の時間の心配よりスタッフの時間を映画以外に使われることを心配しているのだ。いかにも宮崎さんらしい考えだが、しかし締め切りは目の前。

「あの……」と僕はある提案をした。

「すでに上がっている男鹿さんの背景を表紙に使ったら（流用したら）どうですか？」と。

本編と見せ方を変えれば描き下ろしの背景も同然と思ったからだ。

12月号の発売は11月。４月の映画公開まで半年近くもあるのだから本編背景を使うことが特に大きな影響を及ぼすとは考えにくい。

結果はというと、12月号の表紙にはカット４０９の壮大な大クスの木を背景に使用した。

宮崎さんは、水天宮の社前にある倒れた手水鉢（ちょうずばち）に乗った小さなメイと一緒にいるトトロを描いた。

表紙としてはかなり立派な出来具合だったと思う。

もちろんその背景の袋には〝要返却〟と〝取り扱い要注意〟と大きく書かれた。

10月2日。2スタに『天空の城ラピュタ』の挿入歌「君をのせて」を歌った井上あずみさんが来社。

目的はイメージソング「となりのトトロ」が完成したので、その発売キャンペーン前の表敬訪問だったと記憶している。

ところで『風の谷のナウシカ』の安田成美さんのイメージソングも、『天空の城ラピュタ』の小幡洋子さんが歌ったイメージソング「もしも空を飛べたら」も映画に使われることはなかったが、「となりのトトロ」はエンディングテーマとして採用されたのだから宮崎さんに好まれたのであろう……などと思われがちだが実はそうではない。

『トトロ』の作詞は宮崎さんだったからだ（『ナウシカ』『ラピュタ』とも、作詞は宮崎さんではない）。

ちなみに作詞といっても久石譲さんの曲が先で、そのデモ音楽に宮崎さんが詞を付けている。

これがどういうわけか詞を書き始めたあたりから「となりのタヌキ」という替え歌を作って（それもサビの部分だけ）仕事中に〝トトロ〟を〝タヌキ〟に入れ替えた歌を熱唱し続けた。

ちなみに主題歌が上がった時にも〝元気〟を〝タヌキ〟に替えて歌いまくっている。

これでコンテが進んだのかもしれないが、朝から晩まで、思いつくままに歌う歌う……。大丈夫か、この人？ってくらいに。

それでも『ラピュタ』の時の僕の名前が入った替え歌を連唱されるよりはずっとマシなので、放っておいた（『ラピュタ』の時はやめてくださいと直訴している）。

この頃タヌキがツボにハマった宮崎さんは「トトロ対八百八狸」という落書きを描いている。

その向かい合った対立構図はエンディングの止め絵（5枚目のサツキ率いる女の子対男の子）に引き継がれたのではないか？と僕は思っている。

また、サツキに化けたタヌキが尻尾のせいでメイにバレる絵を、なぜか色鉛筆で着色までして描いている。

さらにもう一つ。

2002年から、三鷹(みたか)の森ジブリ美術館の映像展示室土星座(どせいざ)でジブリのオリジナル短編アニメーション『めいとこねこバス』(監督：宮崎駿)が上映されているが、その第一原形ともいえる〝チビネコバス〟の絵は実にそれから15年も遡る1987年のこの時にタヌキと一緒に描かれていた。

僕がよく覚えているのにはもちろん訳がある。これら一連の狸モノを描いたのは「狸合戦映画一緒にやりましょう」というお誘いとワンセットだったからだ。いつの間にやらLDの戦争ゲームの話はどこへ行ったのやら……。

さてこの発案が1994年の『平成狸合戦ぽんぽこ』(監督：高畑勲)につながったのかどうなのか……。


井上あずみさんが歌うイメージソング「となりのトトロ」のシングルは10月25日に発売された。

A面は「となりのトトロ」、B面に『天空の城ラピュタ』の挿入歌「君をのせて」を収録して700円。

ジャケットと宣伝用ポスターは映画『トトロ』のポスター図案をトリミングして使

用されている。

第12章

「こんなに追い詰めたんですから……」宮崎さん笑う

10月下旬。音響監督の斯波重治さんが来社する。

ほぼ決定となった各声優さんの音声テープを持ってこられたのだ。

絵コンテがまだ終わっていないのに、声優さんが決まるんだ……と不思議な気分になるが、各声優さんのスケジュールを調整するためにはその決定は早いほどいい。

糸井重里さんのお父さん役決定にはこんなエピソードがある。

前述したが、キャッチコピーの打ち合わせで2スタに娘さんを連れて来社した糸井さんの印象が女性陣から圧倒的ともいえる好評を博していた。

『ラピュタ』の時に『ブレードランナー』の初放送があり、主役の寺田農さんを皆で推した結果、ムスカ役に結びついた……と思っているスタッフが多く、『トトロ』でもまた、糸井さんを推す声が上がったのである。

宮崎さんもテープオーディション（録音を聴いて決める）を行っていたが、どの声優さんも〝普通のお父さん〟だったことが引っかかって決めかねていた。

キャラクターボードでも、映画でも見ての通り、インテリジェンスが高くてひ弱そうな顔立ち。しかも仕事は学者。それだけに「昔の威厳があるお父さんでは困るんです」とは宮崎さんの弁である。

『トトロ』に描かれる家族関係は、どちらかといえば戦後のニューファミリーに映る。またそうでなければ子供が目撃したトトロの話など威厳ですぐに壊されてしまう。

実際絵コンテにおいても、サツキやメイに〝語りかけるタイプ〟のお父さんとして描かれ、上から目線で〝言い聞かせるタイプ〟ではない。

「頼りないいくらいの感じで丁度いいんです、古い昭和（おそらく古い昭和を思わせるような）を描きたくないんですから」とも言っていたが、その通りだろう。だからこそ家の中でサツキがしっかりとお母さん役を務めるわけだ。

そこへ元々あった女性陣からの推しと、宮崎さんの好印象も重なって、テープオーディションの翌日に、斯波さんに電話をかけている。

「お父さんは糸井さんでどうでしょうか？」と。

さすがの斯波さんもこれにはよほど驚いたらしく、電話の向こうから、え――っ!?　という声がもれ聞こえたほどだった。

音響監督の斯波さんは、「声をあてるのは、よほどの俳優さんでも難しいことで、特殊な能力を要求されるんです」と語っていたくらいだから、宮崎さんから言われたオーダーに驚くのも無理はない。

そこでソニーの録音機材〝デンスケ〟を担いで糸井さんの事務所に行き、お父さん役のイメージを話して、テスト録音を行った。

ところでトトロ役にも声優さんがいる。ムーミンパパの声で知られる高木均さんだ。

絵コンテのBパートを描いている時に宮崎さんがこんな話を持ちかけてきた。

「木原君ならトトロの声優さんは誰にしますか？」と。

うっかり「トトロって喋りましたっけ？」と返してえらく怒られた。

そう。メイは声（？）を聞いてトトロと命名するのだから声優はいるに決まっている。

とはいえ宮崎さんがこんなことを訊いてくるのは珍しい。おそらくコンテでトトロを描きながらフッと、どんな声がいいのかと考え始めたのだと思う。

「僕なら高木均さんか、大平透さんですね」

我ながら実に明快に答えた。

「どうしてですか？」宮崎さんの顔が曇る。

「そりゃもうムーミンパパか、ハクション大魔王でしょ」

「あなたね！　キャラクターの体型だけで決めてるでしょ！」とまたも怒られた。

——で、結果は高木さんで決定。

「宮崎さん！　高木さんじゃないですか！　文句はありませんがどういうことなんですか？」

理由が知りたくて喰ってかかった。

「木原君……これでいいんです。高木さんしかいないんです」と神妙な顔で言われて、確かに……と納得した僕は何も返せなかったのだから、怒られ損だ。

ちなみに、いかに高木さんの美声を以てしてもトトロの声は〝そのまんま〟使われたわけではない。

普通通りに声を収録し、ハーモナイザーという声のピッチだけを落とせる機械にかけて〝風の音〟を混ぜて作られている。トトロの声を聞いて一番驚いたのは、当の高木均さんだったに違いない。

ここで『トトロ』から少し離れた個人的思い出を……それもジブリで働き始める前の話です。

前作『もう一つの「バルス」』で、僕が創立まもない……まだ誰にも知られていないスタジオジブリにいかにして入社出来たのか？　を詳しく書いた。

1985年、『風の谷のナウシカ』を制作した「トップクラフト」解散後、僕は「パンメディア」というアニメ制作会社に移って『オバケのQ太郎』の制作進行を担当。そのパンメディアに移って4ヵ月後に、トップクラフトの元社長でジブリの取締役となった原徹さんから、ジブリに来ないか？　……と言わばヘッドハンティングされたというのがその経緯だ。

さてお話はここから。

実はこの頃の仕事を一つ省略して書かなかった。

パンメディアを辞めて入ったジブリはまだ本格的に稼動しておらず、社内作業は制作デスクの押切直之さんと進行の古里尚丈（ふるさとなおたけ）さん（後にサンライズに移って『新世紀GPXサイバーフォーミュラ』のプロデューサーを務める）の二人がいれば十分な状態だった。

そこへ原さんに東京12チャンネル（現・テレビ東京）から仕事が入った。

『ナウシカ』後に「トップクラフト」で制作して12チャンネルで放映されていたテレビアニメ『コアラボーイ・コッキィ』の縁で、トップクラフトが放送権を持っていた『スマーフ』（ハンナ・バーベラプロダクション制作）の放送が決まったというのだ。

決まったはいいが、英語版の16ミリフィルムと英語の脚本があるだけだ。

急いで翻訳してアフレコ台本を作り、フィルムを編集してオープニングを作り、もちろん主題歌も作り、さらにアフレコをして手を入れ、おまけに番組最後に流される次回の予告編（もちろんナレーション付き）も作らなければならない。

そこで原さんからこう言われた。

「見ての通りジブリはまだまだヒマだから、ワシと二人で『スマーフ』やってくれんか？」

「もちろんです！」と二つ返事だ。

僕は原さんに対してノーはないのだ！（後に『トトロ』制作デスクの辞令には反旗を翻（ひるがえ）すことになるが……）

——しかしこの毎週放映される海外アニメの日本語版作業を二人でやるのはとんでもなく大変だった。

それは体力の話ではない、何もかも未経験で知らなかったからだ。

大阪芸術大学の映像計画学科卒だったおかげで多少の作業と手順がわかっていたことで救われるのだから世の中わからない（たいしたことではないが、予告編の編集も全放送分を一人でやってのけた）。

――で、この『スマーフ』の主題歌を歌ったのが、声優の坂本千夏さん。もちろん『スマーフ』のキャラクターの声も演じている。

それらの収録に立ち会ったので、坂本さんが『トトロ』でメイ役に決まったのはめちゃくちゃ嬉しかった。

ちなみにこの作品の放送時のタイトルは『小さな森の精　あいあむ！　スマーフ』。1985年10月〜'86年3月放映。『スマーフ』は雪印乳業がイメージキャラクターに起用したり、セーラー万年筆がキャラクター商品を販売したりして、当時はそれなりに知られたキャラクターでもあったが、番組の人気自体はどうだったのだろう？

後の2013年。アニメ『名探偵コナン』のチーフプロデューサーである諏訪道彦さんの『スワッチのアニメここだけの話』（KADOKAWA刊）の出版パーティーで坂本さんと再会する機会に恵まれた。

「あの時、初めて主題歌を歌わせていただいたのでよく覚えています。すごく嬉しかったんですもん！」

と言われた僕は、まるでメイちゃんから言われたみたいで嬉しくなって、パーティー会場で坂本さんと二人で『スマーフ』の主題歌を歌ってしまった。

大脱線してしまったが、アニメの世界に入って担当したのは、トップクラフトの『コアラボーイ・コッキィ』で撮影助手、『名探偵ホームズ』(制作は東京ムービー新社。トップクラフトが23話を担当）で演出助手（クレジットがないので演助デビューとはいえない)。パンメディアの『オバケのQ太郎』でテレビアニメの制作進行、『スマーフ』で海外作品放送のためのアレコレ、『ラピュタ』で劇場用アニメの制作進行、そして『トトロ』で制作デスク。なんだか僕の仕事は落ち着いたためしがない。

話を『トトロ』に戻そう。

音響監督の斯波さんの仕事はもちろんアフレコにかかわることだけではない。

音……効果音もその仕事だ。

『トトロ』にはリアルな音付けが必要ということでミキサーの人と共に音採りのロケハンまでやっていただいている。

井戸のポンプ音、オート三輪、ボンネットバスのエンジン音、木のトンネルを抜ける音から風の音まで……。

もしトトロを観る機会があったら、音に耳を澄ましてみていただければと願うばかりだ。

1987年も終わろうかという12月。

「木原君！　お待たせしました」と宮崎さんから最終の絵コンテを受け取った。

ついにDパートにタイムが入って完成したのだ！　274カット、1279・5秒。

オープニングとエンディングを除いて、

・Aパート　212カット　1166・5秒
・Bパート　212カット　1219・5秒
・Cパート　240カット　1206・5秒
・Dパート　274カット　1279・5秒

絵コンテにはOPとEDが入っていないがその総カットとタイムは、938カット、4872秒（81分12秒）となる。

ついに宮崎さんの手から絵コンテ作業がなくなった。

これで作品完成への加速度が上がる。

このDパートは夏のある日から幕を明ける。

ここで服が夏服へと変わる。メイは薄いピンクのサンドレス。サツキも薄い黄色のサンドレス。

服が替わってもキーカラーはちゃんと残している。

春は明るい緑や夜の暗闇に溶け込まないように（小さなサイズでも見えるように）濃い色。

夏は同じキーカラーを使って強い光のコントラストの中で目立つように薄い色へと工夫されている。

ところで、このDパートに入る際に宮崎さんが、「これをサツキの夏服にしようと思っています」と僕に手渡したレイアウト用紙に描かれていたのはなんとワンピースの〝セーラー服〟姿のサツキだった（女学生さんの黒っぽいセーラー服のイメージではない）。

「白地に青い線なんですけど、木原君はどう思います？」と訊かれた僕は正直言葉につまった。

サツキが着ると目立ちすぎて浮く、と思ったからだ。

学生帽にランニングシャツ、半ズボン（それもお尻にツギ当てだ）のカンタと並んだ白いセーラー服が浮かないわけはないのだ。

この服のデザインは作品の性質を変える……良いとか悪いとか……好みで話す問題じゃないなこりゃ、と一瞬思ったが即答出来ないのは嫌だ。

本当はそんなこと思っていなかったが、つい口から出た言葉が「これだと線が多くなりませんか？」

ところがこれが大正解。

「やっぱりそう思いますか。胸の青リボンに襟(えり)から背中の青い1本線が、芝居の邪魔だと思ったんですよ」とその場ですぐ廃案になってしまった。

えー——っ!?　じゃあなんでわざわざ描いて見せたんですか？　という気持ちと、余計なことを言うのではなかったという気持ちが交錯(こうさく)したが、本気の宮崎さんなら一度はキャラクターボードにするから、きっと試しに訊いてみただけかもしれない。

とはいえ、サツキの横に描かれたメイの服はそのまま本編に活かされているから、どこまで本気であったのだろう？

『トトロ』というアニメを作る上で、子供にはなるべく単純化したモノの方が理解してもらいやすいとは考えている。

それだけにセーラー服の線くらいで「線が多いと芝居がおろそかになるんです」とは宮崎さんらしい弁だ。

逆に言えば、〝芝居がないのなら線が多くてもいい〟という考えになる。

だからだろうか？　〝線が多い〟からと動き回るサツキのセーラー服は廃案にしたが、絵コンテのカット718の本家のバアサマには〝ユカタにもようをつけましょう動かないから〟とわざわざ追加で書き込まれている。


さてこのDパートで映画『となりのトトロ』が終わる。

優秀なストーリー展開の基本は緊張と緩和だ。

全編の81分12秒。物語が始まってからほとんど緊張らしい緊張を作らずのびのびとCパートまで描いて59分と52・5秒を使用した。

残された21分19・5秒の時間の中に、いかにして緊張をもたせて終わらせるのか？

Dパートはのんびりとした昼下がりに一通の電報がサツキへと届けられたところから動き始める。

母の入院する七国山病院から打電されたものだった。

〝レンラクコウ　シチコクヤマ〟と電報にある。

父は夕方になるまで帰ってこない。

電報でお母さんが心配になってどうにもならなくなる妹。

自分だって不安なのに何も出来ない姉の我慢を重ねた気持ちに限界がやってくる。

姉の姿に妹が外に飛び出し、いなくなった妹を姉が必死の想いで捜すものの見つからない。

やがて陽は西に傾きはじめ、池に小さな女の子のサンダルが浮いているとの知らせが姉に入る。

姉に〝自分の責任だ〟と思い込ませて、その心を追い詰めるために一切妹の様子をみせない。


――わずかこれだけの構成で、物語が終わるギリギリまでその緊張感を引っ張っていく。

60分をかけて、あるいはトトロ達を通してサツキとメイに心を寄せるように作り上げておきながら、画面から一切のメイを取り上げてサツキの心を追い詰める。それと同時に心を寄せた観客の心理をも追い詰めるのがこのDパートの眼目だ。

それを理解してDパートのコンテの進み具合をずっと見ていたが、ある晩その狙い通りに描いているはずの宮崎さんが僕を呼んだ。

「なんですか？」と行ってみると、夕方見た時からほとんど進んでいない。

展開に悩んで手の止まった宮崎さんは何度も見て知っているが、『トトロ』にはそれほどのことはないはずだ。消化回収すべきドラマも人間関係も入り組んではいない。何といっても悪い奴どころかライバルさえ一人も出てこないシンプルな作品だ。なぜ速度が落ち、手が止まったのか？

「木原君……サツキを追い詰めすぎですか？」

絵コンテはカット８２７を描いて、８２８の絵とセリフを入れたすぐ後で止まっていた。

そこではカンタのバアちゃんが土手で小さなサンダルを手に握りしめて、必死に念仏を唱えている。
バ）「ナンマンダブ　ナンマンダブ　ナンマンダブ」
バアちゃんの周りで人々が竿(さお)を手に池を探っている。
男）「そっちの方は泥が深いから　その先！」

念仏のバアちゃんの向こうを東電（電車）がガァ――――と音を立てて通る。その乗客が〝何事!?〟とこちらの池を見ている。

他）「おーい　竿　あまってないか？」

このガァ――――っていう東電の棒線を引く途中で手が止まったのだと、コンテを見てわかった。

宮崎さんはサツキの心情を慮（おもんぱか）りながら進めてきたものの、ここまでみせては〝やりすぎかもしれない〟と思ったようだった。

「これ以上進めるのは辛いです」と言葉を続けた。

……………。

ドラマに必要な状況の辛さと、〝楽しい作品を楽しく作る〟という目的とが、このカットでぶつかったと僕は思った。

メイを捜し回ってただひたすら走り続けてクタクタ、ボロボロになっているサツキの姿に対して、シーンが切り替わると大人たちが池を捜索している。

この先をさらに続けていたら、『トトロ』を見ている子供たちがその芝居に耐えられなくなるのではないだろうか？　もう見たくないと心が離れたりはしないだろうか？　という心情があったのだ。

……そのような会話を二人で交わしている。

追い詰めたサツキによって〝楽しい〟気持ちから離れつつある緊張した子供の心を再び引き戻す緩和のタイミングがこの『トトロ』という作品の〝核〟だ。

心を少しずつ離すことは出来たが、それを如何にして引き戻すか？　は、何処までとどめるのか、によるのだ。

この絵コンテのとまどいに、〝良い作品〟になると実感出来た一瞬があった。

「ここが最後なんですよね？　ここまでくればサツキは最後の望みに気づいて、その場所へ自然に行けますよ」みたいな言葉をその時言ったような気がする。


僕は会話の最後に、カット828の途中で手が止まった〝東電のガァ――――〟というSE（効果音）の矢印線をそのカット尻まで書き足して宮崎さんへと戻した。

今も『スタジオジブリ絵コンテ全集3　となりのトトロ』（徳間書店刊）の364ページ（カット828）には、誰が見ても絵コンテの描き主のモノではないとわかる別の鉛筆で書き足された1本の線が残っている。


このサツキを追い詰め、見ている観客（もちろん子供）を追い詰めた気持ちが重かったという証しがもう一つ残されている。

カット888のネコバスの行き先表示に〝めい〟と描かれたことだ。

その途中で表示されたのは、長沢、三つ塚、墓道、大社、牛沼と行き先となる地名ばかりなのに、最後はあろうことか人の名前だ。

もちろんこれは、「メイと会える」というネタバレだ。

しかも（後で描かれるとはいえ）メイはどこかわからない道端をトボトボ歩いているわけではない。〝六地蔵〟という行き先名たり得るランドマーク（？）で腰を下ろしている。

「これでいいんですか？　六地蔵にしなくて」とさすがに心配になった僕は一応確かめた。

いいらしい。

「ここまで追い詰めたんですから、どうなるんだろう？　じゃなくてここで一気にワーッと子供たちが、会えるんだ！　メイは無事なんだと喜ぶのがいいんです。行き先不明ではいけないんです。（六地蔵に腰を下ろしているメイの無事な姿との）再会は後で見せるんですから」

と宮崎さんはえらい笑顔で答えた。

僕にこれほど明確に演出プランを答えてくれるのも珍しい。

これは追い詰めたサツキに対する〝おわび〟の気持ちが入っているからだと思った。


この本当の答えは、公開した劇場で出された。

確かに、子供たちの笑いと歓声がドッと沸き上がったからだ。

——しかし、ここでの話がずっと後になって、しかも形を変えて持ち上がることになるとは、この時点で僕は夢想だにしなかった。


『トトロ』のコンテ作業も終わってみれば、Aパートは引っ越しした春の1日の出来事。

Bパートは梅雨前。お母さんのお見舞いとメイがトトロと出会う何日かの出来事。

Cパートは梅雨から夏にかけてサツキとメイがトトロと出会ってからのおよそ2ヵ月間の出来事。

Dパートは夏の昼下がりから日没までのわずか半日の出来事。

AとDパート……つまり映画の全体の半分の時間、頭とお尻のパートをを使って1

日と半日しか描いていないのだから、かなり急激な展開を見せるドラマとなっているのに、不思議とそれを感じさせない仕上がりになっている。

第13章

『となりのトトロ』ゆく年くる年

１９８７年の年末、２スタに大変な連絡が入った。

徳間グループの総帥・徳間康快社長が夕食時に陣中見舞いに来社されるというのだ。

その一報でスタジオ内はにわかに騒がしくなる。

スタジオジブリ創設を決断して、お金を出した人が来社するのだからスタジオが騒がしくなるのも当然。

しかもこの通達にはオマケがあった。

なんと来社時に〝お鮨〟が差し入れられる、という1行があったのだ！

この通達にスタジオ内が騒然とならないわけがない！

目当ては鮨！　自慢じゃないが私達は常に貧しく、美味しいモノに飢えた野獣の群れである。

これには天下の宮崎駿監督も喜んだ。

「木原君!!　これを貼り出してください！」とレイアウト用紙にイラストを描くら

い喜んだ。

そこには笑顔のトトロと共に握り鮨がギッシリと入った折り詰めのイラスト（しかも色まで塗られている！）に〝すしが来ます。晩めしは要りません。特上です!!〟との一文が添えられた。

さらに日本酒の徳利（とっくり）やお猪口（ちょこ）のイラストもあり〝これは忘年会までガマンしましょう〟とも書かれた。

宮崎監督の気合いが込められた、差し入れのお鮨（特上）イラストに、スタジオ内はさらに沸き立った！

お茶用ポットの近くの柱に貼られた、宮崎さんのイラストに皆うっとり……。

そんなこんなで、晩メシを食わずに楽しみに待っていた。

――ところが！

届けられたたくさんの折り詰めのフタを開けてビックリ！

お稲荷さんとカンピョウ巻きだけしか入っていなかったのだ。どの折りに詰めにも……。

そりゃ……まぁ……確かにお鮨という言葉にウソ偽りはないっちゃない……が。

ギラッとスタジオの皆の目線が宮崎さんに向けられた（やや殺気が入っていた気が

する)。

話が違うんですけど、という目線。

宮崎さんの次は制作の僕に目が向けられた。

「えっ!?　……あのですね。……いいお鮨ですね……。ごめんなさい。すみません」

あんな特上の握り鮨の絵を描いた人が一番悪いと思ったけど、食い物の恨みは恐ろしいから、とりあえず頭を下げた。

これが密かに残念伝説となった〝鮨差し入れ事件〟だ。

話によると予約の必要な銀座(ぎんざ)の高級料亭の逸品らしいが、お稲荷さんとカンピョウ巻きに変わりはない。逸品なんてことなどブッ飛んでしまった僕は、徳間社長が2スタで何をやってどんなスピーチをしたのか全くもって記憶にない。

さて年末の現場はというと、進行の遅れからクリスマスなど当然味わえたりはしなかった。

時代はバブル景気で夜の吉祥寺は大変な賑(にぎ)わいだというのに2スタの緊張感は変わらない。

『トトロ』は制作スケジュール的にキビシさはあれど、描いている世界は依然として楽しい。

実のところ、浮かれ気分になられては上がるものも上がらなくなってしまうため、12月の中旬に、このような紙を制作担当の田中栄子さんがドアに貼り出した。

年末年始の休みについて

年末まで残り少ないですが、
年内に精一杯仕事をやって、次の通りにしたいと思います。
仕事納め　12／30
仕事始め　1／4
以上スタジオジブリ
なお、宮崎監督は元旦のみ休みますので、同志の方は御いっしょに出勤して下さい。

この紙を見たからだろう、クリスマスなど特に気に留めない宮崎さんだが、「忘年会はやります」と声を上げた。

1年の締めくくりは仕事のケジメにとっても大事なのだろう。

忘年会といってもジブリは大所帯だから急にはお店の予約なんか取れはしない。

すぐに小さく声をかけられていた。

「幹事の木原君」（ヒソ）

はいはい……忘年会のお話で、私めが担当でございますね……。

「お呼びでございますか？　幹事の木原でございます。何をご所望でございましょう」（ヒソ）

「『ラピュタ』からこういう役は君なんです。ところで鮨の一件がありましたから、よく考えたんですが、スキヤキでどうでしょう？」（ヒソ）

「ははっ。食い放題なら皆も喜ぶかと」（ヒソ）

「それでお願いします」（ヒソ）

まるで代官と庄屋の悪巧みだ。

『ラピュタ』制作時にも忘年会があったので、前もって目星はつけてあった。井の頭通りと吉祥寺通りの交差点近くにある〝いせや総本店〟。

僕はすぐにこの吉祥寺で一番古い店構えに見える〝いせや〟へ2階座敷を貸し切りにする予約を入れた。

もちろん今回も宮崎さん直筆で、大トトロと中トトロが鍋の前に座っている告知イラストが描かれた。

その下には『〝忘年会はスキヤキです〟於いせや　12月30日』と書いてある。

この絵を貼り出した時に宮崎さんはこう言い放った。

「今度は本当です！」


〝忘年会〟とは年を忘れる会という意味だ。

しかし『トトロ』の忘年会で、今年1年お疲れさまでしたと口にする者など誰一人としていない。

1987年は終わろうとしているが、作業はまだ真っ最中で、この先もっと大変になるとわかっているから、みんなただ忘年会と名の付いた食事の席で、ワイワイガツガツと楽しみながらスキヤキを食べているだけ。

実に奇妙極まりない忘年会もあったもんだ。

とはいえ一人一人の誰もが映画の完成を監督と共にただひたすら願っている。自分の仕事でかなえてみせようとしている。

まるで『ラピュタ』最後の追い込みの時のようだと僕は思った。

いせやで解散したので2次会的なモノが行われたかどうかはわからなかったが、その答えは翌日にわかる。


忘年会は1次会で終了。


明けた12月31日大晦日（おおみそか）の朝。忘年会翌日なので本来ならば正月休みの始まりだ。ところが宮崎さんをはじめ2スタの全員が次々と顔を揃える。

当時の僕の記録に〝大晦日だというのに無類の仕事好きが会社に集まり平常運転〟と残している。

机に向かうその顔、集中力を見て、夜更かしした2次会などなかったのだとわかった。

とはいえ大晦日だ。夕方になると一人、また一人と帰っていき、宮崎さんも20時すぎには帰宅の途についた。

それでも大晦日の夜遅くまで作業をする人間がいる。

メンバーの想いは一つ、スタジオで除夜の鐘を聞いて初詣に繰り出すのだ。

きっと2スタだけではないはずと本社ビル（1スタ）に連絡して、原画マンや動画マンの総勢17人の若い面々が集まった。

思えば『ラピュタ』を作りはじめた時、最初のジブリに揃った人数も17人だったから、その偶然に不思議な気持ちになる。


午前0時。１９８８年が明けた！

時報と共に離れた吉祥寺の繁華街から、声とも音ともいえない波のようなモノがスタジオまで届く（バブル期のハッピーニューイヤーは凄かった！）。

「新年あけましておめでとうございます。本年もどうぞ宜しくお願いします。作品が無事完成しますように」

スタジオで皆それぞれに新年のあいさつを交わすと初詣に出発だ。

目的の神社は五日市街道と吉祥寺通りの交差点にある武蔵野八幡宮。

その鳥居のほぼ正面にある吉祥寺東映で『天空の城ラピュタ』の完成初号試写会を行ったのだから、ジブリの初詣にこれほどふさわしい神社もない。

ただ出掛けたはいいが、とんでもなく寒い中、参拝客の長蛇の列に加わって、僕たちがお参りできたのは1時間半後のことだった。

僕は手を合わせると、ひたすら『となりのトトロ』が無事に完成しますように……と願った。


1月1日。昼過ぎに2スタに入る。

日本酒片手に出社だ。

2スタ中央の柱には『トトロ』の2枚のポスターが貼ってある。

井上あずみさんのサインの入った宮崎さんのイラストポスターと、糸井重里さんのキャッチコピーが入ったセル画のポスターだ。

そこには〝4月16日全国一斉ロードショー〟の文字が刻まれている。

柱の下にはテーブルがあって、お湯のポットや日本茶、紅茶、インスタントコーヒーが置いてある。

このテーブルに日本酒を置くと、ポスターのトトロに二礼二拍手一礼する。

現状を考えると、あと4ヵ月と16日で劇場公開されるなんて信じられない。

ここまでのデータのままなら〝完全に間に合わない〟からだ。

しかし、あの信じられないスケジュールの『ラピュタ』が間に合って、『トトロ』が間に合わないわけがない……必ずなんとかする！　と気合いを入れた。

元日に行くところもないし、やることもない。スタジオにいた方が落ち着くんだから仕方がない。

うーー、さ、寒い。

正月で周りは静かだから、無人のスタジオは寒々と感じる。

お湯を沸かしてポットに入れ、コーヒーを淹れて飲む……あとは椅子に座っているだけ。

時々コンテを読み、カット表に目を通していると、動画マンが一人、二人……、原画マンが一人、二人……。まるで示し合わせたかのように次々とやって来たのでエアコンのスイッチを入れることにした。

「あけましておめでとうございます」という言葉がスタジオ内に飛び交う。

……では、と日本酒のビンの口を切って〝おとそ〟の時間に移る。

スタジオの中が少しずつ暖まっていくのはエアコンの力だけではない。

『となりのトトロ』はここからが勝負なのだ。

1月4日、仕事始め。

宮崎さんの新年のあいさつと共に、完成まで頑張りましょう、の檄が飛ぶ。

『トトロ』という作品は終盤になっても冒険活劇のような驚くべき大仕掛けな場面がない。

とはいえ、やたらと細かく丁寧な作業の集合体だ。

いよいよ原画スタッフの作業が最終段階に入ろうとしていた。

1月中旬には全レイアウト作業が完成。

絵コンテに続いて宮崎さんの手からレイアウトチェックも離れた。

レイアウトが上がったということは、美術の仕事（背景作業）量が確定したということだ。

あとはレイアウトに沿って全てを背景化するだけだ。

一方原画もAからCパートの作業をほぼ終えて、Dパートを残すのみとなる。

1月下旬になると、原画作業を終える人も出始める。

その中で篠原征子さん、遠藤正明さん、山川浩臣さんには、原画作業を終えた後、自身が担当した原画シーンを中心に動画作業に加わってもらった。

原画マン本人が自分の原画を動画化するのだから、ラフ動画のチェックを受ける必要がない。おまけに動画の線に関してはその途中で厳しさをいやというほど知ってくださっているので安心だ。

これによって2月下旬に予定されているオールラッシュに向けて、動画の作業量が飛躍的に伸びる。

また宮崎さんは井上あずみさんと共に、主題歌のキャンペーンと映画公開に向けた記念写真の撮影を行った。

井上さんは美しい振り袖姿。一方、宮崎さんはカッターシャツにセーター、ジャケットと、スタジオで見るいつもの姿のまんま。

驚くのは〝『となりのトトロ』4月全国東宝系公開〟と書かれたタスキを肩から掛けた〝トトロの着ぐるみ〟と並んだことだろうか？

いつの間にこんなモノを……。

爪を強調したいのか手足はロボットのようだし、胸の白っぽい毛は中央で凹(へこ)んでやや ハート形を思わせる。

全体的に見てトトロというより〝太ったペンギン〟である。

さて、次々と原画マンが作業を終えようとするある日のこと、宮崎さんに呼ばれ、訊かれた。

「木原君……オープニングは誰（原画マン）がいいと思いますか？」

「オープニングって絵コンテがありませんけど、あのイメージで行くんですか？　もうすぐスポッティングシートが上がってきますよ」と僕は返した。

スポッティングシートとは音楽のテンポ・タイミングが書き込まれたタイムシートのことだ。

そしてここで僕の言う〝あのイメージ〟とは、詞が上がった時にレイアウト用紙に描いたオープニングのイメージ落書きを指している。

宮崎さんは絵コンテ作業に入る時すでに、プロローグから始めず、映画のド頭からオープニング曲を流してドラマをスタートさせると決めていたので、絵コンテを描いていないままここまで来たのだ。

完成したオープニング映像を観るとテレビアニメ『アルプスの少女ハイジ』のエンディングのように画面を横切るメイの歩きになっているが、作詞が上がった当初はメイを中心に置き、胸を張って正面に向かって堂々と行進し、その左右にチビトトロを正面向きにずらりと並べて同じように行進させるアイディアを描いている。

「あのメイだと中央にずっといるので色々と（画面を）変えにくいんです……何度も同じ調子で横切りながら画面を面白くしたいんです。コンテなしで、打ち合わせだけで楽しいものを描いて欲しいんですが、原画が終わる人で、誰がいいと思いますか？」

コンテなし!?　打ち合わせだけ？　またそんな無茶なことを……と思ったが、そりゃ面白そうだ！　が勝った。

「だったら大塚伸治さんでしょう。上手くて早い」（大塚さんはこんな無茶に怒らない人柄だ）

「やはり大塚さんですね……」

結局絵コンテは本当に描かれることなく、打ち合わせだけで大塚さんは原画作業に入った。

コンセプトは〝縁の下〟を歩くメイで「下から上から隠れているモノが次々と出て来るんです」と宮崎さんが話し始めて、二人で簡単な絵のやり取りを交わしただけだった。

なんだかんだ言って最後は絵コンテを描くはずだと思っていた僕は正直言ってかなり驚いた。

もちろん驚いている場合ではない。〝オープニングやエンディングは外に出さず社内動画で完成させる〟。『ラピュタ』でやったのだから『トトロ』でもやる……と心で決めていたのに、絵コンテがないからまったく制作に要する読みが立たない。

ところがその大塚さんの原画作業を皆が見ていて、〝オープニングをやらせてください〟と口にする動画マンが後を絶たなかったことで手配だけは無用な心配で終わる。

さて、このオープニングの原画作業も2月中旬に作業が終了する。

オープニングを作画した大塚さんをはじめ、何人かの原画マンは『トトロ』終了と同時に東京ムービー新社が制作している劇場用アニメ『AKIRA』(原作・監督/大友克洋)の作画へと移っていった。

ここからは時間と物理的な作業の消化の問題だ。

オープニング、エンディングは社内で……などと考えていたが、本編動画も最終局面を迎えている。

皆いっぱいいっぱいなのだ。そんな中でもオープニングを描きたがってくれる人が多いのは気持ち的に助かるが、まだ手持ちのカットの動画作業中という人に追加で仕事を抱えられては困る。

そこで原画作業を終え、元のスタジオや別の作品の現場へと移っていった人の机を再利用して、これまで自宅で動画作業を行っていた個人動画マンに入ってもらった。短いながらも第2次動画作業班を作ったわけだ。

本来は原画マンによるチェックシステムだが、この時ばかりは動画チェックの立木さん、舘野さん、そして作画監督の佐藤好春さんにお願いした。

動画は時間のない総力戦状態であっても面倒なチェックが待っている。にもかかわらず、新しくそれも最後に入った個人動画マンの社内参加でシステムは崩れず、しかも作業が早く、質の高い仕事をしていただいたおかげで『ラピュタ』の時のような徹夜作業を要さなければならないほどの状況にはならなかった。

これもまた奇跡であったと思う。

オープニングの原画、構成そのものは単純な繰り返しを基本としていたが、その途中途中で上や下から何が飛び出してくるのかわからないという仕掛けで、見た目以上に複雑な仕上がりとなっている。

なるほど、最後まで絵コンテを描かなかった理由は出来上がってからよくわかった。

絵の内容的には2~3ページほどで納まるものの説明書きがやたらと必要。それで大塚さんには説明だけして任せたかったのだ。

この最後の時期になって何もわからない作業が待っていたのだから、『トトロ』における最も先が読めない仕事が、このオープニングであった。


ちなみに『トトロ』のオープニングの原画はもともと久石譲さんのイメージアルバムの主題歌を元に描かれている。イントロが太鼓とシンバルだけの曲だ。ところが原画が上がる頃にバグパイプの入った曲が届けられると、これを聴いた宮崎さんは一瞬で気に入って曲の変更を決めている（曲そのものは同じなので絵に関して問題はなかった）。


ではエンディングはどうするんだろう？

『トトロ』のエンディングはドラマのエピローグとして静止画の構成で続けられるこ

ととして一応絵コンテに描かれている。

カット939〜953までの15枚だ。

予定として描かれてはいるが、実際に映画が上がる頃ともなればクレジットされる中身が決まってくるので、それによって枚数が変わる。枚数が変わるのであれば絵も変わるからあくまで暫定的なものでしかない。

本編から独立したオープニングは大塚さんに〝お任せ〟出来たけれど、エンディングは物語の〝その後〟を1枚1枚見せるエピローグだ。

クレジットが決定すれば枚数（場面数）も決まるし絵コンテが必要。

——いったい原画は誰に描いてもらうつもりだろうか？

原画マンはほとんどスタジオに残っていない。

「木原君……クレジット割り振りを決めましたから、枚数が出ました。〝おしまい〟まで含めて19枚です」

「じゃ、コンテに4カット追加ですね。それで誰に任せるんです？」

「自分で描きます。だからコンテ通りにはなりません。出来上がりを楽しみにしていてください」

「宮崎さんが描くんですか？　全部？　……じゃ上がったらクリーンナップは好春さんにお願いしますか……」

この会話を耳にした後ろの机にいる好春さんの背中がビクッと動いた。

もちろん僕は聞こえるように狙って言っている（どうせ宮崎さんのことだ。事前に好春さんには話しているはずだと踏んで）。

好春さんの手には作画監督作業がまだ山と残っている。もちろん宮崎さんの手にも演出チェック待ちのカットが山とある。

それでもエンディングの19カットにプラスして上下の絵が5枚（24枚というべきか）を全部宮崎さんが描くのなら、動画の皆が描きたがるに決まっているが線は統一したい。

何より『となりのトトロ』を自分の絵で終わらせたいという監督の宮崎さんの気持ちを尊重するなら、クリーンナップは作画監督の佐藤好春さん以上の適任者はいない。

かくして、2日間ほどでエンディングの19枚が宮崎さんの手によって描き上げられる。

その途中で2度ほど、原画上がりをください（早く見たい）と宮崎さんにお願いしたが却下された。

「ダメです。全部出来上がったら渡します」

（えーーっ）


「木原君！　出来ました！　どうですか？」

「ありがとうございます！　お疲れさまでした」

……どれどれ。

1枚目。お母さんがタクシーで帰ってきた……いいですね。

2枚目。お母さんと一緒にお風呂だ……いいじゃないですか！

進むにつれて、絵の中の季節が初秋から晩秋へと移り変わっていく。

ところが、5、6枚目を過ぎると絵が少しずつゆるくなっていく……が、トトロの絵はしっかり描いている。なのに焚き火で煙たがるメイの1枚なんか、これ誰ですか？　といわんばかりのラフ画でしかない。

「宮崎さん、もう少しなんとかしてくださいよ」

「これでいいんです」と机に向かうと原画のチェックを始めた。

やっかいなことに監督が描いたのだから、監督チェックは通っている。

……まぁ……いいか。

僕は、何も言えない好春さんをちょっと気の毒に思った。

——ということで『となりのトトロ』は大塚伸治さんの原画で幕を上げ、エンディングは宮崎駿監督自身の原画で幕を下ろす作品となった。

エンディングの構図はオープニングにならって画面上下にドングリ、チビトトロ、キノコ、ススワタリ、テントウムシの5種類からなるワンポイントを描いてバランスを取っている。

なおオープニング、エンディング共に美術の男鹿さんの手をわずらわせたくないとの配慮があってのことかもしれないが、最初からオレンジ色1色の背景で統一されている。

それでも色味を気にしてのことか、同じオレンジの背景のように見えるが、オープニング用の背景とエンディング用の背景は別々に各4パターン描かれ、その中から1枚が選ばれている。

また『スタジオジブリ絵コンテ全集3　となりのトトロ』に今も残るエンディングコンテのカットは全15カットだが、単に4カット増えただけでなくそのうちの7カットは未使用に終わり、残ったカットも構図や見せる順番が変更されているから、宮崎

さんが自分で描きますと言った時に口にした〝絵コンテ通りにはなりません〟という
つまらない約束は守られた。

第14章

「トトロが自分で思いついたんです」宮崎さん上機嫌で笑う

2月25日に念願のオールラッシュの映写を迎える。

全てに色が付けられたわけではないが、とにかく全カットが揃ってつなげられたフィルムが上がる。

とはいえ70％に色がついて残りも全て動撮（動画の撮影）になったのだから、劇場用作品の制作チームとしては〝かなり良い仕事〟をしたといえる。

その動画の最終作業だったオープニングもオールラッシュ直後に完了する。

動画作業日数209日。総動画枚数49061枚（OP・ED含む）。1日平均の動画の上がり234・7枚であった。

さあ！　ここからがラストスパートだ。

動画がオールアップされれば、残された大きな作業は仕上げ（セルの色塗り）に美術（背景）、そして撮出し（セルと背景を揃えて撮影用の準備）だけだ。

田中栄子さんの指揮の下、仕上げの強化作戦として、作業を終えた動画机の上を片付け、乾燥棚（絵の具の塗られたセルを1枚1枚乾かすためのスリットがいっぱいある棚）を載せて簡易仕上げ机を作った。

スタジオジブリ第2スタジオに仕上げの「スタジオ・ネコの手」（田中栄子さん命名）が誕生だ。

「スタジオ・ネコの手」には、『ラピュタ』時代にスタジオファンタジアで仕上げを担当し、『トトロ』では動画として参加した手島晶子さん、さらに原画を終え、作画監督補佐から動画までお手伝いいただいた篠原征子さんにも参戦していただいた。

オールラッシュのフィルムが上がると録音関係の作業だ。

もちろん、この作業はジブリでは出来ないので宮崎さんはほとんど外に出ている。

アニメ制作中の宮崎さんはスタジオに入ったが最後、まず外出はしない。万が一、外で仕事があったとしても、それを終えれば必ずスタジオに帰ってくる。それほどの責任感の持ち主だからスタジオの外に出るとしたら、タバコや本を買いに出たりすることが稀にある程度だ。

その際は必ず行き先や、だいたいの外出時間を制作に伝えて出て行く（例外はトイレくらいか）。だから制作が知らない間にスタジオを出て喫茶店に行くなどといったことは、ただの一度たりともない。

逆に言えば打ち合わせは全てスタジオ内で行う。

別に喫茶店が嫌いという理由からではなく、自分がスタジオを不在にする時間を他のスタッフが読めないのが嫌だからだ。

それだけ机に張り付いて仕事に集中する人であるし、スタッフに〝打ち合わせをしている姿を見せる〟のも仕事のうちだという人でもあるし、料亭政治的に見られるのを嫌う人でもあったが、何より〝自分が行方不明〟になる時間を赦さない人だった。

「監督は作品を監督するだけではないんです。常に作品を作る現場を監督しているから監督なんです」とは宮崎さんの弁だ。

いつも机にいるからこそスタジオ全体ににらみが利くし常に緊張感が伝わる……如何に自分の作品とはいえ制作にとってこんなにありがたい監督もなかなかいない。

これだけ真面目に……愚直なまでに徹底する人を、宮崎駿以外に僕は知らない。

その宮崎さんは2スタを出てアフレコ収録や、効果音のプリミックス作業やダビング作業などの音関係作業に立ち会っていた（プリミックス作業とは音楽を映像に合わせて録音するダビング作業の前に、セリフと効果音だけを一時的に画面のタイミングに合わせて録音すること）。

完成まであと少しというこの頃になると宮崎さんの髪は〝白髪〟と化す。『ラピュタ』制作中もずっと見てきたが『トトロ』においても、そのあまりの集中力からか制作開始直後の黒い髪が頭のテッペンから徐々に白くなっていき、最後にはほとんど白くなってしまうのだから鬼気迫るモノを感じてしまう。

一方、作業をし続ける腕はその先まで大量のエレキバンを貼りまくっているから、肌の部分はブツブツだらけ。

腕がこんな状態なのだから肩が無事であるわけがない。

肩から背中にかけて〝肩コリ〟で鉄板のように硬くなっている。これが比喩としてではなく本当に鉄板のようにパンパンのカチカチ。

制作初期の頃、僕は毎日宮崎さんの背中をトータルで30～40分ほどマッサージしていたが、皮膚の下に埋め込まれた板のような肩コリはちょっとやそっとの力でどうにかなるような代物ではない。

そのため2週間おきにわざわざ虎ノ門まで針治療を受けに通っていた。

制作以外の用件での外出を嫌うだけに、その日はため息交じりで出かけて行く。

宮崎さんは朝から日付が変わる時間の後まで、まるでお地蔵さんのような背中を見せながら机にへばりついてイメージボードやキャラクターボードや絵コンテを描き、レイアウトや原画やタイミングを直しまくる。

それらを同時進行で行うのだから、作業量も集中力もただ事ではなく、背中の鉄板化は無理もない。

この姿をスタジオで1日中見せられ続けて、作画スタッフが頑張らないわけはない。

仕事っぷりはまるで大量の貨車をこれでもかっ!!　と牽引する巨大な機関車を思わせる。

その上この1年間、各作業の貨車は次々と連結され続けていったのだから、映画『となりのトトロ』の制作過程は宮崎駿監督自身の人間ドラマそのものであったといえるだろう。

そして、この機関車がようやく終着駅に到着しようとしていた……。

さて、宮崎さんが最も『トトロ』作画に期待した部分はどこであっただろうか？

そもそも『となりのトトロ』は、まだトトロという名が付いていない１９７５年から描かれ継がれたイメージボードを基本としているが、それをふくらませただけのものは昔のイメージの再現化に近く、自身が驚き楽しむ要素が少ない。

だとすれば映画化のために自身が新たに加えた『トトロ』像こそ作画に期待したシーンであると思う。

それが絵コンテのCパートにあると僕は思っている。

トトロたちの踊りで目を覚ましたサツキとメイが〝ドンドコ踊り〟に参加してドングリを芽吹かせて巨木にするシーンだ。

なぜそうだと言えるのか？

宮崎さんはこの一連のシーンを思いついた際、絵コンテを描く時に忘れないようにと、連続50枚にもわたるストーリーボード（もちろん着色）をいっぺんに描き切ったからだ。……いやこれだけ描くと最早ピクトリアルスケッチ（絵コンテ的ボード）と呼ぶべきかもしれない。

アイデアコンテで十分なところを、わざわざ大量50枚も描いて色まで塗っているのだから力の入れ具合はただ事ではない。

もちろんそれだけ重要なイメージだと思ったからこそ、絵による固定化を図ったわけだ。

そして、実際のコンテ化の時に奇跡が起こる。

僕が『ラピュタ』で体験した〝タイガーモス号の凧〟に匹敵するほどのことだ（詳しくは『もう一つの「バルス」』の第10章「神の降臨」にて）。

実は『トトロ』の前半部に、最初の画期的なアイデアが出る。

それが〝傘〟だ。

たかが傘のどこが画期的なのか？

雨の中をバス停で父の帰りを待つサツキたちの前にトトロが現れる。

もちろんトトロはビショ濡れのままだ。

とはいってもトトロは頭にフキの葉を載せて登場する。これはドンドコ踊りの前にフキを見せておいて唐突に思わせないための配慮だから、ビショ濡れに変わりはない。

そこへサツキは父のために持っていた傘を差し出す。

ところがトトロは傘が何なのかわからない。

雨の日は濡れるものだと思っているし、そもそも濡れることが苦ではない（トトロ達の棲処の日差しを見てわかる通り、彼らは〝雨ざらし〟の巨木のウロに住んでいる）。

傘は初めて手にする人間の道具であり一種の文明の利器（みたいなモノ）なのだか

ら、わからないことが当然でなければ困る存在なのだ。

ではトトロはこの傘を〝何だ〟と思うのか？

この問題に宮崎さんは〝楽器〟だという画期的な答えをトトロに与えた。傘に当たる雨のしずくの非自然的な音に、トトロは体をビリビリと震わせて喜ぶ。これで〝雨打楽器〟と見立てることに成功する。

この傘を、楽器をくれたと喜んだからこそ、ドングリのお土産をメイに渡して関係性を作ることが成立し、50枚も描いたドンドコ踊りのシーンを作る伏線も敷けたことになる。

しかし同時にさらなる難問を抱えた。

この後、〝傘はどうなるのか？〟だ。

そもそも宮崎さんの考えでは傘は、サツキたちが朝玄関を見たら〝お土産〟と共に立て掛けてあった……くらいにするつもりでいた。

だから50枚もの連続ボードのトトロを見ると、手には傘ではなく〝フキ〟を持っている。

もともと傘のことがわからないトトロ、楽器だと思ったトトロは、その傘をサツキたちの家に返しになど行くだろうか？

それ以前にトトロは〝借りた〟と思うだろうか？　〝返す〟という〝必要性〟を感じる存在なのだろうか？

これらはすべて人間とその社会性からの感情といえるから、トトロにあてはめてしまうと単に〝いい人〟が出来上がってしまう。それではキャラクターがいかにも人為的に作られたモノとして映ってしまう。

むしろ渡されたモノだからもらったモノ。もらって気に入ったモノだから自分のモノと位置付けした方が、人と交わったことがないトトロの存在感が高まる。

かくして、傘は雨の日に広げれば音を奏でる楽器、そして何か自分を楽しませてくれる謎の道具としてトトロの手に残される。

僕が、傘は〝楽器〟だと気付いたのは、バス停の芝居の絵コンテを描いているのを見た時だったが、おそらく宮崎さんが後の傘の使用につながる発想を持ったのは、ネコバスに乗る際にトトロが傘を閉じず、そのまま乗せるコンテにしたところからだと思う。トトロが閉じることを知っているわけはないからだ。そのためバスに傘をさしたまま乗るというところから『トトロ』独自の世界が始まったのだ。このシーンは、１９７５年からの呪縛（じゅばく）が解けた瞬間だといえるかもしれない。

さて、トトロの手元に残っても残らなくてもどうでもいいはずの傘。サツキとメイ姉妹とトトロとの関係をつなげるパイプ役を果たしたのだから、使い捨てで終わってもいいはずの傘。

実際に、

「木原君ならこの傘は返しに行くと思いますか？」と訊かれている。

「僕なら返しません。人間臭いし、トトロは人に対して自分から近づきません。自分のモノになったと思っているのだから二者択一です。出さないか、別の使い方があるかです。だってもう雨のシーンは作らないんでしょ？」と返している。

「ですね……」と言って、〝タイガーモス号の凧〟のように手が止まることもなく、つまりそれほど深く思案することなく絵コンテが進んでいく。

ところが、ある日のこと。

とても嬉しそうな宮崎さんの声に呼ばれて行ってみると、Cパートの絵コンテを手渡された。

そこに描かれた〝ドンドコ踊り〟のシーンでトトロだけが傘を手にしている。

中トトロも小トトロも〝フキ〟なのに……いや元々50枚の連続ボードでは3匹ともフキだったのに、コンテでは、トトロが木を引き抜くかのように力を込めて傘を持ち上げる芝居の絵になっている。

「あっ!!　これは面白いです！　いい使い方を考えましたね！　これはイケますよ！」

「これがいいんですよ。トトロが自分で思いついたんです」と宮崎さんはめちゃくちゃ上機嫌で笑った。


この傘の演出が予め計算されたアイディアではない証拠に、『となりのトトロ』全イメージボード、キャラクターボードの中にも、〃開いた傘〃を手にしたトトロの姿は1枚もない。

傘だけに限って言えば、初期に描かれた〃雨の日の出会い〃のバス停で手にしている1枚しか描いていないから、突然絵コンテ上で発生したアイディア・ドラマと言っていい。

つまり2スタのどこかにトトロがいて、トトロがこうやって傘を使いたいと思いついたわけだ。


このアイディアが出る前から計算して（Cパートの絵コンテに入る前からすでにそ

のつもりだった）布陣されていたのが、担当する二人の原画マンだった。

カット６２１（地面から突然顔を出し始めたドングリの芽に感動するメイ）から、カット６２９（巨大になった木で空がほとんど見えなくなる）までを二木真希子さん。

続くカット６３０（書斎のお父さん）から、カット６５７（大クスのテッペンでオカリナを吹くサツキ、メイとトトロ達）までを金田伊功さん。

この二人だ。

芽吹いたドングリ達がいっせいに急成長して一つの木となってまとまりながら巨木となって天に枝葉を広げる大胆にして繊細なアニメーションを二木さん。

傘を手にしたままのトトロがコマ（設定書でもコマと書かれているが、ストーリーボードでは〝ブンブン〟と書かれている）に乗って、中・小トトロとサツキとメイがその体にしがみ付き〝颪〟となって空をスピーディーに、爽快に飛び回るアニメーションを金田さん。

二木さんは細やかでていねいな動きを必要とする自然物の描写を得意とし、金田さんはアクションにおけるスピード感ある独特のタイミングを活かした動きを得意とするアニメーターだ。

二人の個性を最大限に引き出そうとすると、どうしても担当パートが離れがちになる。

動きの繊細な自然描写カットと反対に広がりやスピーディなアクションカットのブロックが連立することは少ない。

僕がこのコンビネーションの意外性に気付いたのは『ラピュタ』の時であった。〝竜の巣〟に突入するところを金田さん。ラピュタでパズーとシータが目覚めたところから二木さん。パートの受け持ち次第で映画は盛り上がる。この計算から『トトロ』では先に二木さん、続いて金田さんに活躍のステージを用意したと言っていい。『トトロ』で二木・金田コンビネーションを、しかも『ラピュタ』の時の逆を成立させようとしたのだから、二人の原画パートを知った僕の驚きは言葉では表しにくい。

さらに加えて芝居に入る予定など全くなかった傘だ。

トトロが開いた傘を手にしてご機嫌で空を飛ぶ姿は、『となりのトトロ』のみが持ちうる独自のファンタスティックとも呼ぶべき個性だと思っている。

雨が降ってもいない、楽器としての使い方でもない開いた傘を手にしたその姿は、トトロが生きてきた長い時の流れにはなかった、それも自分が見つけた新しい楽しさの爆発に満ちている。

サツキやメイと一体化することでの喜びの共有、感謝、あるいは誇りさえあふれるように感じ取れた。

トトロの絵コンテを描いていく中で、宮崎さん自身が見たかった、自分にもわからない画面の行方(ゆくえ)は、結果的にアニメーターの〝化学変化〟が生み出したといえる。

『ナウシカ』『ラピュタ』と続いた二人の原画マンが辿った道は、ここで結実するためであったのかと思うほどの驚きだった。

つまるところ『となりのトトロ』は〝傘が命〟の映画であると当時の僕は結論づけている（宮崎さんが意識しているかどうかはともかく）。

今もトトロが一番好き！　という人がいたら、きっとそれはこのシーンがあるからで、その功績は二人の原画マンにある（監督は当然なのでここでは除いておく）。

その金田さんは２００９年7月21日に、二木さんは２０１６年5月13日にこの世を去った。

僕がジブリを退社した１９８９年12月31日以降、お二人と顔をあわせることはなかっただけに生前に功績をたたえられなかったことが悔やまれてならない。

朝、サツキとメイは庭に出て芽を見るなり「夢だけど、夢じゃない」と喜ぶ。二人の夢物語として片付けるのは簡単だが、それは人間の側の夢だけではないような気がしてならない。

芽を出した木が巨木へと、天高く伸びていくのは、新たなる食べ物や棲む場所として、トトロが夢見たようにも映るからだ。

人とトトロが同じ夢を望まなければ成立しなかったように映るからこそ、このシーンは今も子供に壮快感を与えてくれるように思う。

第15章

「トトロはやはりこれでいいんです」宮崎さん納得する

株式会社スタジオジブリ　トトロ班分室……通称ジブリ第2スタジオ……さらに略して2スタ。

その社内での作業がいよいよ終わりに近づいた3月中旬の夜中に、宮崎さんに呼ばれた。

「木原君……オープニングに名前を入れました。これはボクからのご褒美です」

そう告げると、オープニングとエンディングクレジットを書き出すために机に目を落とした。

……は？

僕は宮崎さんがわざわざ呼んでまでして何を言わんとしているのか全くわからなかった。

だから適当にお礼を言って席に戻った。

制作というパートがオープニングにクレジットされるわけがなかったからだ。

知る限りオープニングとエンディングの両方がある映画で、制作がオープニングにクレジットされている作品なんて一度も観たことがない。

裏方作業の制作はエンディングにクレジットされるべきパートなのだ。

しかも、そのまま使わなかったとはいえ、絵コンテに描かれたエンディングのカット950に〝制作担当〟とパートがハッキリ明記されている。

作業の最後に、からかって楽しもうという腹だったに違いない……そう決めてかかった。

ところが翌日、宮崎さんからオープニングとエンディングのレイアウトを受け取った制作担当の田中栄子さんが驚きの声をあげた。

「木原君！　川端君！　大変！　私たちオープニングに入ってる！」

うわっ！　本当だ！

これがどれほど驚くべきことであるのかなんて、制作の人間じゃなきゃわからない。

その夜、僕は帰り際の宮崎さんを、「お話ししたいことがあります」とつかまえてオープニングのクレジットについて問い質した。

「木原君……二人で始めた『トトロ』がもうすぐ終わります。お願いした通り楽しく作ってくれました。あれはね、ボクからの感謝の気持ちなんです。よくやってくれました……」

…………。

僕は次の言葉が出なかった。

そして宮崎さんからこの1年間についての話をされたが、実のところよく覚えていない。

〝よくやってくれました〟の一言が何にも代え難いほど嬉しかったから頭の中が真っ白になっていたのだ。

かつて何人もの先輩から〝宮崎さんは制作を一切信用しない人だ〟と聞いた。

実際、代表の原さんから「宮さんは、〝プレイングマネージャー〟やから制作を当てにすることはないよ」と何度も聞いている。

プレイングマネージャーとは、〝監督兼選手〟という存在を指す言葉だ。

確かに作品の監督をしながら、その進行状態を常に掌握していて、現在どこまで動いているべきかを考え、何をどう動かして何日までに揃えてくださいと指示が出せる人だ。

だからあとはただ各方面に連絡や確認をし、動くだけの人がいればいいのだから、全てを制作まかせにしなくても大丈夫というわけだ。

そんな宮崎さんからこれほどの感謝の言葉をもらうとは想像もしていなかった。

もう少し正確に言うと、この『となりのトトロ』で僕に最初に下された命は「楽しい映画を作るんです。楽しく作ってください」だった。

それを願った人から〃楽しく作ってくれました〃と結果言ってもらえたのが大きかったのだ。

進行は遅れ、数字はずっとかんばしくなかった……それがギリギリで終わろうとしているのだからスタジオの中はハラハラピリピリした空気であったことは間違いない。

——でも……あえて制作デスクの人間から言わせてもらうと、宮崎さんにとって『トトロ』は本当に楽しかったはずだ。

映画『となりのトトロ』はアクション作品ではないし、舞台が日本の中編作品だからきっと『ラピュタ』を超える繊細な動画を求められる。それにはまず線が重要だ……そう思って社内も社外も女性中心の動画班を編成した。

おそらく宮崎さんは〃木原君が楽しく作る段取りを始めた〃と思ったに違いない。

そして2スタの社内に笑いのない日は1日としてなかった。

基本的に緊張感が凄いにしてもだ。

皆があまりに笑うことが多かったので、美術監督の男鹿さんが「あの……もう少し静かにしてもらえませんか……」とその都度言いに来たくらいだ。

何が凄いのかって、男鹿さんが美術スタッフの集中力のために注意に来るばかりで、宮崎さんによる注意は、覚えている限り一度もなかった。

さらに喜び楽しんでいる女性陣に気をつかってのことだろうが、『ラピュタ』の時のようにイライラする気配を一度も出さず、不機嫌になることも、怒って大声を出すことも全くなかったのだから宮崎さんの長いアニメ人生の中で一番楽しい制作期間であったのではないかと思った。

1スタの半分もない面積のワンフロアで一度でも不機嫌・不愉快を露にしたが最後、女性陣が萎縮してしまって手が止まったり、楽しさが壊れてしまう。きっとそれを嫌ったのだ。

もっと驚くべきことがある。

なんとあの宮崎駿監督が『トトロ』の制作中、タバコの本数を減らす……つまり〝節煙〟していたのだ。

『ラピュタ』では煙突のようにモクモクと吸っていたのに、『トトロ』ではほとんど煙を上げないその姿は、僕にとって最大ともいえる驚異であった。

お世辞にも換気が優秀とはいえないビルのワンフロアだ。『ラピュタ』の調子で吸うとスタジオは霧の中になる。そんなことでもし気分を悪くされたら大変だ。

これらが女性陣に対する気遣いでなければなんであろう。

強いて言えば、タバコでも吸わなければ落ち着かないほどの精神的な圧迫が少なかったからでもあったはずだ。

どれもこれも無理してガマンしたわけではないはず……これらはスタジオ内が楽しかった結果であったと思う。

何度もくり返したが、宮崎さんが僕に下した〝楽しい作品だから楽しく作ってください〟の命は本気であったのだ。そして実現するためには宮崎さん自身もそうあるべきだと判断して動き続けていたに違いない。

これもまた『トトロ』という作品制作における奇跡の一つであると思う。

1988年4月1日午後3時。

調布（ちょうふ）にある東京現像所で静かに、『となりのトトロ』完成初号試写が行われた。

公開が4月16日だから15日前の完成ということになり、『ラピュタ』の公開一週間前よりさらに一週間早い。

ホッとすべきところだが、実は同時公開する『火垂るの墓』はまだ完成していなかった……いや、公開に間に合うかどうかの瀬戸際の状態であった。

だからこそ、完成に沸くことのない静かな初号試写だったのだ。


この日から遡ること、1年前の同じ4月1日。時間も同じ午後3時。

後に2スタとして稼働する……内装が完成さえしていないフロアに男鹿さん、好春さんに僕を加えた3人で内覧をしている。

1987年4月1日から'88年4月1日まで……ジブリは『となりのトトロ』を生み出すために、もう一つのジブリを生んだ。それは何もないピカピカのフロアから始まり、そのフィルムの完成まで1年を費やした。

きっちり365日間で完成したのだから、『トトロ』はやはり奇跡のような作品だ。

宮崎さんと僕のたった二人から始まり、男鹿さん、好春さんを加えた4人となり、この日の試写場には50人近くいる。

しかし、この初号が終わったら2スタもその使命を終える。

……………。

上映前の真っ白なスクリーンを見つめながら、僕はちょっと感慨無量となる。

大変だったジブリデビュー作『天空の城ラピュタ』公開後、現場に情報が下りてこない状態。次回作の話も耳に入って来なかった日々。

まさに糊口（ここう）をしのぐためのようなセル画販売の日々。

『ラピュタ』の演出助手だった木村さん、須藤さんに原画の近藤勝也さんらと共に企画を立てようと騒いだ日々。

アニメの制作会社なのに何も作らないことが長く長く重く重く感じた日々。

宮崎さんが〝楽しい映画を作るんです。楽しく作ってください〟と口にした気持ちは終わってからの方がよく理解出来た気がした。

映写室が暗くなると、光り輝く「東宝」のカンパニーロゴがスクリーンの上に現れた。

世界の運命を背負った少年と少女の冒険活劇だった前作から一転、郊外で不思議と出会う姉妹の小さな冒険劇の始まりだ……。

4月1日の夕方。

忘年会でお世話になった〝いせや〟で打ち上げを行った。手配はもちろん我々制作部だ。

宮崎さんの髪は日本テレビの「金曜ロードショー」で『天空の城ラピュタ』初放映時の収録に合わせて黒く染められていた（放映は翌4月2日だった）。

制作はずっと宮崎さんと一緒だったから知っているが、原画や動画の人たちは『トトロ』の作業が終わってから初号のこの日までスタジオを離れていた。

つまり久しぶりの宮崎さんだ。いったい何人の人がこの再び黒くなった髪に気がついただろう。


原さんが「みなさん、長い間どうも御苦労様でした……」と挨拶した。

その顔にホッとした笑みを浮かべているが、本来の原さんの笑顔とは違う。

『火垂るの墓』の心労がその下に隠されているのだと感じる。

公開が15日後だからプロデューサーとしては複雑な気持ちだろう。

企画当初では『となりのトトロ』が60分くらいしかないのでもう1作品必要だろうと言われていた。

ところがその作品が無い。

『風の谷のナウシカ』にも『天空の城ラピュタ』にも宮崎駿監督版『名探偵ホームズ』が各2話ずつ併映されて使いきったのだ。

立ち行かなくなる寸前で新潮社との合同プロジェクトが立ち上がる（プロジェクトを進めるため制作スタートまでに時間がかかった）。

動き始めたあたりの僕との打ち合わせで『トトロ』は70分になりますと宮崎さんは話していた。

それがAパートの絵コンテが終わるあたりで77分くらいですかね、となった。

——ところが終わってみれば86分20秒＋14コマになっていたのだからビックリだ。

ここまでピクチャーロック（作品時間の決定）が延ばせたのならあと10分ほど作って単独公開もあり得ていたのではないか？　と思ってしまう。

いや、そんなことをされていたら『トトロ』がどうなっていたのかわからない……。

でも戦場となるスタジオも、全ての戦力となるスタッフも『火垂るの墓』と二分してもなお、ここまで来られたのだから、ひょっとしたら……などと交互に考えが頭をよぎる。

実のところ宮崎さんと何度もこの話をしていただけに余計複雑な気持ちになる。

それは〝答え〟が出なかったからだ。


原さんの感謝にあふれた挨拶が終わると、宮崎さんが立ち上がった。

監督の乾杯の音頭で皆のコップが高くあげられる。

僕は真っ先に田中栄子さんと川端さんと乾杯した。

この二人がいなければ『となりのトトロ』は完成しなかった。

次に原さんへ挨拶に行く。

「木原君……あんたがここまで来るとは思わんかったよ」と、この時ばかりは本物の笑顔を見せてくれた。

当の僕がそう思ってます……と言いたかったが声が出ない。

原さんにしてみれば『ナウシカ』を制作したトップクラフト最後の部下が僕だ。

元々演出志望で入社したことも、宮崎さんと映画の一番最初から仕事をしたいという希望を持っていたことも知る人だから、きっとこんな言葉が出たのだ。

そこへ宮崎さんが割って入った。

「木原君！　……あのですね！　……木原君はね木原君なんですよ。俗物の……」

と、何が言いたいのかもわからないまま固く固く握手をされた。

しかもその手を放してくれないどころか、もう片方の手を重ねた。

「宮崎さん……完成おめでとうございます」

それでも宮崎さんは手を放してくれなかった。


打ち上げのメニューは当然スキヤキだ。

久しぶりの牛肉だ。

その夜は3次会まで行われ、夜明けまで大騒ぎが続いた（……らしい）。

打ち入りや忘年会と違い、〝次の日の心配〟をしなくていいのだから……。

「もう明日の仕事なんて考えなくていいんだ！　終わったんだから飲むぞぉ！」と誰かが大きな声を上げたっけ……。


トトロ班としては幸せな一夜ではあったが、ジブリの制作としては内心複雑だった。

打ち上げの時の原さんの顔を見ていたら、宴（うたげ）が終わってまでなお楽しもうという気にならないのだ。

僕は2次会の店に一緒に入ったものの、乾杯をしただけでアパートへと帰ることにする。

帰宅途中に本社の入っているビル横の駐車場の通りから1スタを見ると、全ての窓に煌々(こうこう)と明かりが点いていた……。


初号試写から何日ほど過ぎた頃だったか、たまたま僕一人の時だった。

宮崎さんが一般試写会の帰りに2スタに現れた。

もちろん別に仕事があるわけではない。とにかくスタジオを不在にしたくない、制作中に行方不明になってはならない……そんな人なので立ち寄ることは不思議ではないのだが、何より顔が明るい。

観客の反応は上々、特に子供たちに大ウケだったらしい。

なるほど、子供が来る試写会だったから行ったのか……。

「よかったですね」と僕は返した。

「『トトロ』は〝手応え〟が予想し難い仕事でした……」

しみじみと宮崎さんが僕の傍に近寄りながら話した。

それはそうだろう。一緒に作ったスタッフの初号試写の反応と、予備知識のない一般のお客様の反応が同じなわけはないのだから……つまりホッとしに行ったのだ。

二人で始めて二人で終わる日が来るなんて『トトロ』は本当に不思議な映画だ……。


——で、「これから帰宅ですか？」と訊ねるとその顔がやや曇った。

「……木原君。ちょっと訊きますが、木原君は『トトロ』をどう見てますか？　デスクを離れてください。制作じゃない木原君の意見が聞きたいんです」

これは間違いなく『ラピュタ』の時の会話の名残だ。

二人で感想戦をやりましょうということなのだろう。

——しかし覚悟がいる。相手は作品の監督だ。

「客観視でいいんですよね？　思ったまま何を言ってもいいですか？」

「もちろんです。木原君の評はね、当てになる時がありますす」

その言葉に内心複雑になりながらも感想を伝えた。

この作品は『となりのトトロ』というより一歩間違えば『となりのネコバス』という印象を与えるように思えます。

これは記者会見用のポスター画を描いた時と同じ感想だ。

一番美味しいところを、最後の活躍をネコバスに渡しすぎな気がします。それはトトロが〝ヘイ！　タクシー！〟とばかりにネコバスを呼んでいるだけで後々本編不登場になるからだと思います。

もう少し、もう一芝居あっても良かったのではないでしょうか？

中トトロも小トトロも傘も出てこなければなおさらそう思います。

何よりネコバス。確かに〝めい〟と出れば計算通り子供にウケると思います。でも行き先の表示が名前でいいのでしょうか？　それより何よりメイが何処にいるのかをなぜネコバスは知っているのでしょうか？　表示だけなら「〝めい〟って出して」とお願いすれば名前は出せるかもしれませんが、その子が何処にいるのか？　は別問題ではないか……。


「――と思うのですが、参考になりましたか？」

宮崎さんからの返事はなかった。

ただ曇った顔から、ムッとしたとも思案に暮れたとも言える顔つきになって、自分の机へと歩いて行った。

僕は感想戦にならなかったので少々がっかりした。

答えることは大事かもしれないが、答えを求めるやり取りの方が面白さは上だと思うし、何よりそのやり取りは考え方を鍛える。

これは相手が格上であるほど面白いし、負けた方がより面白くなる。

だから負けることより負け方が重要だ。

ところが珍しく黙って去られてしまったから、僕は少々がっかりしたのだ。


それから30分ほどした時だった。

「木原君！　来てください！」と人がいなくなったフロアに、宮崎さんの声が響いた。

そして「これならどうですか？」と6枚の絵コンテを渡された。

「えっ!!」

まさかコンテで回答されるとは思わなかった。

目を通すどころではない。僕はメチャクチャ動揺した。

完成して一般試写のあったその日に、監督からコンテを渡される制作デスクの気持ちなんて書きようがない。

強いて言えば、光あふれる天国から、暗黒の地獄へと真っ逆さまに落とされる気分だ。

体中からドッと冷や汗が吹き出した。

「早く見てください」

はっ！　……そうでした。我に返った僕は出来たての6枚の絵コンテに目を通した。

そのコンテは、カット873〝改〟の一連と呼ぶべきモノだった。

大クスのテッペンにトトロとサツキが姿を現したところまでは一緒だが、その先の芝居が少々加えられている。


トトロは大クスのテッペンでゆっくりと周囲を見渡す。

何をやっているのかわからないサツキ。でもその見つめる先にメイがいるのかと思うと、自然にサツキも周りを見る。

しかし地上はたそがれていて暗くなっている。

トトロとサツキの足元。大クスのテッペンだけが夕陽に明るい（完成本編と同じ）。

トトロの顔がピタッと止まる。えっ？　どうしたの？　というサツキ。

そこへトトロが顔を前のめりにしてギンッと3倍くらいの大きさに眼を開く。

ビュンと早いTU（トラックアップ、いわゆるズームアップ。カメラが対象物に寄る）で田んぼ。ビュンとさらにトラックアップして七国山に続く道。さらにビュンとトラックアップすると、六地蔵の前でトウモロコシを抱えたまま立ち往生しているメイ。そのメイがヘタッと腰を下ろす。メイを発見！

ここまでを逆モーションでビュンビュンと引いて見せ、トトロは元の顔に戻ると、サツキに対して〝あっち〟と腕を上げる。

――ここから本編に戻ってネコバスを呼ぶために、グオォォォと吠えるわけだ。

……つまり、ネコバスはサツキを乗せてメイに向かうが、そのメイを発見する〝活躍〟はトトロに渡すということだ。

必要最小限の回収シーンの追加と言えばいいだろうか。

「……どうですか？」

「いいですよ！　イケます！」

僕はコンテを手に急いで机に戻ると、電卓を叩き始めた。

もちろん、公開まで10日と少ししかないから、劇場は無理だ。でもビデオソフト販売時のサプライズに出来なくはない。

それだけに必要な人、必要な枚数、必要な時間など、提出書類のための基本データを叩き始めたのだ。

作画や仕上げ、編集に音、アフレコ……これは今からだと大変な仕事になる。

――ところが。

「木原君……もういいです。トトロはやはりこれでいいんです」

振り返るとそこに立っていた宮崎さんは、サッパリとした笑顔になっていた。

「えっ⁉　……はい」

ここだけ抜き出すとまるで〝未完のトトロ〟に思われてしまいそうだが、そうではない。傘も小さなトトロたちも役を終えている。トトロもネコバスにバトンを渡して、役を終えたのだ。世話の焼きすぎもまた一方で人間臭く映る。それにトトロたちの姿はちゃんとエンディングで補完されているのだ。

ともあれ監督がいいと言うならいい。必要と言うなら死ぬ気で頑張る。それだけなのだから。

その後、宮崎さんは黙って2スタを後にした。

『ラピュタ』の時と同じだ。〝一度は形にする〟という宮崎さんらしい納得だ。

だから本当にもういいのだ……と、僕は思った。

これによって『となりのトトロ』という作品は、実のところこの時をもってして完成したのではないか？　と今も思っている。

4月30日。フロアの契約から1年と1ヵ月。

2スタの残務整理、移動、後片付けの全てを終了。

田中栄子さん発案の簡易映写室の木枠も外されて、元のワンフロアに戻っている。

正式名称「株式会社スタジオジブリ　トトロ班分室」の役目が、2班態勢が終わったのだ。

おそらく、もう二度と2スタのようなワンポイントリリーフが必要なことはないだろう。

ありがとう2スタ。ご苦労様2スタ。さようなら『トトロ』だけを生んだ第2スタジオ。

1988年5月1日。

ジブリはひとつのスタジオジブリへと戻った。

『魔女の宅急便』制作の真っ最中の頃、制作進行の一人がポストから郵便物を持ってきた。

　僕はその中から、宮崎さんへのファンレターをより分けると本人に手渡す。

「アニメージュ」誌上で、セル画の販売をしていたから住所はすぐに調べがつくし、何より〝吉祥寺スタジオジブリ御中〟宮崎駿様宛てだけでもちゃんと届いていたから特別珍しいことでもない。

　宮崎さんは全てのファンレターにちゃんと眼を通す人である。


「木原く――ん！　ちょっと来てください！」と宮崎さんの声が飛んだ。

「はい。なんでしょう」

「今ね、勲章が届きました。私たちの勲章です」

「勲章？　封書とハガキだけだったはずですけど？」と首を捻ったところで、

「読んでみてください」と1通の手紙を渡された。

　そこにはだいたいこのような内容が認めてあった。

宮崎駿様　スタジオジブリの皆様

突然のお手紙お許し下さい。

私たち夫婦には四歳になるひとり息子がいます。

この子は生まれつき障害があって言葉が喋れません。

周りの人から『となりのトトロ』がすごく良い作品だとすすめられたので三人で劇場へ観に行きました。

とっても楽しい映画だったので息子の喜びようは大変で、他のお客さんにご迷惑をおかけするほどでした。

すぐにトトロのビデオを予約して、主人が買って来てくれました。

家でトトロが観れるのです。なんてすごい世の中なんでしょう。

息子はもう夢中。終わっても終わってもテレビを指さします。

「もう一回観せて」とせがむのです。寝ても覚めてもトトロです。それも何回も何回も。

ある日トトロを観ていた息子が突然「カンタ！」って叫んだんです。

うちの子が初めて喋ったんです。

それからはメイ、トトロ、と次々と喋りました。

息子に言葉を教えてくれた素晴らしい作品をありがとうございました。

これからも良い作品を子供たちに作って下さい。

宮崎さんの顔が、どうですか？　と訊いている。

「……勲章です。この手紙、皆にも読んで欲しいです」

「そうしてください」

僕はその手紙をお茶やコーヒー用のポットが置かれたテーブルの後ろの柱に高々と貼り出した。

何事かと、お茶のついでに見に来た何人もが目をうるませながらこう呟いた。

「トトロを作ってよかったね」

完成から30年。

どんなに時が流れても、いただいた勲章の価値は変わらないと思っている。

ちょっと長くて勝手なエピローグ

２０１６年10月5日に『もう一つの「バルス」—宮崎駿と『天空の城ラピュタ』の時代—』（講談社）を出版しました。

『ラピュタ』を制作進行視点で書いた本です。

そのきっかけとなった出来事が二つ。

一つは２０１３年9月1日に宮崎駿監督が引退の発表会見を行ったことです。

もう一つは、宮崎さんの引退会見から2年4ヵ月後の２０１６年1月15日に日本テレビ系の「金曜ロードショー」で『天空の城ラピュタ』の放送があったのですが、単に『ラピュタ』15回目の放映として終わったことでした。

この年、２０１６年は『ラピュタ』公開30周年記念の年です。

つまり、宮崎駿監督引退後〝初の〟スタジオジブリデビュー作かつ宮崎駿オリジナル劇場用長編第一作のテレビ放送でした。

テレビの放送自体は定番化した〝バルス祭り〟で祝ってもらっていましたが、スタジオ設立30周年はもちろん公開30周年を迎えた作品であることさえ触れられなかったことに少々寂しさを感じたのです。

ならば本で誕生30周年記念をお祝いしよう！

――でした。

とはいえ内容は、当時スタジオにいた人でさえ知らないような『ラピュタ』完成までのエピソード……というより宮崎さんの知られざる苦悩や試行錯誤を中心に書いています。


さて２０１８年の今年は『となりのトトロ』の公開30周年記念の年です（公開は４月16日）。

ですので30歳のお誕生イヤーを記念して書き上げました。

前作『もう一つの「バルス」』は新人制作進行として、本書は新人制作デスクとしての視点で書きましたが、いかがでしたでしょうか？

なんとか『ラピュタ』公開の１９８６年８月２日から『トトロ』公開の１９８８年

4月16日までの知られざるエピソードを残すことが出来て良かったと思っています。

ことに『トトロ』の後『魔女の宅急便』の全てのキャラクターデザインを手がける近藤勝也さんの企画キャラクター画を初めて世に出せました。近藤さんには心よりの感謝を申し上げます。


ところで、私は「怪談」を書いたり語ったりすることと共に、国の内外を問わず、求められるままにアニメーションについての講演活動も続けてきました。

その先で必ず出会う質問が「トトロの都市伝説」です。

『ラピュタ』制作時代にはインターネットなどなかったので、現在の〝バルス祭り〟など夢想だにしませんでしたが、同じように今から30年前の『トトロ』制作現場でもまさか〝都市伝説〟が生まれるなどとは思いもしませんでした。

――〝この『トトロ』を観た子供たちがトトロを探しに森や林に出かけてくれたら嬉しい〟という願いを宮崎さんはもちろん、関わった全ての人が持っていました（特に主題歌の〝さんぽ〟が完成した時に宮崎さんがよく口にしていました）。

それだけに〝このへんないきものは、まだ日本にいるのです。たぶん。〟のキャッチコピー通りに少しでも子供たちに〝いる〟と思ってもらえたら幸いな映画なんです。

ですが、この〝いる〟としたら〝どんな存在〟なのか？　がそもそもの都市伝説の〝フック〟となったのではないか、と思います。

そう思える〝原型〟のエピソードが30年前の現場にありました。

ある日のこと、スタッフのある女性が、お茶を淹れに来た宮崎さんにこう訊ねました。

「トトロは昔、人とどんなお付き合いをしていたんですか？」

そこへ僕が呼ばれます。

「そういう話はね、コンテをよく見てる木原君に訊くといいです。オバケ好きですから」

わざわざ呼ぶくらいなら自分が話した方が早いのにとは思いましたが、そこはいちいち人を〝試す人〟ですから話すしかありません。

「〝トトロ〟という存在は昔はいませんし、いないから人と付き合ったことはありません。後に〝トトロ〟と呼ばれるモノとの付き合いはメイから始まりました。だからこの物語からのお付き合いということになります」と僕には自分の考えで答えを話すしかありません。

「え？　トトロは昔からいるんじゃないんですか？」と某女性は首を捻ります。

「いいえ。〝トトロ〟はメイが名付けた瞬間から〝その存在がトトロになった〟んです。それ以前は（名付け人がいなくて）名前がありませんから、何かがいたとしても〝トトロ〟ではないんです。いない〝トトロ〟は人と接触も交流も出来ません。

ほら、ススワタリを思い出してください。

同じモノに名前がわざわざ二つ付けてあるでしょ？　地域を別として同じモノを指していることとしますが、バアちゃんの時代はススワタリで、お父さんにとってはマックロクロスケですね。……ここで昔、バアちゃんはススワタリと名付けられた存在とお付き合いしていたと仮定します。その時、同じモノなのにマックロクロスケという名のモノはまだ誕生していませんからお付き合いが出来ません。

同じように何がいたにしても〝トトロ〟はメイが名前を付けたところから始まったんです。これらは一応バケモノの基本です」

僕の説明に宮崎さんはニッコリ笑って〝ほらね〟という顔をしたので、その女性も納得してくれました。

しかし、この昔から住んでいるらしいのに、それが見えるコトに何らかの条件があるモノは〝妖怪の理屈〟と似ていますから、作られている現場からすでに都市伝説的に解釈されうる原型のひとつがあったように思えます。

さらにこの子供にしか見えないことが加わって都市伝説が始まったのかもしれません。

それがどのような都市伝説として語られているのかは、青木研二（あおきけんじ）氏の書かれた、『となりのトトロ』――その幻想性の構造（II）――茨城大学人文学部紀要「人文コミュニケーション学科論集」第11号（2011年9月）から引用させていただきたいと思います（現在この論文は「ROSEリポジトリいばらき」でデータベース化され、全文を読むことが可能です）。

ネット上には『トトロ』都市伝説にまつわる記述が多数アップされている。その代表的なものをひとつ引用してみる。

「1、トトロは死神、あるいは冥界（めいかい）への使者であり、トトロに会った人は死が近い、もしくは既に死んでいる。

2、猫バスは魂を冥界へ運ぶ乗り物。

3、メイは行方不明になったとき、すでに池で水死していて、物語の後半からメイの影が無くなっている。

4、サツキはメイの魂を救うために、トトロの元へ行き自ら冥界への扉を開けた。つまり、劇中でサツキとメイは死んでいるという裏設定になっているというものです。そのことを裏付けるのが病院でのラストシーンです。サツキとメイはわざわざ母親に会いに行ったにもかかわらず、母親に逢わずにメッセージ付きのトウモロコシを窓辺に置いているだけです。そして、母親は、サツキとメイが座っているはずの木の方を見て『今あそこでサツキとメイが笑ってたような気がする』と言っています。とても意味深なセリフですね。つまり、母親にはサツキとメイが見えていない。それはすでに二人が死んでいるからなのです。

その他にも、母親が入院している病院のモデルとなった実在の病院は、結核の末期患者が療養する病院なので、母親はその後亡くなってしまう。父親が劇中で書いている原稿は、死んでしまった我が子（サツキとメイ）を題材にした小説で、父親の想像で生まれたお化けが『トトロ』である。」

確かに、私が受けた質問のほとんど全てはこの中に含まれていました。

元制作スタッフだったからではなく、普通に映画を観る者としてちょっと驚く話です。

まさに〝理屈と膏薬はどこにでも貼り付く〟的に感じるほど。

——ここでちょっと視点を変えてみます。

「『魔女の宅急便』の中でトンボは最後まで空を飛ぶ夢が叶わなくて可哀想でしたね」と言うと、作品を観た全ての人がこう返してくれました。

「えっ？　エンディングでちゃんと空を飛んでたじゃないですか！」と。

そうです、その通りです。

でもそれは『トトロ』も同じで、エンディングでちゃんと〝物語のその後〟が、それも宮崎駿監督自身の手で描かれています。

お母さんが帰ってきた！（サツキは夏服から物語が始まった時の春服に一旦戻る）お母さんといっしょにお風呂に入った！　サツキもメイも秋の服に衣装替え！　……などというその後です。

さらによく注意して観ると、サツキは自任していたお母さん代理から解放されたので、本来の子供らしさを取り戻した絵になっています。

つまりトトロ都市伝説のほとんどはエンディングを物語に含めない前提でのみ成立していると言えるのではないでしょうか？

『魔女の宅急便』のエンディングのように本編と丸々つながっていればわかりやすい

のに……と言えばその通りですが、『トトロ』も物語のラストから曲が流れ出して本編とエンディングはちゃんとつながっています。

「終」のテロップが出るまで（もしくは何も見えなくなるまで）が映画ですから、エンディング以前の要素だけで出来ている都市伝説が広く信じられているのは全くもって不思議としかいえません。

ちなみに『トトロ』という映画は「終」ではなく「おしまい」で終劇します。

「この『トトロ』だけは、はい、おしまい。めでたしめでたしで終わるんです」とは制作中に僕と交わした宮崎さんの弁です。

本書を読んでおわかりの通り、『トトロ』はひたすら〝楽しい〟で作られているからこその〝おしまい〟なのです。

ついでに加えておくなら、池に浮いていたサンダルはメイのモノとは違うデザインですし、終わり近くでメイに影がないのは、単に日没を意識してのことです。

——私はなにも『トトロ』の都市伝説を否定したくて書いているわけではありません。

何をどう書こうと都市伝説はおおむね正しいか否かではなく、信じるか否かの問題だからです。

ただ大多数の人が知り、あるいは有名な人が唱えているからといって正しいとは限りません。

逆に少人数しか知らない、あるいは無名の人が唱えているからといって、間違っているわけではないのです。

ですから私自身は否定のために書いたのではなく、あまりに毎回同じ質問を受けるので、この本を読んだ上でもう一度『となりのトトロ』を観ていただければと願って書きました。

ちなみに、アイルランド、イギリス、フランス、アメリカ、台湾などの〝トトロ好き〟の方々から聞き取り調査をしたところ、海外の皆さんの中に日本で広まっているトトロ都市伝説を知っている人は結構いましたが、その伝説を信じている人は誰一人いませんでした。

逆に「日本にはあのエンディングの画面がない映像が広まってるんですか？」とか、「どこにそんな死のイメージが描かれているんですか？」と返されてばかりで困りました。

ではなぜこの都市伝説が誕生し、定着したのでしょうか？

私見ですが、『となりのトトロ』には冒険活劇要素が含まれていると考えています。その舞台装置が逆に働いているからではないかと思うのです。

もちろんパッと見、『トトロ』は『ラピュタ』と同じようには出来ていません。しかし同じ装置を使っているからこそ、と考えているのです。

ちょっとその前に一つ。『未来少年コナン』のラナ、『天空の城ラピュタ』のシータ（後半の活劇部）、『となりのトトロ』のサツキ……これら年齢の近い3人の少女たちは共通したキーカラーを持っています。

黄色系とオレンジ系の2色の組み合わせです。これはおそらく宮崎さんにとって冒険にふさわしい芯の強い少女の記号と映ります。

ですので『トトロ』も一応冒険要素のある作品とします。

さてその舞台装置が〝トンネル〟です。

『トトロ』にはメイが落ちた穴はもちろん、木が覆い被（かぶ）さってトンネル的に見える場所（光を遮って完全に陰となっている）に入ったり通ったり、抜けたりするシーンが随所にあります。

サツキたちが家に出入りする際に橋を渡って通る〝切通し〟まで加えると、実に30回（数え方次第ではもっと多いかもしれません）以上も出てきます。

〝国境の長いトンネルを抜けると雪国〞であるように、トンネルは冒険活劇においても、一種の舞台転換装置ですが、見方や使い方を変えれば異界への通用門ともなります。

トトロと出会う箇所のみ、その通用門的機能が使われますが、それとは別にやたらとトンネル的な場所を潜る、通過するシーンが出て来るので、『トトロ』は異界との接点だらけという印象を観る者の心に与える作品です。

この異界の印象により、死のイメージで描かれていると信じてしまうのではないかと思っています。

その上、見えるか見えないかが物語の根幹に関わる存在がメインキャラクターなので、都市伝説は信憑性を持って受け入れられ定着したのではないでしょうか。

長くなりましたが、普段は「怪談」を書いたり語ったりする者にとってはさけて通れない道の上に、ここしか書く場所がないのでお許しいただければと思います。

『ラピュタ』誕生・公開30周年を記念して残した『もう一つの「バルス」』が発売された同日、２０１６年10月5日に色指定の保田道世さんが亡くなられました。

トトロの声優・高木均さんも鬼籍に入られています。

僕が知らないだけで他にも亡くなってしまった方がいらっしゃるかもしれません。

全ての映像はスタジオや会社が作っていると言えますが、何よりその基本は人です。

そして完成してしまえば、誰一人欠けても出来なかったと思うのが映画です。

ですが現在に至るまで誰が何を、どうやって、どう作っていたのかがほとんどわからないままの30年であったことを、少し寂しく感じながら書き上げました。

もちろん残したいことは他にまだまだありますが、映画と同じで限られた日程もありますから、思うようにはいきません。

ですが、その限られた世界だからこそ楽しく美しいのだと思います。

『となりのトトロ』はいくつもの奇跡が重なったとしか思えない、まるでドラマのような幸運の中で完成しました。

それもきっちり1年間で。1回限りのスタジオで誕生しました。

〝楽しい作品を楽しく作る〟なんて理想論もいいところです。

限られた世界の中の理想論……。

ですが『トトロ』ではそれが出来たと思っています。

その制作中に笑いがスタジオから絶えた日は1日としてなかったのですから……。

だから僕にとって『トトロ』は今も楽しく美しい作品として映るのです。

最後に……映画『となりのトトロ』にクレジットされた181名の皆さん。30年目のお疲れ様でした。そして30年間の感謝を込めてありがとうございます。サツキ、メイ、お父さん、お母さん、バアちゃん、カンタ、松郷の皆さん。それにトトロ、中トトロ、小トトロ……そして映画『となりのトトロ』30歳のお誕生日おめでとう!!

今も『となりのトトロ』を愛してくださる全ての皆様に御礼申し上げます。

宮崎駿監督に心からの感謝を込めて。

2018年3月27日。30年前、5日後に控えた完成初号試写のために、リテークカットを持って撮影スタジオに走っていた日に記す。

元スタジオジブリ（トトロ班分室）制作デスク　木原浩勝

追記

この原稿を書き上げた9日後の4月5日。『火垂るの墓』の高畑勲監督がこの世を去られました。

本書で何度も触れましたが、『となりのトトロ』と『火垂るの墓』は同時、同社制作の同時上映作品です。

トトロ班のデスクではありましたが、『となりのトトロ』完成の目処がついた後、『火垂るの墓』完成の最終段階に多少関わることが出来ました。

映画制作の最終段階で手伝えることなどたかが知れています。

人手が足りないのを補うことです。

それも制作の流れがわかっていない人間が出来ることと言えば、OKの出たラッシュフィルムを録音スタジオにピストン輸送するという〝運び屋〟ぐらいです。

『火垂るの墓』班の制作は各自の仕事で手一杯ですから、誰にでもミスなく出来る仕事はこれくらいしかなかったのです。

その現場は音作りの残骸で溢れていました。

畳の上にちゃぶ台や茶碗。さらには玄米の入った一升瓶に棒……。

中でも驚いたのが数多くの瓦と薄い水色の焼夷弾でした。

もちろん中身は空っぽですが本物です。

この焼夷弾を天井から紐で吊って、下の瓦に落として音を録っていたのですから高畑さんの音へのこだわりはただ事ではありません。

そのこだわりあってのことといえばいいでしょうか……。

『火垂るの墓』は公開時に3カット、色が付きませんでした。

セルの彩色が間に合わなかったのです（ソフト化される際に差し替えられました）。

映画では3カットが青一色の背景に動画の線だけで映し出されました。

そのうちの1カットが、節子を茶毘に付すために、火のついたマッチを持った清太の手でした。

当時の目で見ても難しくも何ともない単純なカットとして映ったはずです。

これは絵として複雑であるかどうかではありません。

自分の妹の遺体を茶毘……つまり火葬する辛さを腕の動きで表すわけですから、絵というよりその芝居の問題です。

この点に高畑監督がこだわり抜いた結果、間に合わなくなってしまったわけですから『火垂るの墓』の中で最も重要かつ悩んだ1カットといえると思います。

さて、高畑さんはジブリのデビュー作『天空の城ラピュタ』のプロデューサーでもありましたが、この『ラピュタ』の傍らでドキュメンタリー映画『柳川堀割物語』の監督作業を続けていました。

その完成初号試写の際、私は宮崎さんや少数のアニメーターの皆さんとともに観に行っています。

実はこの映画のワンシーンに宮崎さんは魅了され、「木原君、あれは良かったです。実によく撮っています」としきりに口にしていました。

結果、それと同質の画面が『トトロ』にも登場します。

カット283……原稿を書いているお父さんの机の端にメイがせっせとタンポポを並べて、

「お父さん（は）お花やさんね」というシーンがそれです。

「宮崎さん……このカットは『柳川堀割物語』でしょ？」と私が口にすると、

「わかりましたか？　あれはいいんですよ」と笑っていました。

トだけでしょう。

高畑さんが実写で捉えて、宮崎さんがアニメに活かした画面はおそらくこの1カッ

高畑・宮崎監督が共に支え合うかのように同時上映されたのは『火垂るの墓』と『となりのトトロ』だけです。

異論もあるとは思いますが、この時代がスタジオジブリの黄金期ではなかったか、と私は思っています。

単に2本の映画を同時に制作していたからではありません。

動画にチェックシステムを設け、線に茶カーボンを導入し、数多くのジブリ独自の絵の具を調合して作り上げたから……だけでもありません。

デビュー作『天空の城ラピュタ』をギリギリで完成させた誕生間もないスタジオは、次回作で2本同時上映を果たします。

この経験によってスタジオジブリは〝この先も作り続けられる〟という自信をつけたからです。

牽引したのは二人の監督でした。

五月晴れ(さつき)の5月15日の午後3時。『火垂るの墓』の作画監督を務められた故・近藤

喜文さんのご親戚の方と一緒に「三鷹の森ジブリ美術館」に行きました。

高畑勲監督に〝お別れのご挨拶〟をするためです。

仕事でご一緒した……とは言えない私ですが、白いカーネーションを供えて、お別れのご挨拶を心で呟こうとすると、少し胸が痛くなりました。

頭にはっきりと言葉が想い浮かばなかったからです。

手を合わせながら〝お疲れ様でした〟と最後に呟くのがやっとだったような気がします。


夜、ニュースで涙にくれる宮崎駿監督を見ました。

そしてその弔辞（ちょうじ）の最後でハッとしました。

「55年前に……あの雨上がりのバス停で声をかけてくれたパクさん（高畑監督）のことを忘れない」という締めくくりの言葉を耳にした瞬間、最初のイメージボードで描かれたトトロとメイがバス停で並んでいる絵が思い浮かんだからです。

この絵が描かれたのは、高畑さんと共に初の長期の仕事となったTVシリーズ『アルプスの少女ハイジ』が終了した後でした。

ポスターの原画を描く際、どうしてもトトロと出会うのは一人でなければならないと、わざわざ映画に登場しない原型の〝メイ〟に戻した理由が30年後になってやっとわかった気がしました。

トトロの原点は……実は両監督が初めて出会った〝その時〟ではないか……。

宮崎さんにとっては、高畑さんとの〝ふたりのトトロ〟だったのだと私は思いました。

きっと『火垂るの墓』と『となりのトトロ』は同時上映……いえ、共に並ぶべき奇跡の映画だったのです。

高畑勲監督のご冥福を心よりお祈り申し上げます。

2018年5月15日　高畑勲監督のお別れ会の日に記す。

木原浩勝

巻末資料

『天空の城ラピュタ』あれこれ

前作『もう一つの「バルス」』文庫化の時にも『ふたりのトトロ』単行本執筆時にも見つけられなかった資料を、この度の文庫化作業で発見できたので最後のチャンスとばかりに『ラピュタ』について書かせていただきます。設立されたばかりの会社ですから『トトロ』制作の時点でのデータはこの『ラピュタ』一作分しかありません。『トトロ』とは作品的に別であっても会社のデータとしては繋がっている……と思って読んでいただければ嬉しいです。

今から38年前……1985年に設立されたばかりのスタジオジブリはどの様な人員配置で作業したのか？　が、図①でわかります。

原さんと二人で『小さな森の精　あいあむ！スマーフ』の仕事を終えて、私がジブ

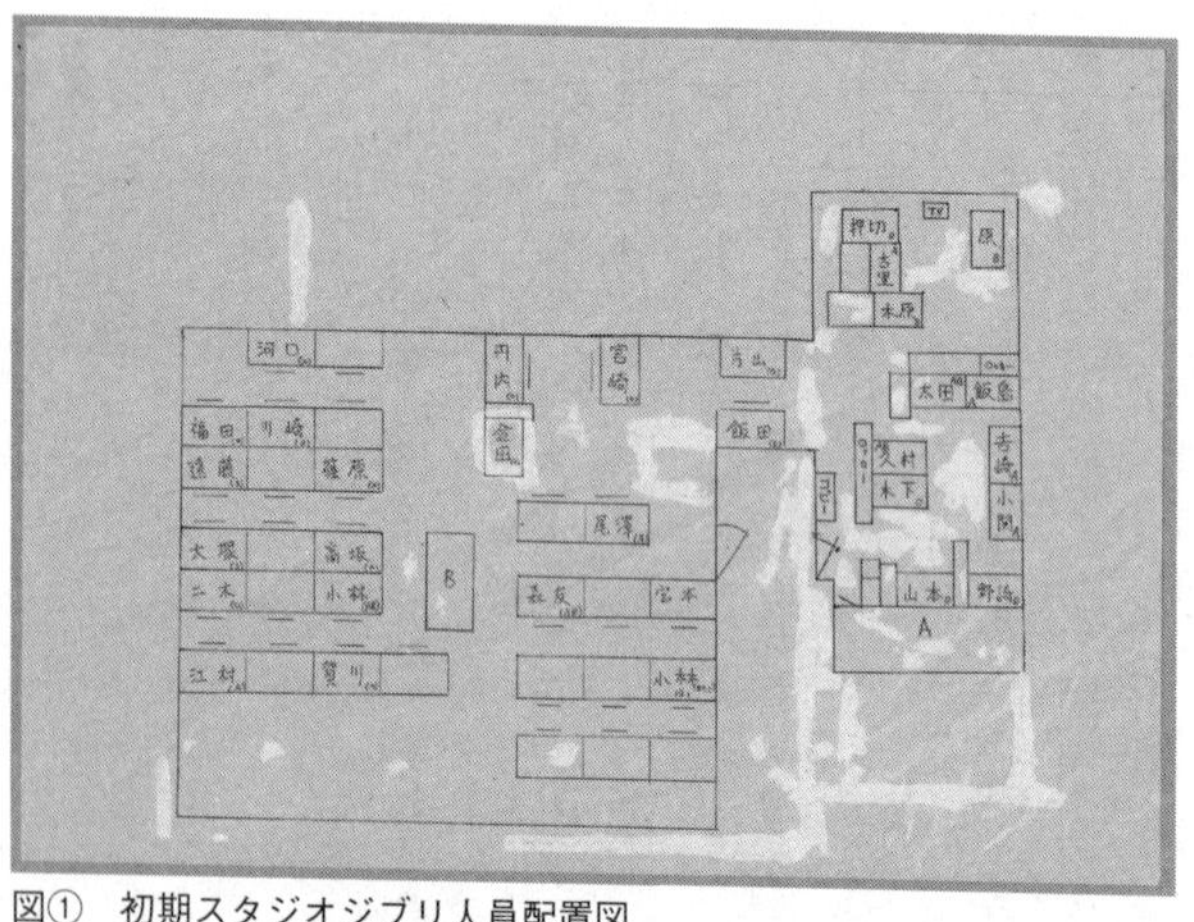

図①　初期スタジオジブリ人員配置図

リに通い始めたころですから85年10月1日に書いたモノと思われます（略図ですからスケールは正しくありません）。

新人の制作進行は一日も早く人の名前と机の位置を憶えなければ仕事になりませんから、こんな図を自作しました。

各名前についているアルファベットは血液型です（まぁ新人のやることですから）。

私の名前があるエリアが制作（すぐに動ける位置をチョイスしています）。

山本さんや野崎さんの席のエリアが美術（背景）ですが、後にこのエリアを半分にして仕上げ（色指定など）が入ります。

（A）は人名と机の位置を憶えるための

略図なので小さいですが、セル用の絵の具保管庫兼試写室（ラッシュフィルムチェックをする部屋）です。

まだ在籍していた片山一良さん（後に『THE ビッグオー』などを監督）と飯田つとむ（馬之介）さんの机がある所が演出助手エリア。

宮崎さん（監督）、丹内さん（作監）、金田さん（原画頭）の席あたりが演出エリア。

他が作画エリアになります（人が少ないのでまだ机を買っていないため空白があります）。原画と動画の机は分けていません。
（B）は大阪画の作業机です。
アニメーション制作フロアはどこも共通して狭いですから、実質的にスタジオで作業する人以外の机や場所はありません。

この時点で空いている席も日に日に埋まって行くのです。


図②は「製作経過報告書NO．3」と題されています。

このNO．3あたり（85年9月）になって目に見えた動きがわかります。

9月の段階で宮崎さんは絵コンテのAパートを終え、Bパートの701カット（ロ

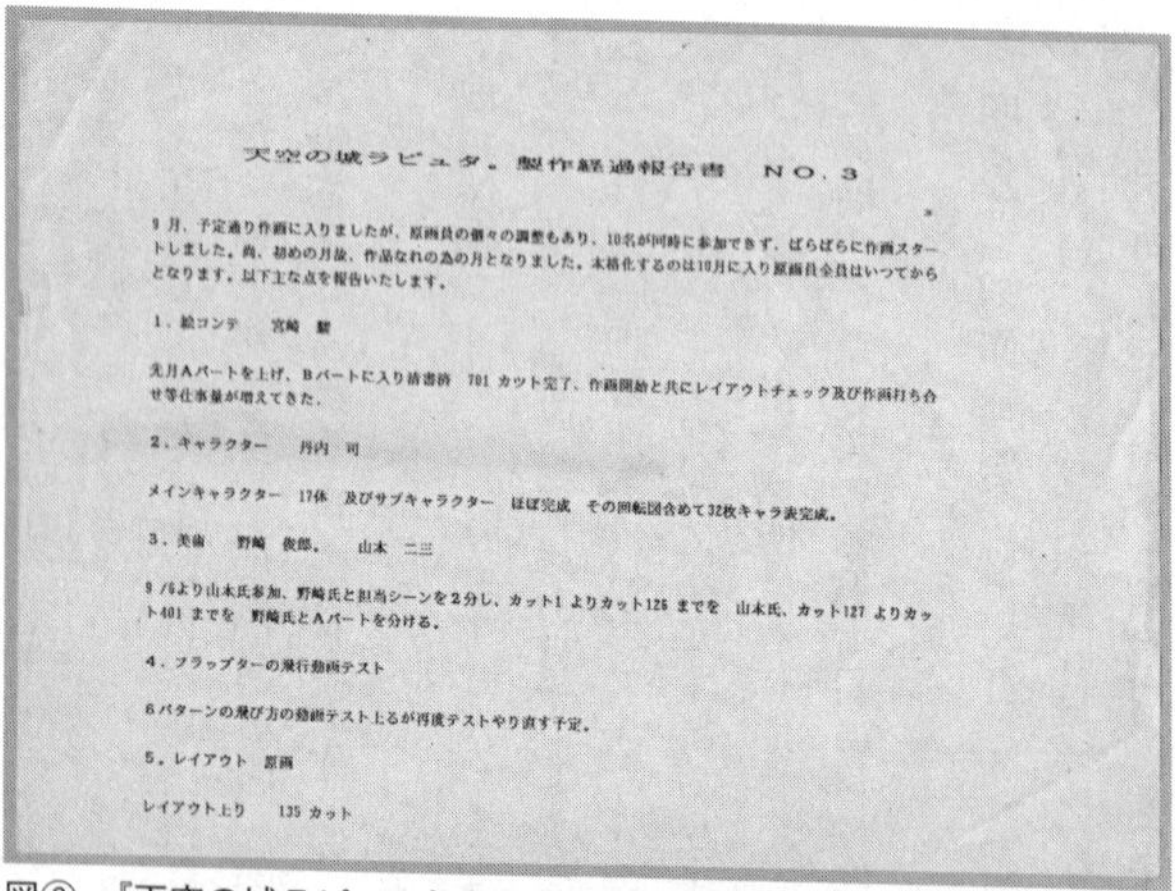

天空の城ラピュタ．製作経過報告書　NO．3

9月、予定通り作画に入りましたが、原画員の個々の調整もあり、10名が同時に参加できず、ばらばらに作画スタートしました。尚、初めの月故、作品なれの為の月となりました。本格化するのは10月に入り原画員全員はいってからとなります。以下主な点を報告いたします。

1．絵コンテ　宮崎 駿

先月Aパートを上げ、Bパートに入り清書済 701 カット完了、作画開始と共にレイアウトチェック及び作画打ち合せ等仕事量が増えてきた。

2．キャラクター　丹内 司

メインキャラクター 17体 及びサブキャラクター ほぼ完成 その回転図含めて32枚キャラ表完成。

3．美術　野崎 俊郎、　山本 二三

9/6より山本氏参加、野崎氏と担当シーンを2分し、カット1 よりカット126 までを 山本氏、カット127 よりカット401 までを 野崎氏とAパートを分ける。

4．フラップターの飛行動画テスト

6パターンの飛び方の動画テスト上るが再度テストやり直す予定。

5．レイアウト　原画

レイアウト上り　135 カット

図②　『天空の城ラピュタ』製作経過報告書NO.3

ボットが動き出して壁を破壊）までクリーンナップ出来たようです。

絵コンテと同時に、作画の打ち合わせ、レイアウトチェック、原画の全修正作業を並行して一人で行っていますから、仕事のバケモノと言えるでしょう。

このころはまだ正確に決定されていなかったと思いますが、翌年の86年8月2日が公開日です。

つまり全国上映まで1年を切ってあとたったの11ヵ月しかないというのに絵コンテは半分も上がっておらず、キャラクター表がほぼ完成し、スタジオ内の作画メンバーが机を埋めていない状態です。

映画が公開されて37年も過ぎてから言うのもなんですが、これで映画がよく間に合ったもんです。
どうりで仕事が死ぬほど忙しかった訳だ……。

さて、スタジオジブリデビュー作『天空の城ラピュタ』が如何にギリギリで間に合ったのか？　前作『もう一つの「バルス」』では伝え切れませんでしたが、今回は可視化することが出来ます。

表①〜㉓の『週間実績レポート』がほぼ全て（2週分抜けあり）残っているので、〝おぼろげながら〟にせよ数字による進行状況でそれらがわかるのです。

残念なことに完全に読み解くには当初に組まれたスケジュール表が必要なのですが、それがないので〝おぼろげながら〟というわけです。

つまり最初のころのレポートではまだ絵コンテが上がっていませんから、予定された総カット数がわからない事と、完了予定日が不明だと日数が出せないために〝なぜこの様な数字なのか？〟がはっきりしないのです。

仮に全1，500カットで10，000枚として40週間の作画期間とします。

すると1週間の消化予定は37・5カットで250枚になるわけですが、実際にそうなる事などまずありません。目標消化スケジュールが出せるだけです。

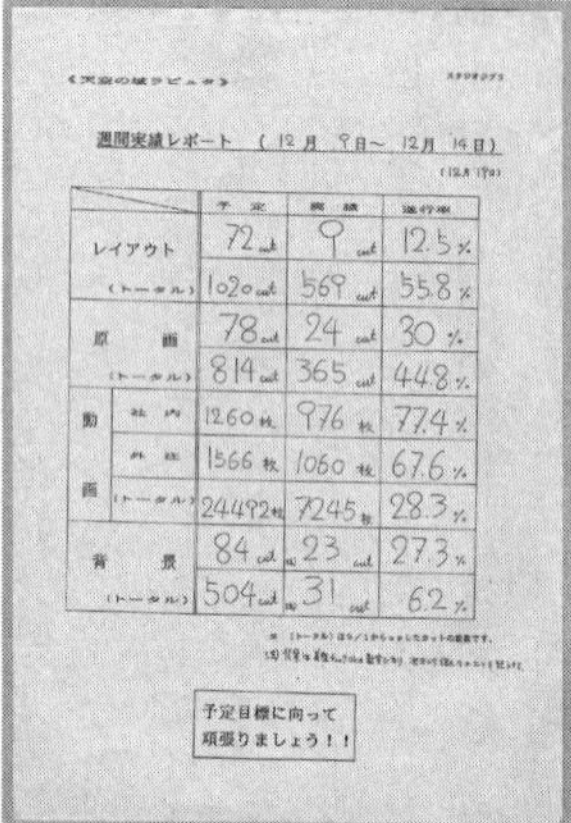

《天空の城ラピュタ》　スタジオジブリ

週間実績レポート（12月9日〜12月14日）

	予定	実績	進行率
レイアウト	72 cut	9 cut	12.5 %
（トータル）	1020 cut	569 cut	55.8 %
原画	78 cut	24 cut	30 %
（トータル）	814 cut	365 cut	44.8 %
動画 社内	1260 枚	976 枚	77.4 %
動画 外注	1566 枚	1060 枚	67.6 %
動画（トータル）	24492 枚	7245 枚	28.3 %
背景	84 cut	23 cut	27.3 %
（トータル）	504 cut	31 cut	6.2 %

※（トータル）は5/1からアップしたカットの総数です。

予定目標に向って
頑張りましょう！！

表①　『天空の城ラピュタ』週間実績レポート、以下同

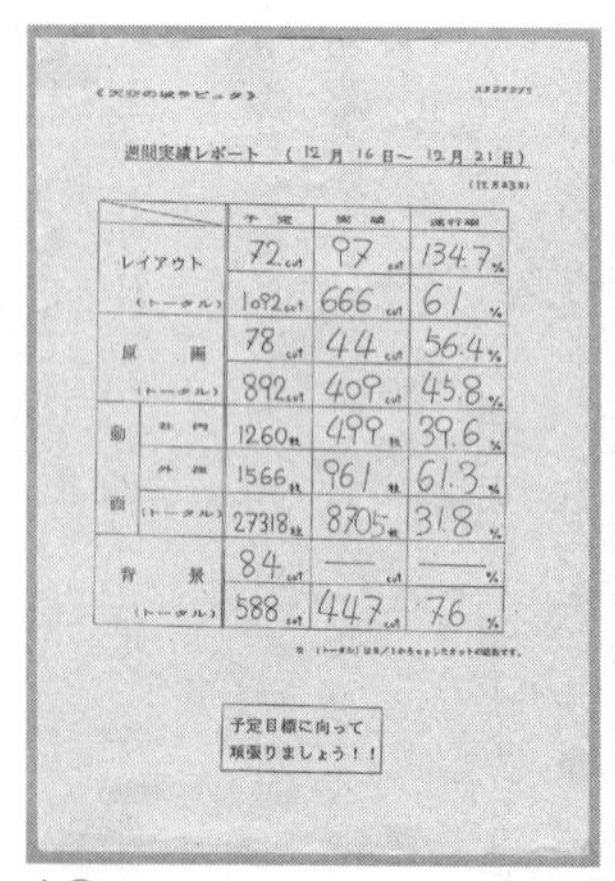

《天空の城ラピュタ》　スタジオジブリ

週間実績レポート（12月16日〜12月21日）

	予定	実績	進行率
レイアウト	72 cut	97 cut	134.7 %
（トータル）	1092 cut	666 cut	61 %
原画	78 cut	44 cut	56.4 %
（トータル）	892 cut	409 cut	45.8 %
動画 社内	1260 枚	499 枚	39.6 %
動画 外注	1566 枚	961 枚	61.3 %
動画（トータル）	27318 枚	8705 枚	31.8 %
背景	84 cut	—— cut	—— %
（トータル）	588 cut	447 cut	76 %

※（トータル）は5/1からアップしたカットの総数です。

予定目標に向って
頑張りましょう！！

表②

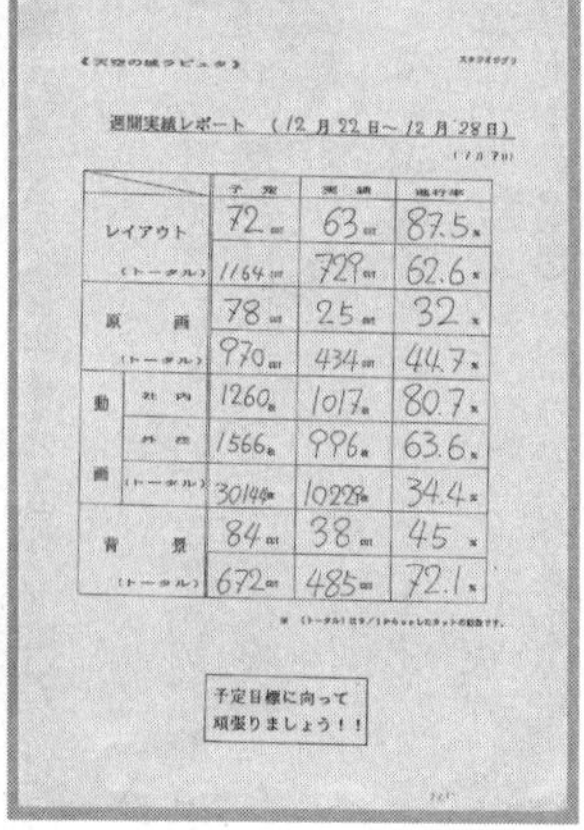

《天空の城ラピュタ》　スタジオジブリ

週間実績レポート（12月22日〜12月28日）

	予定	実績	進行率
レイアウト	72 cut	63 cut	87.5 %
（トータル）	1164 cut	729 cut	62.6 %
原画	78 cut	25 cut	32 %
（トータル）	970 cut	434 cut	44.7 %
動画 社内	1260 枚	1017 枚	80.7 %
動画 外注	1566 枚	996 枚	63.6 %
動画（トータル）	30144 枚	10228 枚	34.4 %
背景	84 cut	38 cut	45 %
（トータル）	672 cut	485 cut	72.1 %

※（トータル）は5/1からアップしたカットの総数です。

予定目標に向って
頑張りましょう！！

表③

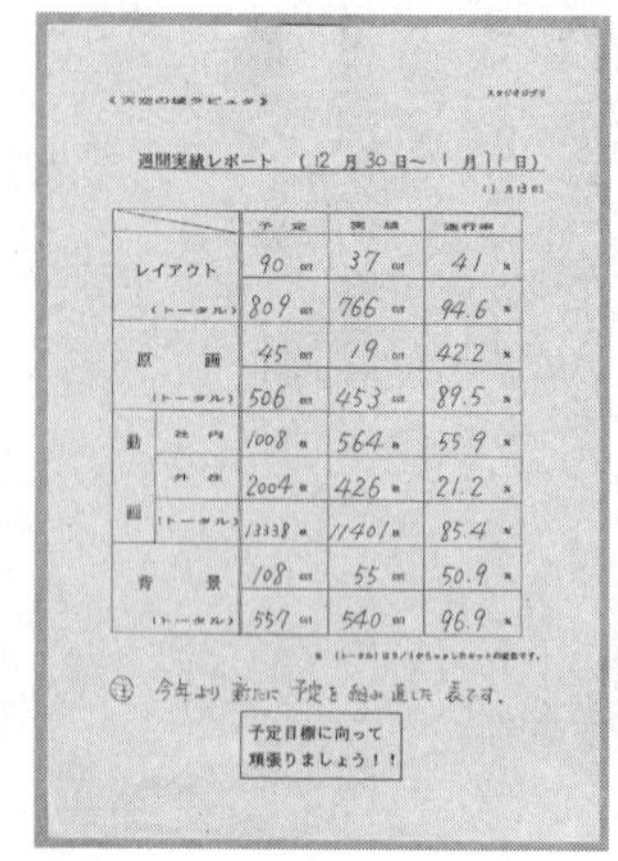

《天空の城ラピュタ》　スタジオジブリ

週間実績レポート（12月30日〜1月11日）

	予定	実績	進行率
レイアウト	90 cut	37 cut	41 %
（トータル）	809 cut	766 cut	94.6 %
原画	45 cut	19 cut	42.2 %
（トータル）	506 cut	453 cut	89.5 %
動画 社内	1008 枚	564 枚	55.9 %
動画 外注	2004 枚	426 枚	21.2 %
動画（トータル）	13338 枚	11401 枚	85.4 %
背景	108 cut	55 cut	50.9 %
（トータル）	557 cut	540 cut	96.9 %

※（トータル）は5/1からアップしたカットの総数です。

㊟ 今年より新たに予定を組み直した表です。

予定目標に向って
頑張りましょう！！

表④

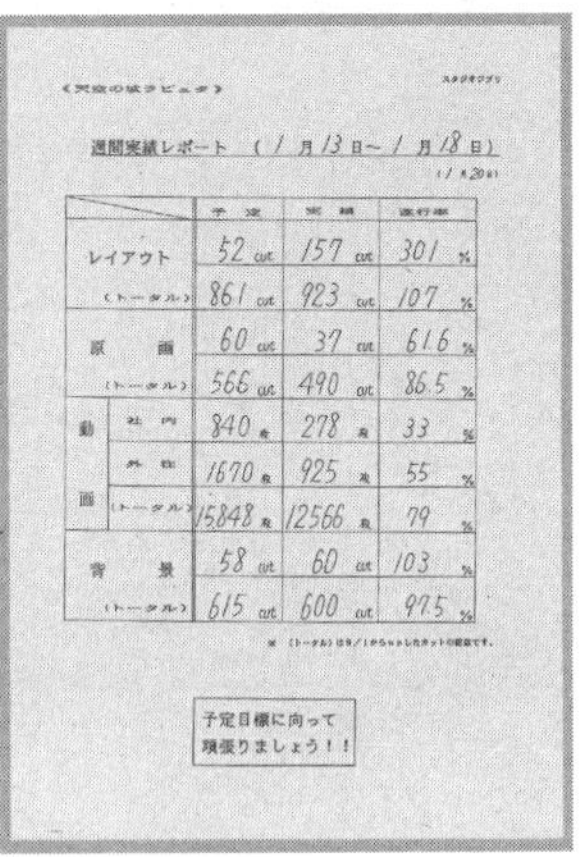

《天空の城ラピュタ》　スタジオジブリ

週間実績レポート（1月13日～1月18日）
（1月20日）

		予定	実績	進行率
レイアウト		52 cut	157 cut	301 %
	（トータル）	861 cut	923 cut	107 %
原画		60 cut	37 cut	61.6 %
	（トータル）	566 cut	490 cut	86.5 %
動画	社内	840 枚	278 枚	33 %
	外注	1670 枚	925 枚	55 %
	（トータル）	15848 枚	12566 枚	79 %
背景		58 cut	60 cut	103 %
	（トータル）	615 cut	600 cut	97.5 %

※（トータル）は9／1からUPしたカットの総数です。

予定目標に向って
頑張りましょう！！

表⑤

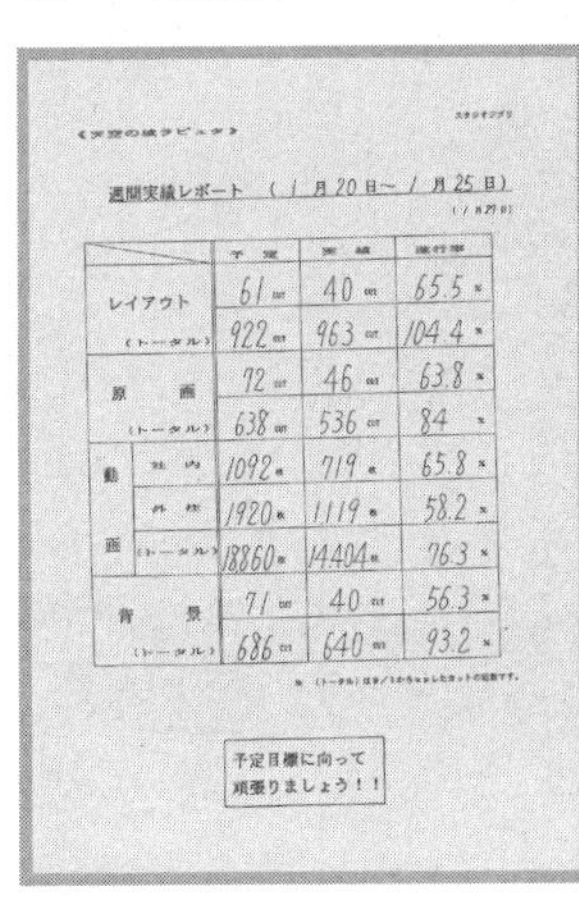

《天空の城ラピュタ》　スタジオジブリ

週間実績レポート（1月20日～1月25日）
（1月27日）

		予定	実績	進行率
レイアウト		61 cut	40 cut	65.5 %
	（トータル）	922 cut	963 cut	104.4 %
原画		72 cut	46 cut	63.8 %
	（トータル）	638 cut	536 cut	84 %
動画	社内	1092 枚	719 枚	65.8 %
	外注	1920 枚	1119 枚	58.2 %
	（トータル）	18860 枚	14404 枚	76.3 %
背景		71 cut	40 cut	56.3 %
	（トータル）	686 cut	640 cut	93.2 %

※（トータル）は9／1からUPしたカットの総数です。

予定目標に向って
頑張りましょう！！

表⑥

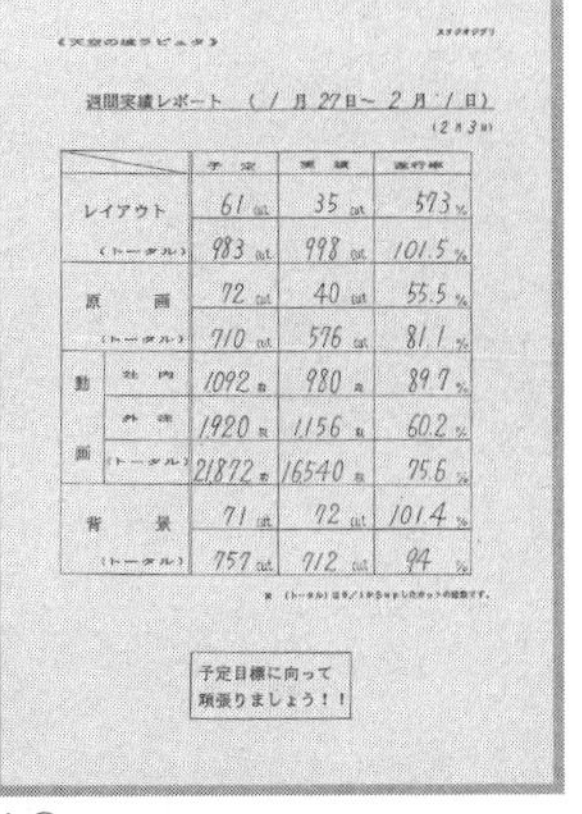

《天空の城ラピュタ》　スタジオジブリ

週間実績レポート（1月27日～2月1日）
（2月3日）

		予定	実績	進行率
レイアウト		61 cut	35 cut	57.3 %
	（トータル）	983 cut	998 cut	101.5 %
原画		72 cut	40 cut	55.5 %
	（トータル）	710 cut	576 cut	81.1 %
動画	社内	1092 枚	980 枚	89.7 %
	外注	1920 枚	1156 枚	60.2 %
	（トータル）	21872 枚	16540 枚	75.6 %
背景		71 cut	72 cut	101.4 %
	（トータル）	757 cut	712 cut	94 %

※（トータル）は9／1からUPしたカットの総数です。

予定目標に向って
頑張りましょう！！

表⑦

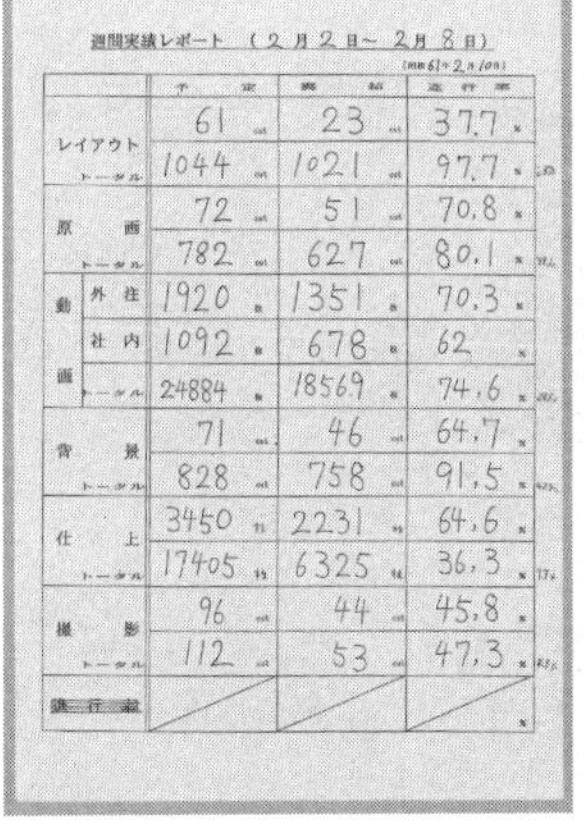

週間実績レポート（2月2日～2月8日）
（昭和61・2月10日）

		予定	実績	進行率
レイアウト		61 cut	23 cut	37.7 %
	トータル	1044 cut	1021 cut	97.7 %
原画		72 cut	51 cut	70.8 %
	トータル	782 cut	627 cut	80.1 %
動画	外注	1920 枚	1351 枚	70.3 %
	社内	1092 枚	678 枚	62 %
	トータル	24884 枚	18569 枚	74.6 %
背景		71 cut	46 cut	64.7 %
	トータル	828 cut	758 cut	91.5 %
仕上		3450 枚	2231 枚	64.6 %
	トータル	17405 枚	6325 枚	36.3 %
撮影		96 cut	44 cut	45.8 %
	トータル	112 cut	53 cut	47.3 %
進行率				%

表⑧

天空の城ラピュタ

週間実績レポート（2月10日〜2月16日）

		予定	実績	進行率	進行率
レイアウト		51	0	0	
	トータル	1095	1021	93.2	63.8
原画		60	45	75	
	トータル	842	672	79.8	40.1
動画	外注	1600	1220	76.2	
	社内	910	824	90.5	
	トータル	27394	20613	75.2	32.2
背景		59	41	69.4	
	トータル	887	799	90	49.9
仕上		2875	2058	71.5	
	トータル	20280	8383	41.3	13
撮影		85	4	47	
	トータル	197	60	30.4	3.7

予定目標に向って
頑張りましょう！！

表⑨

天空の城ラピュタ

週間実績レポート（2月17日〜2月22日）

		予定	実績	進行率	進行率
レイアウト		61	14	22.9	
	トータル	1.156	1035	89.5	64.6
原画		72	70	97.2	
	トータル	914	742	81	46.3
動画	外注	1920	1336	69.5	
	社内	1092	758	69.1	
	トータル	30406	22704	74.6	35.4
背景		71	44	61.9	
	トータル	958	843	87.9	52.6
仕上		3450	1407	40.7	
	トータル	23730	9790	41.2	15.2
撮影		102	27	26.4	
	トータル	299	87	29	5.4

予定目標に向って
頑張りましょう！！

表⑩

天空の城ラピュタ

週間実績レポート（2月24日〜3月1日）

		予定	実績	進行率	進行率
レイアウト		51	37	72.5	
	トータル	1207	1072	88.8	64.9
原画		72	66	91.6	
	トータル	986	808	81.9	48.9
動画	外注	1920	791	41.1	
	社内	1092	1408	128.9	
	トータル	33418	24903	74.5	38.9
背景		71	27	38	
	トータル	1029	870	84.5	52.7
仕上		3450	2231	64.6	
	トータル	27180	12021	44.2	18.7
撮影		102	28	27.4	
	トータル	401	115	28.6	6.9

予定目標に向って
頑張りましょう！！

表⑪

天空の城ラピュタ

週間実績レポート（3月3日〜3月9日）

		予定	実績	進行率	進行率
レイアウト		61	34	55.7	
	トータル	1268	1106	87.2	66.7
原画		72	43	59.7	
	トータル	1058	851	80.4	51.3
動画	外注	1920	1619	84.3	
	社内	1092	480	43.9	
	トータル	36430	26966	74	42.1
背景		71	21	29.5	
	トータル	1100	891	81	53.7
仕上		3450	2044	59.2	
	トータル	30630	14018	45.7	21.9
撮影		102	106	103	
	トータル	503	221	43.9	13.3

予定目標に向って
頑張りましょう！！

表⑫

天空の城ラピュタ　アニメージュ　鈴木様へ

週間実績レポート（3月17日〜3月23日）

		予定	実績	進行率	進行率
レイアウト		50	55	110	
	トータル	1,378	1,215	88.1	73.3
原画		78	50	64.1	
	トータル	1,208	955	79	57.6
動画	外注	1,600	1,488	93	
	社内	910	523	57.4	
	トータル	41,952	31,698	75.5	49.5
背景		59	11	18.6	
	トータル	1,230	930	75.6	56.1
仕上		2,875	2119	73.7	
	トータル	36,955	18,773	50.7	29.3
撮影		85	66	77.6	
	トータル	690	300	43.4	18.1

予定目標に向って
頑張りましょう！！

表⑭

天空の城ラピュタ

週間実績レポート（3月10日〜3月16日）

		予定	実績	進行率	進行率
レイアウト		60	54	90	
	トータル	1328	1160	87.3	70
原画		72	54	75	
	トータル	1130	905	80	54.6
動画	外注	1920	1740	90.6	
	社内	1092	981	89.8	
	トータル	39442	29687	75.2	46.3
背景		71	28	39.4	
	トータル	1171	919	78.4	55.4
仕上		3450	2636	76.4	
	トータル	34080	16654	48.8	26
撮影		102	13	12.7	
	トータル	605	234	38.6	14.1

予定目標に向って
頑張りましょう！！

表⑬

天空の城ラピュタ

週間実績レポート（3月31日〜4月6日）

(61.4.7)

		予定	実績	進行率	進行率
レイアウト		72	87	120	
	トータル	1320	1323	100	80.4
原画		99	62	62.6	
	トータル	1090	1059	97.1	64.4
動画	外注	3000	1698	56.6	
	社内	1002	594	59.2	
	トータル	37966	36348	95.7	56.7
背景		93	23	24.7	
	トータル	1037	979	94.4	59.5
仕上		5076	2783	54.8	
	トータル	25923	24144	93.1	37.7
撮影		156	37	23.7	
	トータル	482	379	78.6	23

※　4月1日より5月31日のオールラッシュにむけて各パートの週間予定量を実績にもとづき計算し直しました。
かなりきびしい数字ではありますが不可能ではないと思います。
のこり2ヶ月今まで以上に頑張っていきましょう

表⑯

天空の城ラピュタ

週間実績レポート（3月24日〜3月30日）

		予定	実績	進行率	進行率
レイアウト		60	21	35	
	トータル	1438	1236	85.9	75.1
原画		78	42	53.8	
	トータル	1286	997	77.5	60.6
動画	外注	1920	1401	72.9	
	社内	1095	964	88	
	トータル	44967	34056	75.7	53.2
背景		71	26	36.6	
	トータル	1301	956	73.4	58.1
仕上		3450	2542	73.6	
	トータル	40405	21362	52.8	33.3
撮影		102	42	41.1	
	トータル	792	342	43.1	20.8

予定目標に向って
頑張りましょう！！

表⑮

週間実績レポート（4月7日～4月13日）

61.4.16

		予定	実績	進行率	進行率
レイアウト		72	140	194.4	
	トータル	1392	1463	105.1	88.9
原画		99	75	75.7	
	トータル	1189	1134	95.3	68.9
動画	外注	3000	1918	63.9	
	社内	1002	817	81.5	
	トータル	41968	39083	93.1	61
背景		93	69	74	
	トータル	1130	1048	92.7	63.7
仕上		5076	2812	55.3	
	トータル	30999	26954	86.9	42
撮影		156	121	77	
	トータル	638	500	78.3	30.3

予定目標に向って

表⑰

天空の城ラピュタ

週間実績レポート（4月14日～4月20日）

61.4.21

		予定	実績	進行率	進行率
レイアウト		72	28	38.8	
	トータル	1464	1491	101.8	90.6
原画		98	78	79.5	
	トータル	1287	1212	94.1	73.6
動画	外注	3000	1853	61.7	
	社内	1002	720	71.8	
	トータル	45970	41603	90.5	65
背景		96	73	76	
	トータル	1226	1121	91.4	68.1
仕上		5076	4734	93.2	
	トータル	36075	31688	87.8	49.5
撮影		156	14	8.9	
	トータル	794	514	64.7	31.2

予定目標に向って
頑張りましょう！！

表⑱

天空の城ラピュタ

週間実績レポート（4月21日～4月26日）

61.4.28

		予定	実績	進行率	進行率
レイアウト		72	27	37.5	
	トータル	1536	1518		92.3
原画		99	87	87.8	
	トータル	1386	1299		78.9
動画	外注	3000	1766	58.8	
	社内	1002	662	66	
	トータル	49972	44031		68.7
背景		96	30	31.2	
	トータル	1322	1151		69.9
仕上		5076	3370	66.4	
	トータル	41151	35058		54.7
撮影		156	84	53.8	
	トータル	950	598		36.3

予定目標に向って
頑張りましょう！！

表⑲

天空の城ラピュタ

週間実績レポート（5月19日～5月24日）

61.5.26

		予定	実績	進行率	進行率
レイアウト		24	33		
	トータル	1624	1633		99.2
原画		72	73		
	トータル	1573	1574		95.6
動画	外注	2209	1901		
	社内	800	846		
	トータル	55468	55206		83.8
背景		77	62		
	トータル	1341	1325		80.5
仕上		3728	3146		
	トータル	47376	46776		70.9
撮影		113	108		
	トータル	966	960		58.3

予定目標に向って
頑張りましょう！！

表⑳

天空の城ラピュタ

週間実績レポート（6月2日～6月8日）

		予定	実績	進行率	進行率
レイアウト		17	15		
	トータル	1661	1659		99.9
原画		47	28		
	トータル	1661	1642		98.9
動画	外注	2200	2390		
	社内	800	708		
	トータル	61492	61634		92.1
背景		96	52		
	トータル	1515	1420		85.4
仕上		3798	4245		
	トータル	54978	55046		82.2
撮影		120	80		
	トータル	1200	1136		68.3

予定目標に向って
頑張りましょう！！

表㉒

天空の城ラピュタ

週間実績レポート（5月26日～6月1日）

61.6.2

		予定	実績	進行率	進行率
レイアウト			11		
	トータル	1644	1644		98.9
原画		60	40		
	トータル	1633	1614		97.1
動画	外注	2224	2386		
	社内	800	944		
	トータル	58492	58536		88.6
背景		78	43		
	トータル	1419	1368		82.3
仕上		3804	4025		
	トータル	51180	50801		77.2
撮影		114	96		
	トータル	1080	1056		63.5

予定目標に向って
頑張りましょう！！

表㉑

天空の城ラピュタ

週間実績レポート（6月8日～　月　日）

		予定	実績	進行率	進行率
レイアウト		0	0		
	トータル	1661	1659		99.8
原画		0	3		
	トータル	1661	1645		99.0
動画	外注	2000	2281		
	社内	910	908		
	トータル	64823	64823		93.9
背景		78	43		
	トータル	1593	1463		88.0
仕上		3648	4308		
	トータル	58018	59354		86.0
撮影		132	89		
	トータル	1332	1225		73.7

予定目標に向って
頑張りましょう！！

表㉓

ですから予定の上がり数に対して実際の上がり数が出ると遂行出来た%が出せる……という事です。

レポートは絵コンテもBパート（半分）まで上がり、原画や動画スタッフも揃って作業が動き出した85年12月9日〜12月14日から23週目の86年6月8日（6月13日までと思われる）まで続きます。

6月8日あたりでほとんど終わったからレポートを止めたんですか？

いえいえ違います（それなら楽勝!!）。

レイアウトも原画も上がり、残すところ動画・仕上げ（セルに絵の具を手塗り）・背景・撮影のみ……の総力戦になっていて、数字による状態把握よりも、残っているカットをさっさと上げる点に集中するターンを迎えたからです。

仕事はだいたい楽チンで簡単なモノから早く上がっていくのが定石です。アニメも同じですから、枚数が多かったり、絵が複雑だったり、大阪だったり（机のガラス面より大きいと描きにくい）と大変なカットばかり残っている状態と言っていいでしょう。

このレポートは毎週月曜日の午前中にスタジオの各エリアに貼り出され、制作はもちろん演出部、原画マンには一人一人に配られます（もちろん「アニメージュ」編集部にもファックスされます）。

喜ぶ人など一人もいない（ため息ばかりの）辛い配布です。

ここで表①の12月9日～12月14日までのレポートを見てみましょう。

トータル数は9月1日からアップしたものです。

つまり9月1日～12月14日という訳です。

　レイアウトは１０２０カット上がっている予定のところ５６９カット

　原画は８１４カット上がっている予定のところ３６５カット

　動画は２４，４９２枚上がっている予定のところ７，２４５枚

　背景は５０４カット上がっている予定のところ31カット

かなり心配に見える数字ですが（いや安心はないのですが）最初はまぁ……こんなものですよ（映画は出来たし）。

そして表④となると年が明けて１９８６年の公開の年になります。ここで数字の組み直しが入ります。総カット数や日程が絞り込めて来ているからと思われます。

この組み直しと年末年始に頑張ったおかげで見かけの数字が良くなった様に見えます。

しかし、ここにはまだ仕上げと撮影が反映されていないのでフィルム化には一歩たりとも進んでいない点に注意してください。

表⑧の86年2月2日〜2月8日までのレポートで仕上げと撮影が加わります。

公開を半年後の8月2日に控えたこの段階でいきなりですか？　と言われそうですが少し違います。

これは早めに仕事をしていただきたくても仕事が少なすぎてすぐに手空きになるので、一定量溜まってから作業に入っていただくためです。

ですが公開まで6ヵ月しかないことも事実です。

ちなみに表⑭に〝アニメージュ鈴木様へ〟と書いてあるのは、1ヵ月に1回「アニメージュ」誌上のジブリ特集のために編集部の担当と一緒に来社する鈴木敏夫さん（現スタジオジブリ代表取締役）へ宛てたからです。毎週編集部宛てで鈴木さんに送っていますが、たまたまこれがファックスした一枚な訳です。

わかりやすく大変になって来るのが表⑯です。

5月31日オールラッシュ（色がついていれば幸せ。動画だろうと原画だろうと音のタイミングやアフレコのために撮影して全カットフィルム化する）のためにまたも組み直した数字になっています。

〝不可能ではないと思います〟という文字が、不可能かもしれない……というピンチを今に伝えています。

『ラピュタ』が出来上がって本当によかった……。

⑲と⑳の間のレポートが抜けていますが、ついに遂行率などどうでもよくなって進行率だけが残ります。

この間4月26日までの36・3％の撮影進行率がひと月後の5月24日までで58・3％。㉑の6月1日までで63・5％に伸びます。

オールラッシュに向けた猛烈な追い上げをすべく、撮影はもちろん原画・動画・仕上げと現場が必死に頑張った証しです。

そして最終レポートとなる（推定）㉓6月8日からの1週間で73・7％まで達成するのです。

——と、こう読むとあと残りたったの26・3％と思われるかもしれません。

しかしまだ全体の4分の1が残っていると思うと……どうでしょう？

2月2日から6月中旬までのおよそ4ヵ月半（およそ18週間）で73・7％です。普通に考えて公開日の8月2日までは引っ張れませんから（完成試写会は7月23日）、

7月の2週目までギリギリ引っ張って撮影するとして残りあと約1ヵ月。

この1ヵ月で4分の1超えの26・3％という「未撮影」の量をどう思われるでしょう？

当然ですが残り全ての撮影カットがリテーク無しのオールOKテイクになったりはしません。このレポートの数字はあくまで単なる未撮影カットの撮影量でリテーク撮影を含んでいないのです。

ところで映画の完成という観点でもう一度書いておきますが、このデータには〝リテーク〟撮影数が含まれていません。

〝リテーク〟とは、理由はともかく撮影のやり直しという意味です。

これらの点については次項の最後で……。

可視化した『ラピュタ』のギリギリはあとちょっとだけ続きます（もっと大変ということです）。

前作『もう一つの「バルス」』で〝スケジュール最後の砦〟などと書いたのと進行率が最も低いパーセンテージとして読める撮影ばかりに目を向けていましたが、セルに色を塗る仕上げも安心にはほど遠い状況下にあります。

㉓は見ての通り、6月中旬までで59，354枚の上がりで進行率86％です。『ラピュタ』は終わった今では総枚数が69，262枚とわかっていますから、9，908枚（約1万枚）が残されています。

仕上げのデータもまた撮影と同じ2月から週間実績レポートに記載が始まっていますから、ここまでの4ヵ月半でおよそ6万枚が塗られたというわけです。

仕上げのリテーク率は8・7％ですし（次項の表㉔を参照）、作業も終盤ともなると手馴れていますからリテーク率が低い点で救われます。がしかし、18週間かけて6万枚です。残り約4週間で1万枚。それも作画と同じで大変なシーンを残しています。

監督の宮崎さんはやれる事は全てやっている事を誰もが知っていますから、あとは全パートの人々が全力を尽し切ることによって間に合います。

実績レポートの⑯に明記された「かなりきびしい数字ではありますが不可能ではないと思います」、その言葉の通りでした。

結果として不可能ではなかったのです。

スタジオジブリは誕生したての会社ですが、百戦錬磨のベテランスタッフ揃いのスタジオです。

　このデータによってデビュー作にもかかわらず、最後の最後において大変な底力を発揮して『天空の城ラピュタ』を公開させたのだ……と知ってもらえればありがたいと思います。

撮影について

『となりのトトロ』と『火垂るの墓』の撮影は別々の撮影スタジオにお願いしています。

　発注する会社が同じスタジオジブリなら、一つの撮影スタジオの方が運び入れや回収がまとめて出来るから便利なのでは？　と考えてしまいそうですが、もちろん違うからそうなってはいません。

　どんな会社にもキャパシティがありますから、消化量を超える撮影カットを持ち込まれてもオーバーフローするばかりで、未撮影の山が出来てしまいます。

　制作会社が同じですから当然カット袋も同じなので、タイトル名のハンコが違っているからといって混入する可能性だって否定できません（ちなみに『トトロ』のカット袋は本社スタジオの連絡先の横に第2スタジオの連絡先ハンコを押しただけ)。撮影は〝スケジュール最後の砦〟ですから、同時公開作品の制作最終段階で〝どちらを先に撮影するのか〟問題が発生するのも明らかです。

もちろん撮影後のフィルムを現像に出す時にも現像が上がったフィルムの届け先においてもトラブルが発生しない訳がありません。

これらを考えれば当然撮影スタジオは別々であるべきでしょう。

ではなぜ前作『天空の城ラピュタ』でお世話になった高橋プロダクションではないのか？　という話になります。

『ラピュタ』のスケジュールが遅れに遅れて完成が公開1週間前になった……という話は前作『もう一つの「バルス」』に書いた通りですが、なぜ完成が遅れたのか？の要因の一つにこの撮影が関わっています。

出来うる限りスケジュールを守るための参考として『ラピュタ』における〝リテーク〟(やり直し)を調べ上げて、87年3月18日に『火垂る』のデスク(『ラピュタ』のデスク)の押切直之さんがまとめています。

「『天空の城ラピュタ』ラッシュチェックに依るリテーク」と題されたレポートが表㉔です。

天空の城ラピュタ　ラッシュチェックに依るリテーク

＊リテーク総カット数　　　５２１カット
＊リテーク総件数　　　　　５６４件

＊＊＊＊セクション別内訳＊＊＊＊＊＊＊＊＊＊＊＊＊＊＊＊＊＊＊＊＊＊＊＊＊

＊演出リテーク　　　　　７９件＝＝＝１４．０％
＊作画リテーク　　　　　２６件＝＝＝　４．０％
＊背景リテーク　　　　　３７件＝＝＝　６．６％
＊仕上リテーク　　　　　４９件＝＝＝　８．７％
＊撮影リテーク　　　　３７２件＝＝＝６６．３％

＊＊＊＊＊＊＊＊＊＊＊＊＊＊＊＊＊＊＊＊＊＊＊＊＊＊＊＊＊＊＊＊＊＊＊

・・・・・撮影リテークに関して・・・・
　３７２件の内、カメラのセンターフレームずれが１３６件。
　　　　　　　　カメラのうつりこみが　　　　　　２６件。
　上記の、３度に渡る事故に依るリテークをぬかすと、撮影リテークは２１０件。
　同様に、この件数を抜いた総リテーク件数は３９９件。
　これに占める撮影リテークの割合は５２．６％となる。

＊＊＊＊撮影リテークの詳細＊＊＊＊＊＊＊＊＊＊＊＊＊＊＊＊＊＊＊＊＊＊＊

　１、フレームバレ＊＊＊＊＊＊＊＊＊＊＊＊＊＊１４０件　＊＊＊３７．６％
　２、ハレーション＊＊＊＊＊＊＊＊＊＊＊＊＊＊　６０件　＊＊＊１６．１％
　３、透過光関係＊＊＊＊＊＊＊＊＊＊＊＊＊＊　５２件　＊＊＊１３．９％
　４、セルガタ＊＊＊＊＊＊＊＊＊＊＊＊＊＊＊＊　３５件　＊＊＊　９．４％
　５、セル置き間違い＊＊＊＊＊＊＊＊＊＊＊＊　１４件　＊＊＊　３．７％
　５、埃＊＊＊＊＊＊＊＊＊＊＊＊＊＊＊＊＊＊　１４件　＊＊＊　３．７％
　５、スライディング・Ｆｏｌｌｏｗ関係＊＊　１４件　＊＊＊　３．７％
　８、セルカゲ＊＊＊＊＊＊＊＊＊＊＊＊＊＊＊＊　１２件　＊＊＊　３．２％
　９、ダブラシ・スーパー関係＊＊＊＊＊＊＊　　８件　＊＊＊　２．１％
１０、波ガラス関係＊＊＊＊＊＊＊＊＊＊＊＊＊　　７件　＊＊＊　１．８％
１１、カメラ台のガタ＊＊＊＊＊＊＊＊＊＊＊＊　　４件　＊＊＊　１．０％
１１、Ｆ．Ｉ・Ｆ．Ｏ・Ｏ．Ｌ等のミス＊＊＊　　４件　＊＊＊　１．０％
１３、Ｔ．Ｕ・Ｔ．Ｂ関係＊＊＊＊＊＊＊＊＊＊　　１件　＊＊＊　０．３％
１４、撮出し時のミス＊＊＊＊＊＊＊＊＊＊＊＊　　７件　＊＊＊　１．８％

＊＊＊＊＊＊＊＊＊＊＊＊＊＊＊＊＊＊＊＊＊＊＊＊＊＊＊＊＊＊＊＊＊＊＊

　　　　１９８７．３．１８（Ｆｒｉ）　　データ処理　　押切直之

表㉔　『天空の城ラピュタ』ラッシュチェックに依るリテークレポート

リテーク総カット数が５２１カット、リテーク総件数５６３カットとなっています。ちょっと似ていますが意味は全く違います。

総件数が多いということは同じカットが２度以上のリテークになっているということです（ですから42カットが２度以上の撮り直しをしています）。

少し話が横道に逸れますが『ラピュタ』で最も多くのリテークを出したのはＥＤのラストカットでした。

あの地球上空をプカプカ浮いているラピュタの巨木のシーンです。

ゆっくりとローリング（上下している）する巨木が、時間によって色が変化して行くと同時に背景の地球もその色合いを変えて行く。それをO．L（オーバーラップ）で撮影する……これを１カット内で延々と行うスーパー難度のカットです。

書くのは簡単ですが撮影はそうは行きません。

ローリングのO．Lは１コマ１コマ上下する巨木（A）を撮影しながらF．O（フェードアウト＝明るさを絞って暗くして行く）して、完全に絞り込んで真っ暗になると、次はF．Oの頭までフィルムを巻き戻します。

ここで巻き戻した頭の時の巨木（A）の位置に、次の巨木（B）の絵を置き換えて、１コマ１コマ全く同じローリングをさせながらF．I（フェードイン＝絞りを開

け て明るくする）させて行くと、巨木（A）から（B）にゆっくり絵が変わって見えるのです。

この時同じようにして背景の地球を取り替えるという作業を繰り返せばEDが出来上がります。

しかし……ローリングの際中のわずかなガタ（揺れ）、フィルムを巻き戻した際に取り替えた巨木の位置のズレなど、ほんのわずかな（1コマ0・125ミリの）ズレであっても人の目はそのミスを見逃したりはしません。

この気の遠くなるような精密な撮影カットが「君をのせて」の歌が終わるまで続くのですから、ただごとではありません。ちょっとやそっとではOKテイクが出ませんでした。

最後は代表の高橋さん自身が助手抜きのたった一人で全作業を行うことで一発OKとなりましたから、神業とも言える撮影技術でしょう。

話を戻します。

リテーク総数563件のセクション別内訳は……。

演出リテーク　79件　14・0％

作画リテーク　26件　4・0％

背景リテーク　37件　6・6%
仕上リテーク　49件　8・7%
撮影リテーク　372件　66・3%

となっています。

実は『ラピュタ』の撮影初期は2度にわたるカメラ事故がありました。それによるセンターずれが136件、カメラの写り込みが26件。この事故による162件を撮影リテークから除いたとしても210件になります。

事故の数を差し引いたとしてもリテーク総数に対する割合は決して低い数字ではありませんから、このデータをもとに会議の結果、トトロ班・火垂る班共に新たな撮影スタジオを探すこととなるのです。

フィルム代や現像費用などの問題はあるとしても、最重要課題は〝時間〟です。2作同時制作・同時公開を抱えた会社としては〝スケジュール最後の砦〟に不安要素があってはならない……という判断でした。

撮影リテークの詳細に関しては表㉔を参照していただくとして……。

ここでやっと前項の最後の続きになります。

撮影残り約1ヵ月に未撮影の26・3％を消化しなければならない状況下でまだ正確な数字化こそされていませんでしたが、撮影リテークの〝多さ〟は当然わかっていました。

撮影しても撮影しても約半分は再撮影という現実。完成が見えない……時間と状況は崖っぷちに追い詰められています。が、信じてお願いするしかありません。

全てが終わった後にデータ化された事でようやく実態としてわかった事になりますが、理由はともかく撮影を26・3％残す中で、ここまでのリテーク全体における撮影リテーク52・6％という高い数字が（正確な数字がわかっていなくても半分近いリテークが出ていることはわかっています）最後の最後までスタッフ全員の心に重くのしかかっていた『ラピュタ』の最終ターンであったわけです。

そんな中数回にわたって再撮影を繰り返しながらも、ＯＫテイクが出なかったカットが先に書いたＥＤでした。

ジブリの片端にあるセル用の絵の具保管庫兼試写室。

ここで現像されたフィルム（35ｍ／ｍ縮小棒焼き16ｍ／ｍフィルム）を映写機にかけてラッシュチェックを行います。

宮崎さん（フィルムが）届きました。

「EDは入っていますか？」

はい。

「皆を集めてください」

何度目に当たるか思い出せないほど繰り返したEDのラッシュチェック。

16m／m映写機は私が動かしました。

フィルムにはもちろん歌なんか入っていません。それだけに時間以上に……はるかに長く感じるED。

ラッシュが終わった瞬間でした。

「……もう一度見せてください」

巻き戻して再試写。

「もう一度お願いします」

メインスタッフの誰一人言葉が出ません。

「…………」

どうでしょうか？

「いいです。まだラッシュはありますか？」

はい！　あります！（やったっ!!）

もう他のカットの事など頭にありません。誰もが皆、心の中で「やったぁ」と叫んでいたに違いないでしょう。

スケジュールは遅れに遅れ、周囲からは公開はおろか完成すら危ぶまれていた『天空の城ラピュタ』。

この時、暗い映写室の内の誰もが、公開出来る!!　と確信したに違いありません。


その夜のこと。

「木原君（ＥＤ）はどうでしたか？」

（すっごく良かったと思っているけど）枚数は食わないとしてももうこんな面倒くさい大変なのはやめてほしいです。

「はははははは……」


この話が活きたのか活きていないのか……しかし『となりのトトロ』はたったの19枚のＡセルと5枚のＢセル止め絵のＥＤになっています。

ところで本書の『巻末資料』の著者再校正ゲラ（原稿チェック）段階になって……というより『ラピュタ』の公開から37年経った今になって気がついたことがあります。

前作『もう一つの「バルス」』の帯にまで使われた宮崎さんの言葉を覚えておられるでしょうか？

「この作品が失敗したら、次回作はありません」……という言葉です。

私は今の今までこの「失敗」を興行成績（大ヒットか否か）を指しているとばかり考えていました。

……がおそらくこの考えは間違いです。

最後の最後はいったいこの数字でどうやって間に合わせた（完成させたというよりも）のかさえ不明な『ラピュタ』の原稿のおかげでやっと気がついたのです。

宮崎さんが制作初期から何度も口にした「失敗」とは〝公開に間に合わないこと〟だったのだ……と。

宮崎さん初のオリジナル劇場用長編作品にしてスタジオジブリのデビュー作……加えて最初から2時間近い大作で（実際は2時間4分）挑む覚悟が強かったが故に、自身でさえその制作の最初から完成を危ぶんでいたのです。

〝この作品が公開までに完成しなかったら次回作はありません〟……この心配こそが「失敗」という言葉の正体だった……のです。

この重く強いプレッシャーの『ラピュタ』が完成しました。

だからこそほぼ同じスケジュールで60分や70分と考える中編『トトロ』を「楽しく作ってください」と口にもすれば、不安要素だらけの新人にデスクをさせてもなんとかなるでしょ？　と任せたのでしょう。

第2スタジオ引っ越し前夜

スタジオジブリ第2スタジオトトロ班分室（以下2スタ）のフロアが決まった話は本編に書きました。

しかし、決まったところで内装が終わっていませんから、私は本社スタジオで出来る限りの仕事をやっています。

時期的には87年の2月〜4月初旬あたりの話です。

この頃の宮崎さんはというと『ラピュタ』の時の机で4月18日に半蔵門のダイヤモ

ンドホテルで行われる合同記者会見用のポスター画を描いたり、『トトロ』のキャラクターボードを描いたり、阿佐谷にある二馬力で『風の谷のナウシカ』のマンガ原稿を描いたりしていました。

私はというとスタジオが二つに分かれる訳ですから、後に買い揃えるにしても最初の作業に必要な上に引っ越しで移動しても良い事務用品（動画机、長テーブルなど）を決めるための社内備品チェックをやっています。

図③がその時私が書いたチェックメモです。

四角で囲っている部分が〝最初にこれだけは必要なので持っていきます〟リストという事なんですが、およそ1年後に全国公開を果たし、35年経った現在でも世界中から愛されている『となりのトトロ』を生み出す備品のなんと質素なことか……。

『トトロ』が終われば再びスタジオが一つに戻ることが決まっているので、ワンポイントリリーフとしては必要最小限に留めておかないといけません。そこで戻す前提の選び出しをして（本社に戻すと備品の山が出来る訳ですから）あとはこれらを2スタがオープンした時に運び入れ、必要になる作画用の机などは人数の増加に合わせて購入して2スタに直接搬入してもらうというプランを立てています。

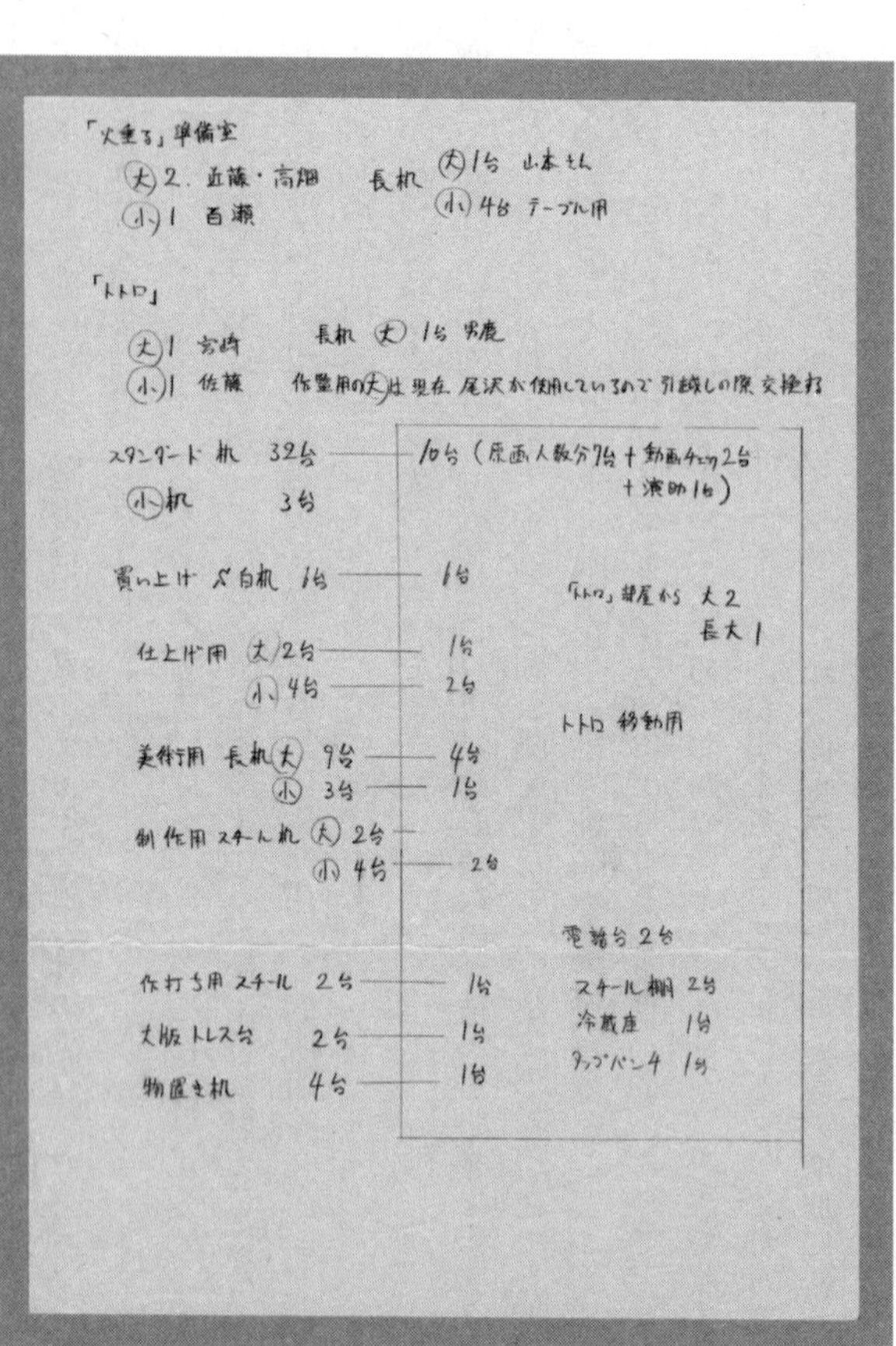

「火垂る」準備室
(大)2. 近藤・高畑　長机 (大)1台 山本さん
(小)1 百瀬　(小)4台 テーブル用

「トトロ」
(大)1 宮崎　長机 (大)1台 男鹿
(小)1 佐藤　作監用の(大)は現在 尾沢が使用しているので引越しの際交換す

スタンダード机 32台 ―― 10台（原画人数分7台＋動画チェック2台＋演助1台）
(小)机 3台

買い上げ 白机 1台 ―― 1台　「トトロ」部屋から 大2 長大1

仕上げ用 (大)2台 ―― 1台
(小)4台 ―― 2台

トトロ 移動用

美術用 長机 (大) 9台 ―― 4台
(小) 3台 ―― 1台

制作用 スチール机 (大) 2台
(小) 4台 ―― 2台

電話台 2台

作打ち用 スチール 2台 ―― 1台　スチール棚 2台
大版 トレス台 2台 ―― 1台　冷蔵庫 1台
物置き机 4台 ―― 1台　タップパンチ 1台

図③　社内備品チェックメモ

次は原画スタッフをどう考えていたか？　というアニメ映画にとって（いや、最初の制作デスクの私にとっても）大きな問題がありました。

時期的にはメモに〝3月一杯〟や〝あさって4日11：30〟などと書いていますから、3月2日に1回目の打ち合わせを行ったと思われます。

火垂る班と打ち合わせした時の最初のメモを残しています。

図④がそうですが、見ての通り大きな混迷などは全くありません。

遠藤さんから近藤（勝也）さんまでを囲って〝デビル〟と書いてあります。

これはOHプロから出向して『ラピュタ』で演出助手を務めた飯田つとむさんが、社に戻って監督しているOVA（オリジナルビデオアニメ）『デビルマン』（原作：永井豪）に原画として参加している事を意味しています。

つまり『デビルマン』の作業後に参加いただく予定になっているという事です。

2人分の四角い空白がありますが、あと2人は最低でも必要という空欄で、後に金田伊功さんと田中誠さんのお二人に入ってもらうつもりでいたのです。

公開後、『火垂る』と『トトロ』において監督の高畑さんと宮崎さんが原画マンを

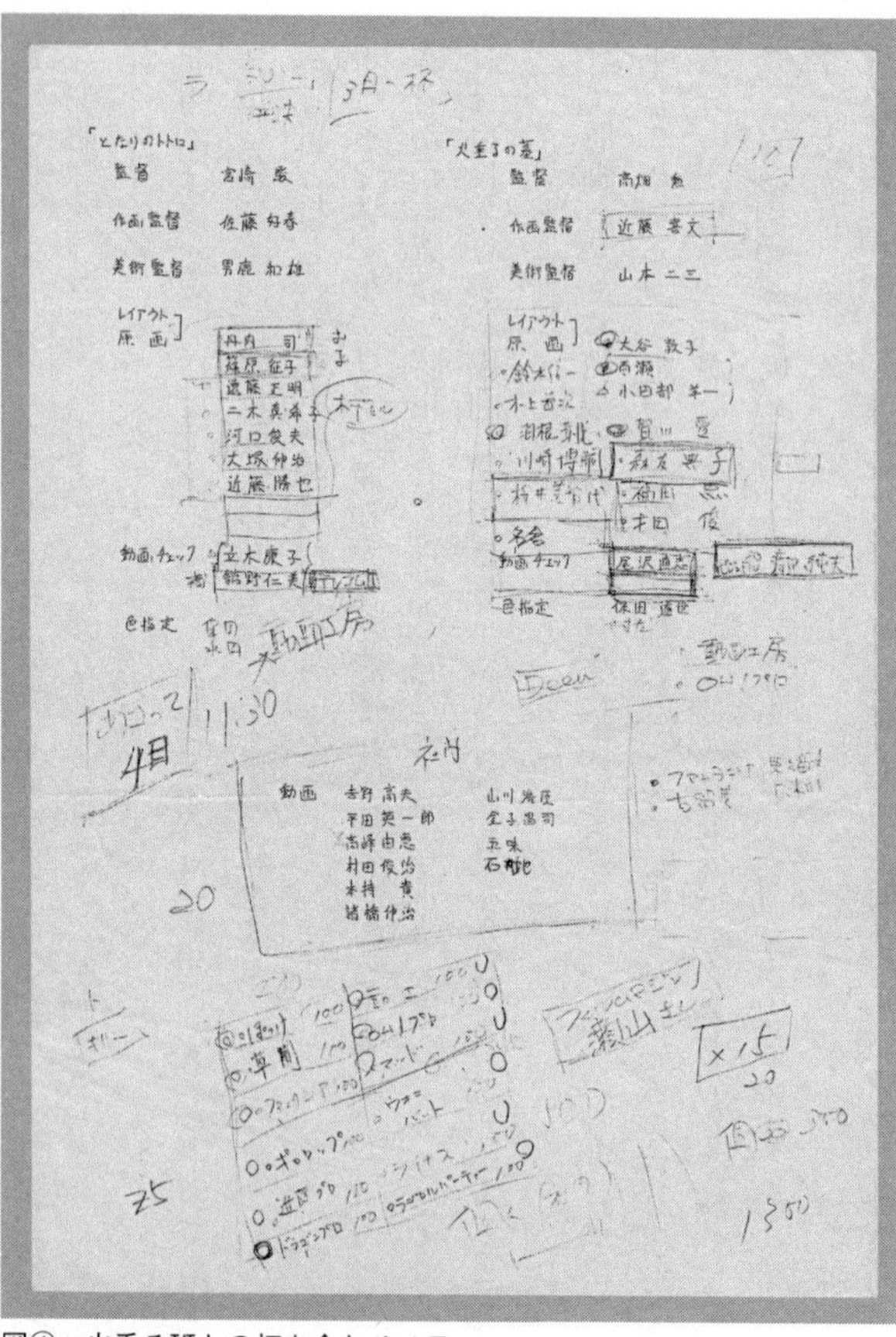

図④　火垂る班との打ち合わせメモ

激しく取り合った……などという噂を何度か耳にした事がありますが、私自身そんな話を現場で聞いたことはありません。実際私が書いたこの図を見ての通りその様な形跡はどこにもありません。

やがて二つの作品はこの図とほとんど変わらない原画マンチームとして構成されます。

さて本来なら一社同時制作・同時公開の合同プロジェクトですから、『火垂るの墓』の初期にも触れるべきだったのですが、単行本執筆時に資料が発見出来ていませんでしたし、あったところで話の流れから書けなかったと思います。

今回の文庫化が最後の機会だと思うので『トトロ』が動き出す前のジブリ本社スタジオ制作『火垂るの墓』について少しだけ書き残しておきます。

まずは図⑤87年3月末に作成されたスケジュール表の改訂版からです。

火垂る班の方が先行スタートしているので6月前から少しでも作画インすることを念頭に置いているのがわかります。

この段階で『トトロ』と同じ70分を想定して、700カット、作画総枚数37，800枚と見積もっています。

この頃まとめられた図⑥1回目の「製作経過報告書」（87年3月31日作成）を見ると、最初の原画スタッフは図④の打ち合わせから大きな変化が無いとわかります（ただしいっぺんに全員がまとまって揃ったりはしません）。

人も作品も違いますから、作り方も違います。

特に絵コンテですが、自分の考えを自分で描く宮崎さんに対して、〝高畑氏がイメージを文章にしたものを、近藤（喜文）、百瀬両氏がラフコンテに〟と書かれているのが大きな差と言えると思います。

そして図⑦1ヵ月後の4月4日に作られた「動画スタッフリスト（検討中）」を見ると、想定した動画総計を58，000枚（最大）と見積もり、〝算出したデータから25％ベースダウンしたとしてTotal　43，500枚の戦力を保有〟としていますから、少し前に作成された初期スケジュールの37，800枚から58，000枚にすぐさま読み替えたのは流石と言うべきでしょう。

制作部の人間は担当している自分の作品のことしか頭にありません。

それはたとえ、同じ会社だとしても何ら変わることなく……です。

しかしこれを会社目線で見るとどうでしょうか？

もっとも初期段階だけで見ても予定上映時間70分作品と70分作品で140分（2時

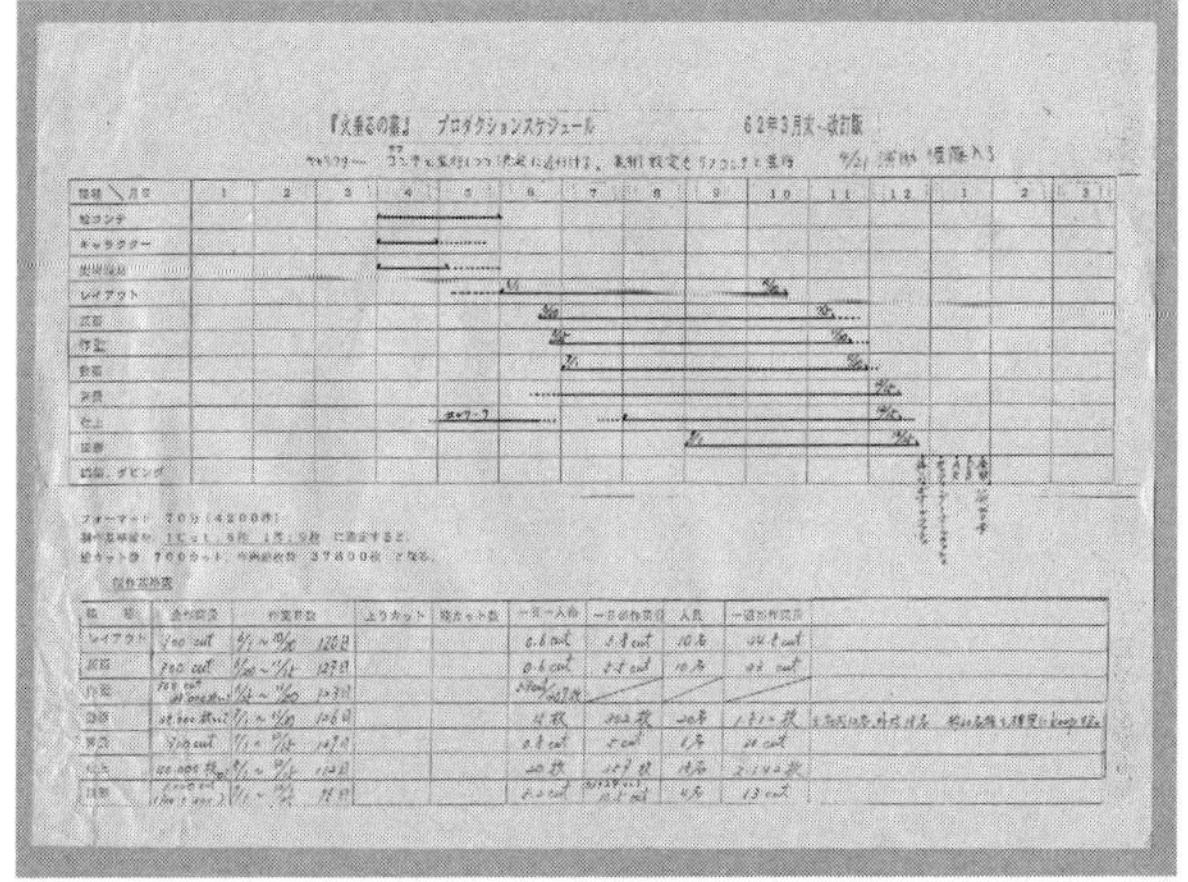

『火垂るの墓』 プロダクションスケジュール

	1	2	3	4	5	6	7	8	9	10	11	12	1	2	3
絵コンテ															
キャラクター															
レイアウト															

図⑤　『火垂るの墓』プロダクションスケジュール表

『火垂るの墓』製作経過報告書　　Ｎｏ．１

昭和６２年３月３１日

井野ビルに『火垂るの墓』スタッフルームを設置、１月より高畑監督、山本美監が参加、２月近藤作監、
３月に入って原画担当の百瀬氏の参加により、今日まで製作準備に掛かっている。

（１）日報より　３／２　ポスター原版作業開始
３／６　ライター深沢氏、第一稿脱稿
３／２０　ポスター原版完成
３／２４　新潮文庫　野坂昭如著『火垂るの墓』カバー用原版完成
３／２５　高畑氏以下メインスタッフ４名（近藤、山本、百瀬）神戸へロケハンに出発
３／３１　第１回スタッフミーティングを開き、スケジュール等、検討

（２）スタッフに関して

プロデューサー　原　徹　監　督　高畑　勲
音響監督　浦上靖夫　作画監督　近藤喜文　美術監督　山本二三
音　響　Ａ．Ｐ．Ｕ　原　画　百瀬義行　背　景　古関睦夫
編　集　瀬山武司　交渉中　河内日出男　太田清美
羽根章悦　久村佳津
才田俊次
色彩設定　保田道世　大谷敦子
セル検査　検討中　保田夏代　制作　担当　上田真一郎
仕上スタジオ（検討中）　石黒　育　制作デスク　押切　直之
スタジオキリー　高野　登
スタジオディーン
スタジオ古留美　動画チェック　尾沢　直志
スタジオエンジェル　動　画　石地富司夫　原　佳寿美
スタジオファンタジア　金子　昌司　川橋　良江
五味　豊明　斎藤喜代子
平田英一郎　山田みどり
山川　浩臣　神原よしみ

動画　工房　スタジオぽっけ
スタジオＺ５　グループライナス

原画マンをはじめとし、背景の補充、動画、仕上、撮影等、鋭意検討、交渉中

（３）４月の作業方針

３月３１日、スタッフミーティングを行い、制作サイドより提示したプロダクションスケジュールを参考材料に、
メインスタッフで検討。
絵コンテに関しては、４月４日頃までに高畑氏がイメージを文章にしたものを、近藤、百瀬両氏がラフコンテに
起していく方法で作業を進める。
それと並行して、キャラクター設定、美術設定もコンテ作業に即して進める。

以上

図⑥　『火垂るの墓』製作経過報告書No.1

『火垂るの墓』動画スタッフリスト（検討中）

動画チェック　尾沢 直志 （パラダイスロード）

			月産
社内　動画	石地富司夫	（パラダイスロード）	５００枚
	金子　昌司	（パラダイスロード）	５００枚
	五味　豊明	（パラダイスロード）	４００枚
	稲田　浩	（パラダイスロード）	７００枚
	平田英一郎	（フリー）	４００枚
	山川　浩臣	（フリー）	４００枚
	原　佳寿美	（フリー）	８００枚
	川橋　良江	（フリー）	５００枚
	斎藤喜代子	（フリー）	５００枚
	山田みどり	（動画工房）	４００枚
	佐藤　信子	（動画工房）	４００枚
	神原よしみ	（マッドハウス）	７００枚
		月産Ｔｏｔａｌ	６．２００枚

			月産
外注スタジオ	動画工房	６名	２．２５０枚
	スタジオぼっけ	４名	１．５００枚
	スタジオＺ５	３名	１．１２５枚
	グループライナス	３名	１．１２５枚
		月産Ｔｏｔａｌ	６．０００枚
個人　外注		４名	１．０００枚

＊＊＊

	期間	延べ日数	１人当	人員	日産	週産	月産	TOTAL
社内動画	７／１～１１／３０	１２５日	２１枚	１２名	２４８枚	１４８８枚	６２００枚	３１０００枚
スタジオ	８／１～１１／３０	１００日	１５枚	１６名	２４０枚	１４４０枚	６０００枚	２４０００枚
個人外注	９／１～１１／３０	７５日	１０枚	４名	４０枚	２４０枚	１０００枚	３０００枚
							総計	５８０００枚

以上の戦力を、動画チェックの尾沢氏を含めて検討、厳選した上で、
こちらが指定した期間内で『火垂るの墓』専属として参加を要請、確保済。
上記のデータは、あくまでも机上の計算ではあるが、算出したデータから２５％ベースダウンしたとして
Ｔｏｔａｌ　４３．５００枚の戦力を保有する事になる。
当然、原画上り、作監ベース等との関係で一概にデータを鵜飲みにする事は出来ないが、
この他にも、マッドハウス、中村プロ、アニメトロトロの３社が『火垂るの墓』に参加の意志を示している。
今後は、原画等との兼合いを踏まえた上で、充分に検討を重ねる予定である。

昭和６２年４月４日

図⑦　『火垂るの墓』動画スタッフリスト（検討中）

間20分)。予定動画枚数36,000枚(『トトロ』)と37,800枚(『火垂る』)ですから、机上の段階ですでに前作の『ラピュタ』を時間にして16分、枚数で4,500枚も上回っています。

完成した上映時間だけで比べると『トトロ』86分と『火垂る』89分で、合計175分ですから(というかほぼ3時間)、初期予定時間を35分オーバー。『ラピュタ』の124分より51分もオーバーしていますから、クオリティーでは一歩も引かない両監督の驚異や奇跡とも呼べる同時制作プロジェクトだったと言えるでしょう。

ほぼ似たような制作スケジュールの『ラピュタ』が完成ギリギリ(8月2日の公開1週間前に完成)だった経験を鑑みれば、同じ一つの会社に一つの制作作業と考えてほぼ3時間のアニメ映画製作などスタート時点から完成は危ぶまれる……どころか不可能! と言っても過言ではない数字です。

この1年未満のスケジュールでどうして2作品が同時公開出来たのか本当に不思議でなりません……と数字たちが語っています。

さらにもう一つハードルを上げる話を残しておきます。

スタジオジブリ作品は〝純国産アニメーション〟なんです。

えっ? 日本の、いや国内の会社だから当然でしょ? という声が聞こえました。

もちろんそうですが、それならただの〝国産アニメ〟です。〝純〟というのは原画はもちろん、動画も仕上げも海外出しを一切せずに全てほぼ関東の各スタジオや個人にお願いして出来ているのです。

1980年代はおろか現在に至るまで、動画や仕上げまで全てを国内だけの労働力で完成させるなどという劇場用長編アニメーションはスタジオジブリ作品くらいのものでしょう（私は初期3作品しか知りませんが）。

先ほどの数字を国内だけで完成させる……それもすべて手作業（アンデジタル）で。

現在の皆さんにどれ程大変なのかが少しでも伝われば幸いです。

さて話を戻して図⑧の報告書が提出された後くらいで私は『トトロ』の制作のみに専念し始めるのですが、ここで特に重要な点が、87年4月22日に高畑監督の脚本が完成して、それを元に監督自身がラフコンテを描き、原画マンの百瀬さんが仕上げていくものの、すでにスケジュールは予定より約1ヵ月遅れていると記述されている事でしょう。

いよいよここから一社二班の『トトロ』と『火垂る』が翌年88年4月16日全国公開

『火垂るの墓』製作経過報告書　４月分　　No．2

昭和６２年４月３０日

スケジュール通り、６月作画開始すべく準備を進めております。
４月に完成した脚本にのっとり、来月５月一杯でどれだけの絵コンテが完成するかにかかっておりますが、
以下、主たるものを抜粋し、御報告致します。

（１）　日報より　４／　２　新潮社文庫『火垂るの墓』カバー表紙、刷りあがる
４／　９　新潮社　新田常務来社
４／１４　準備稿　完成
４／１５　原作者　野坂昭如氏来社
スタジオ見学後、吉祥寺東急インにて高畑監督と対談
４／１８　『火垂るの墓』製作発表　　（於：半蔵門　ダイヤモンドホテル）
４／２２　準備稿改訂版完成、印刷へ廻す
４／２３　絵コンテ作業　開始
４／２４　演出助手　須藤典彦氏参加
４／２７　スタッフ会議

（２）　各パートの作業状況について

①　絵コンテ　－－－－－－高畑　勲・百瀬義行

４／２２に完成した脚本をもとに、高畑監督が描いたラフコンテを、
原画マン百瀬義行氏が絵コンテに仕上げていく作業を開始。
当初の予定よりも、約１ヶ月遅れの開始になる為、絵コンテ完成のめどを６月末に定め、
遅れを取り戻すべく作業を進める。

②　美　術　－－－－－－山本二三

メインの美術設定（未亡人宅ｅｔｃ）を完成。現在、三の宮駅を中心に作業を進めている。

今後は、絵コンテ作業に即して設定を作っていく。

③　キャラクター　－－－近藤喜文

清太と節子というメインキャラクターの登場頻度が、作品の大部分を占める為、
キャラクター作業はこの２人を中心に進められている。
その作業と平行して、作画上で必要な資料を現在収集中であり、
最終的には５月一杯でのキャラクター完成を目指している。

④　セルワーク　－－－－保田道世

キャラクター作業と平行し、試作、作業中。

５月頭、カラーテストを予定

（３）　スタッフに関して

４／２７付スタッフ会議において、原画スタッフのリストアップ、スケジュール調整を行なう。

現在８名と交渉、その内の２名が６月頭から確実に参加出来る様、検討中。

動画、仕上の外注スタッフは、ほぼ予定許容量を確保。

撮影は、４／３０付で、ラッキーモアに決定。撮影監督は、小山信夫氏に。

以上

図⑧　『火垂るの墓』製作経過報告書No.2

に向けて動き出すのです。

スケジュールから見たトトロ

そもそもの話をスケジュールの観点から書いておきます。
次ページに宮崎さんと私が打ち合わせを重ねて最初に引いた初期のスケジュール表の下書きがあります（表㉕）。

企画提案当初は60分を想定していた作品ですが、本格的に考えた結果は見ての通り、70分８００カットの中編映画として少しボリューム感のある映画を考え始めたのです。

とはいえすでにメイ一人だけでは長い話にならないのでお母さんやお姉ちゃんのサツキを設定に加えても尚、この規模（長さ）の作品になると構想し始めていたということです。

流石に70分になったとしても短すぎて単独での劇場公開は無理……という事で併映（同時上映）作品が必要になるのですから『火垂るの墓』が決定するまで企画が滞る

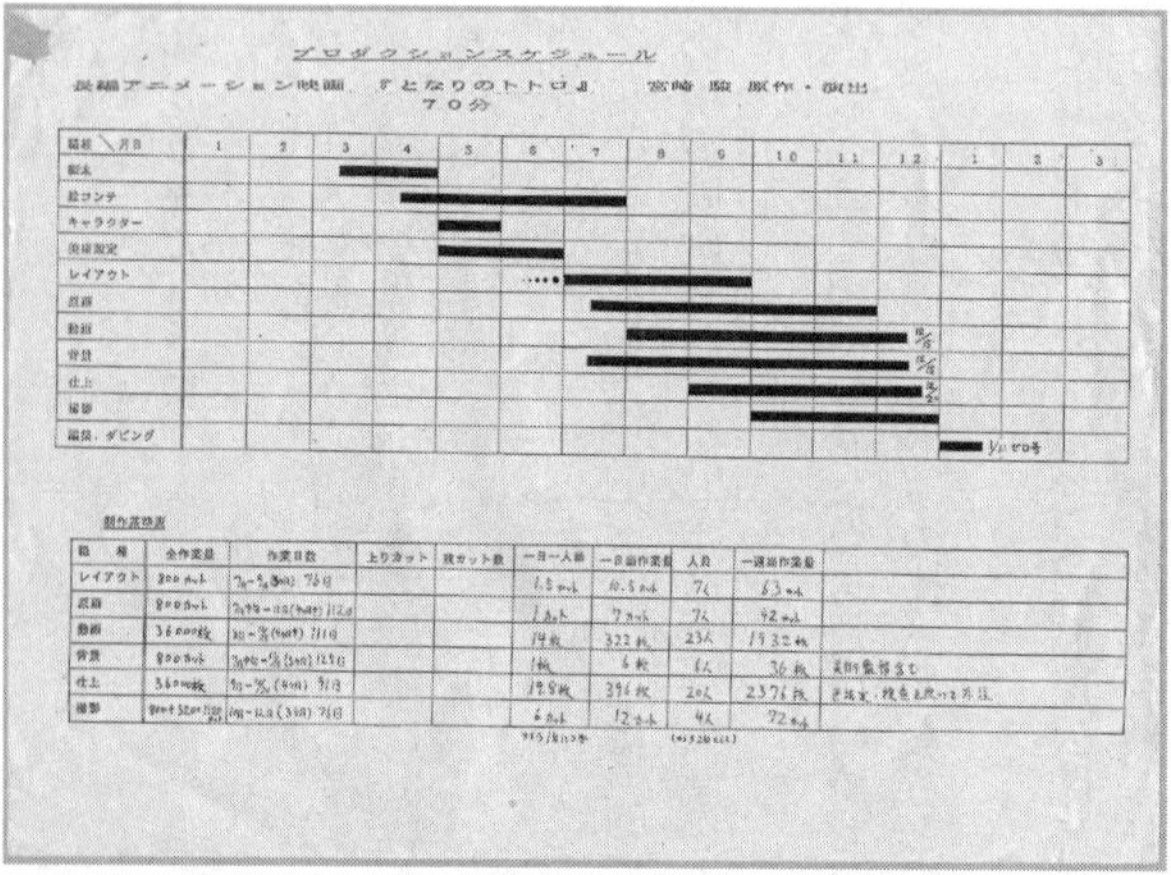

プロダクションスケジュール

長編アニメーション映画 『となりのトトロ』 宮崎 駿 原作・演出

70分

職種＼月日	1	2	3	4	5	6	7	8	9	10	11	12	1	2	3
脚本															
絵コンテ															
キャラクター															
美術設定															
レイアウト															
原画															
動画															
背景															
仕上															
撮影															
編集、ダビング															

職種	全作業量	作業日数	上りカット	残カット数	一日一人量	一日総作業量	人員	一週総作業量	
レイアウト	800カット	[illegible] 75日			1.5カット	10.5カット	7人	63カット	
原画	800カット	[illegible] 112日			1カット	7カット	7人	42カット	
動画	36000枚	[illegible] 111日			14枚	322枚	23人	1932枚	
背景	800カット	[illegible] 129日			1枚	6枚	6人	36枚	美術監督含む
仕上	36000枚	[illegible] 91日			19.8枚	396枚	20人	2376枚	[illegible]
撮影	[illegible]	[illegible] 76日			6カット	12カット	4人	72カット	

表㉕ 『となりのトトロ』初期のスケジュール表

のもわかります。

『風の谷のナウシカ』と『天空の城ラピュタ』の同時上映で『名探偵ホームズ』は使い切りましたから、作るしかないわけです。


さて予定された70分800カット・36,000枚。これを前提に『ラピュタ』の約120分1,650カット・70,000枚と比べると、おぼろげながら見えてくる全体像が少しだけあります。

……まずなんといっても『トトロ』は登場人物が圧倒的に少なく（主要人物キャラクターはわずか6人。『ラピュタ』のドーラ一家をも下回る）、あちこち移動しないし、メカも爆発もありません。

これらを考慮して1カットおよそ4・36秒の『ラピュタ』と、1カットおよそ5・25秒に設定した『トトロ』と考えれば、数少ない個々のキャラクター達にゆったりと細かな芝居をさせる表現豊かな作品を目指していたと思います。しかもドラマは最初から春から夏までのおよそ4ヵ月間しか描かないと決めていれば尚更です。

実際には、まだまだイメージボードを描いていて絵コンテすらほとんど無い段階で、どれ程の作品世界なのかは宮崎さんの長年の経験則から導き出された70分・予定総カット数８００で推し量るしかありませんでした。

日本の昭和30年代。

二人の姉妹、トトロとネコバス、おばあちゃんと孫の少年、父と母、そしてそれぞれの生活描写……。

数字が表しているであろう観せたい小さな世界の大きさ、描かれるキャラクター達の普段の生活表現を想像して見えた制作的全体像から『トトロ』の動画陣は女性を中心に固めるべきであろうと私が決めたのも、宮崎さんの要望に可能な限り応えたいと考えたからでした。

おそらく世界で初であろう女性中心の動画スタッフ編成という発想は、この最初のスケジュールの試行錯誤の時に生まれたのです。

ところで、ここまで書いた事は制作初期の話です。

あとの祭り的な〝もし〟話も書いておきたいと思います。

結果として『トトロ』はおよそ86分９５０カットで完成します。

予定していた70分８００カットより、16分１５０カットのオーバーということです。

オーバーすることは想定していましたが（タイトなスケジュールを引いていません）、しかしこれは宮崎さんにしては大きな数字だと思います。

おそらく、企画当初は１９７５年の発想時代の作品イメージに余程強く縛られていたのだと思えます。

なんとか60分以上にはなるかもしれないけれど、20分もオーバー（ＴＶスペシャル程度）するまでにはならない……という縛りです。

それ故に1作品上映は難しいので併映を……という流れになった訳です。

しかし、〝もし〟この呪縛が無ければ実のところ単独の作品公開が可能であった……と思っています。

最初から『トトロ』一作品と決めてスタジオジブリ一社全力投球であれば……という話です。

完成した作品のオーバーは『トトロ』という作品が宮崎さんが想像した以上に楽しく膨らむ要素に富んで、結果的には途中からは脱線しないように削りながらまとめていたように思えてなりません。

だからこそそのオーバーであったと。

そんなにあの物語が膨らみますか？　と言われそうですが、描かれていない点が最低三つはあります。

一つ目は「中トトロ」と「チビトトロ」は、メイがトトロと出会うための導入部にしか使われていません。

ですからメイは大きな出会いを果たした「トトロ」にしかほとんど夢中にならない上に、サツキに至っては実のところ「トトロ」は1人（？）だとしか思っていません。

もちろんメイから〝ちっちゃいの〟と〝中っくらいの〟的なトトロの目撃話を耳にはしていますが、ちゃんと受け止める程の事としては聞いていません。

したがって後の〝ドンドコ踊り〟のシーンで3人（？）のトトロたちと出会ったときにサツキは「この小さなお二人さんは誰？」ともう少々驚いてもいいはずなんですが、そんなシーンを作ってしまっては芝居がモタついて、すぐに踊りに加わる事が出来なくなってしまいます。

二つ目は、初めて出会ったネコバスに乗るトトロの目的です。

なんといってもトトロは〝ブンブン〟(コマのような飛行道具。本編に名称は出ない)で速く中・長距離移動が可能ですから……バスは必要？　となっても不思議ではないでしょう。

おそらくはただ集まるだけの何もしない森のモノノケの集会にでも顔を出しに行く……くらいのエピソードを足すことは不可能ではありません。

……が、しかし、そう思わせないために乗客はトトロだけになっています。


三つ目は本書に書いた通り、絵コンテだけに描かれたトトロがメイを見つけるシーンです。

もし、100分(1,300カット以内)で単独ロードショーが可能だとすると、あと14分(350カット以内)で1作品上映が成立したではないか……と。


もし四つ目を許していただけるとすれば、『トトロ』は5月あたりから夏の終わりまでを描いていますが、実はこの中に〝台風上陸〟がありません。

電気がやっと……というこのボロ家(設定上は)に台風が来たらどうなるのか？　という一家一晩のシークエンスです。

一応宮崎さんとの打ち合わせでは、やるべきとか必要でしょうとかワクワクするんですよ……とか散々話すだけ話して……結果として、そうわかっていながら入れませんでした。

その名残がお風呂場で〝強風による家のガタガタ〟シーンというわけです。

もちろんこの完成した上映時間作品なら無しで良かった事になります。

重ねて書きますが前記の話は『トトロ』一作制作だったとしたらの話です。

そう思うほどに「トトロ」は……いや登場キャラクター達はまるで意思を持ち自己主張するかのようにドラマの中で勝手に動き出したのだと思います。

宮崎さんはキャラクターを増やして尺を延ばさなければならなかったはずなのに、むしろ抑えて短くするように注意しなければ、長編に向かって動かそうとしている自分が現れてその二人が戦った結果の（予想を超えた）86分であったと、初期のスケジュール表を見ながら感じます。

この〝長編にできたのでは？　話〟は、もちろん、完成後にも宮崎さんと交わしています。

これは『トトロ』と『火垂る』の一社同時制作をしていた時期だからこそ話せたと

言えます。

内容を単純に言えば、もし『火垂る』を制作して翌年『トトロ』案ではどうであったろう？　になってしまいます（またはその逆という話です）。

『トトロ』が完成していればこそを前提として、『ラピュタ』の興行成績で、次に『火垂る』の単独公開は難しく、といって『トトロ』単独のためだけに無理に長くする話を成立させようとは思わない……という着地になってばかりでした。

これは『トトロ』基点で出た話ではなく、『火垂る』の制作がただごとではなかったからでもありました。

作品の内容以上に一社同時制作・同時公開であればこその混乱した回答だったと言えます。

85年に出来たばかりの制作会社が86年になんとかデビュー作を公開して、翌87年に2本同時制作はそれ程重かったのです。

少なくとも『ラピュタ』の制作時からいた私にはそう思えました。

つまり『トトロ』は2本制作だから動いたものの、70分800カットに抑えるつもりでなければ同時完成すら危ぶまれる状態の中でなんとか楽しくまとめる事が出来た作品であったと……最初のスケジュール表が思い出させてくれました。

音楽関係

音楽関係は『トトロ』の制作現場的にノータッチなので不明点が多いのですが、まず最初に久石さんの手によって10曲のイメージ音楽がスタジオに届けられました。

曲は87年11月25日にＬＰ・ＣＤ・ＴＡＰＥとして発売されています（ＬＰはレコード、ＣＤはコンパクトディスク、ＴＡＰＥはミュージックカセットテープのことです……と説明が必要な時代ですよね？　現在は）。

映画のサウンドトラック（劇中音楽）は88年2月25日〜3月26日まで、六本木ワンダーステーションとにっかつスタジオセンターにおいて録音されました。

劇中使用ＢＧＭデータ

音楽ＮＯ	カットＮＯ	タイム
ＯＰ		２′０２″
Ｍ－２	４〜２３	１′３５″

M-3　29～33　41″
M-7　83～90　45″
M-8　106～109　7″
M-10　122～124　22″
M-10A　126～131　26″
M-5　146　4″
M-12　152～164A　1′03″
M-13　178～185　32″
M-14　207～212　42″
M-15　217～234　1′20″
M-16　246～257　1′02″
M-17　258～260　26″
M-18　285～334　3′52″
M-19　339～344　25″
M-20　365～372　49″
M-21　403～419　2′12″

M-22	424	16″
M-23	480～487	40″
M-24	509～520	46″
M-19 25	534～547B	1′39″
M-28	586～596	58″
(前半) M-29	607～623	1′32″
(後半) M-29	624～631	52″
M-30	643～652	58″
M-31 M-22	653～657	29″
M-32	662～664	15″
M-33	683～694	1′05″
M-36	787～793	39″
M-37	812～835	1′30″
M-38	855～860	24″
(前半) M-39	875～884	54″
(後半) M-39	888～902	57″

M－40　915〜925　1′13″
ED　931〜ED　2′57″

映画『となりのトトロ』の制作現場を主軸とした原稿で触れることが難しいのが音楽です。

『トトロ』という作品が持つ世界の構築に久石さんが生み出した音楽が如何に重要な役割を果たしたかは今さら言うまでもありません。


ただ特筆しておきたい点が一つ。

『トトロ』で最も長く流れた曲は何でしょう？　と問えばおそらく十人が十人……OP主題歌（2′02″）や、本編中から流れ出すEDのテーマ曲（2′57″）と答えるのではないかと思います。

もちろんそう思えて当然の長さがありますし、なんといっても井上あずみさんの歌声があるのですから尚更そう思えるはずです。

ところが実際はカットNO285〜334まで流れる「M－18」……つまり池でオタマジャクシを見つけるメイから底の抜けたバケツを見つけ、そこからドングリを見つけ、そして白い小さなトトロ「チビトトロ」を発見して追いかけ回す一連のシーンです。

ここになんとＯＰ（２'０２"）やＥＤ（２'５７"）よりも長い３'５２"もの曲が作られています。

小さな発見に次ぐ発見をリレーしてとんでもないモノを発見する（出会う）……といえばいいでしょうか？

この小さな発見が少しずつ大きくなって行った結果、大きな発見たる「大トトロ」（トトロ）に繋がるわけです。

『となりのトトロ』の初期設定がメイ一人から始まったと本書に書きました。

そのメイが「トトロ」と出会う……原初のイメージに最も近いシーンに最も長い曲が付けられている点に、久石さんの作曲演出力を強く感じます。

本当の『となりのトトロ』という世界は実はここからなのだと思うのです。

その観点でいえば、このＭ-18の長さ（曲）が果たした役作りはまさに、第２の『トトロ』のＯＰであると思えてなりません。

『となりのトトロ』各受賞データ　※日付は受賞式日。

☆88年11月8日〈会場〉京王プラザホテル
『第3回ＡＶＡ国際映像ソフトフェア』〈主催〉国際映像ソフトフェア推進協議会
・ビデオ部門アニメビデオ賞

☆88年11月22日〈会場〉ヤクルトホール
『第12回山路ふみ子賞』〈主催〉山路ふみ子文化財団
・映画賞

☆88年12月26日〈会場〉東条会館
『第13回報知映画賞』
・監督賞

☆89年2月15日〈会場〉日劇東宝

『１９８８年度キネマ旬報ベストテン』〈主催〉キネマ旬報社
・日本映画ベストテン第1位
・読者選出日本映画ベストテン第1位
・読者選出日本映画監督賞

☆89年1月27日〈会場〉イイノホール
『１９８８年度毎日映画コンクール』〈主催〉毎日新聞社
・日本映画大賞
・大藤信郎賞

☆『第29回優秀映画観賞会会員選出ベストテン（１９８８年度）』
・日本映画第４位

☆89年2月13日〈会場〉イイノホール
『第31回ブルーリボン賞』〈主催〉東京映画記者会
・特別賞

☆89年2月2日〈会場〉岩波シネサロン
『日本映画ペンクラブ1988年度ベスト5』
・邦画部門第2位

☆『1998年度第24回映画芸術ベストテン』季刊『映画芸術』89年春季号
・日本映画第1位

☆89年3月5日〈会場〉こどもの城・青山劇場
『第6回日本アニメ大賞・アトム賞』〈主催〉日本アニメフェスティバル実行委員会
・最優秀作品賞（『火垂るの墓』と同時受賞）
・脚本部門最優秀賞
・美術部門最優秀賞
・主題歌部門最優秀賞
・声優部門特別演技賞（糸井重里）

☆89年3月22日〈会場〉日本芸術院会館
文部省（当時）
・昭和63年度（第39回）芸術選奨文部大臣賞
・芸術選奨芸術作品賞
☆89年3月24日〈会場〉国立教育会館
文化庁（当時）
・文化庁優秀映画製作奨励金交付作品
☆『昭和63年度厚生省・中央児童福祉審議会特別推薦（小学・中学・家庭）』
厚生省
『第11回アニメグランプリ』〈主催〉徳間書店アニメージュ
・グランプリ作品
また『シティロード』誌上にて『シティロード読者選出ベストテン88』

・ベストシネマ邦画第1位
・ベスト監督第3位

なおデータはロードショー期間を終了した88年5月27日〜89年4月までのものです。

空前の好景気に沸いているバブル時代とはいえ、各省庁からも賞をいただくなど『トトロ』は実に数多くの賞に輝いています。

実際には授賞式に宮崎さんは出席していません。現場はすでに次回作『魔女の宅急便』の制作に入っていて盛り上がるどころか気にもしていませんでした。

『となりのトトロ』　スタッフ&キャスト

製作　徳間康快
企画　山下辰巳
　　　尾形英夫
作画　佐藤好春
美術　男鹿和雄

音楽　　　　　　　　久石　譲
歌　　　　　　　　「さんぽ」
　作詞　中川李枝子
　　　　　　　　「となりのトトロ」
　作詞　宮崎　駿　　作・編曲　久石　譲
　歌唱　井上あずみ
原画
　丹内　司　　　　大塚伸治
　篠原征子　　　　遠藤正明
　河口俊夫　　　　田中　誠
　金田伊功　　　　近藤勝也
　二木真希子　　　山川浩臣
　田川英子
背景
　松岡　聡　　　　野崎俊郎
　太田清美　　　　吉崎正樹
　武重洋二　　　　菅原紀代子
仕上　　　　　　　保田道世

撮影　　　　　　白井久男
編集　　　　　　瀬山武司
動画チェック　　立木康子
　　　　　　　　舘野仁美
色指定　　　　　水田信子
仕上検査　　　　本橋政江
録音演出　　　　斯波重治
調整　　　　　　井上秀司
効果　　　　　　佐藤一俊
制作担当　　　　田中栄子
制作デスク　　　木原浩勝
　　　　　　　　川端俊之
演出助手　　　　遠藤徹哉

原画協力　マッドハウス
　新川信正
　岡村　豊
　工藤正明
仕上検査　立山照代
　成田賢二
　中村美和子
特殊効果　谷藤薫児
動画
坂野方子　コマサ
槇田喜代子　田中立子
水谷貴代　椎名律子
諸橋伸司　大谷久美子
松井理和子　服部圭一郎
遠藤ゆか　尾崎和孝
手島晶子　岩柳恵美子
宮崎なぎさ　前田由加里
竹縄尚子　岡部和美
新留理恵　岡田正和

山懸亜紀　日暮恭子
渡辺恵子　福富和子
スタジオファンタジア
吉田　肇　北村直樹
長野順一　山本　剛
大田正之
アニメトロトロ
山浦由加里　石井明子
伊藤広治　川村忠輝
ドラゴンプロダクション

仕上
スタジオキリー
岩切紀親　西牧道子
高橋直美　渡辺信子
渡部真由美　大出美智子
森沢千代美　吉田久子
山村及利子　大川直子
工藤百合子　高木夕紀
原田徳子　梶田とよ子
米井フジノ　高橋愛子
柳　登紀　岡美代子
山根　文　田中初江

太田美智子　安達順子
藤野洋子　村田佳子
スタジオステップ
京野由紀　朝日朋子
塙　洋美　沢内順美
鈴木怜子　渋谷礼子
竹倉博恵　スタジオルンルン
童夢舎　スタジオビーム
スタジオ雲雀　協栄プロダクション
グループジョイ　トランスアーツ

背景
小林プロダクション
木村真二　白石　誠
松室　剛　大塚伸弘
田中貞彦
アトリエブーカ
金子英俊　田村恵子
山川　晃
伊奈淳子
松浦裕子

撮影
スタジオコスモス
黒田洋一　池上元秋
前原勝則　鈴木典子
大藤哲生　佐伯　清
池谷和美　野口博志
伊藤　寛　難波充子
杉山知子　鈴木克次
池上伸治

制作進行　伊藤裕之
鈴木高明

編集助手　足立　浩

タイトル　高具アトリエ

仕上げ技術協力　城西デュプロ
村尾　守

協力　徳間書店アニメージュ編集部

効果助手　小野弘典
台詞編集　依田章良
録音演出助手　浅梨なおこ
録音スタッフ　住谷　真
福島弘治
大谷六良
録音制作　オムニバスプロモーション
音楽制作　三浦光紀　渡辺隆史
株式会社徳間ジャパン
録音スタジオ　東京テレビセンター
現像　東京現像所
協力　株式会社博報堂
DOLBY STEREO
一部上映館を除く
技術協力

極東コンチネンタル株式会社
森　幹生
徳間商店
「となりのトトロ」製作委員会
加藤博之　鈴木敏夫
金子　彰　亀山　修
粕谷昌宏　白石彦五郎
田所　稔　小鷹久義
大塚　勤　小林智子
佐々木崇夫　横尾道男
朝生　茂　坪池義雄
吉田哲彦
制作　スタジオジブリ
プロデューサー　原　徹
原作・脚本・監督　宮崎　駿

声の出演
サツキ　日高のり子
メイ　坂本千夏
とうさん　糸井重里
かあさん　島本須美
ばあちゃん　北林谷栄
トトロ　高木　均
カンタの母　丸山裕子
先生　鷲尾真知子
本家のばあちゃん　鈴木れい子
カンタの父　広瀬正志
カンタ　雨笠利幸
草刈り男　千葉　繁
龍田直樹　TARAKO
西村智博　石田光子
神代智恵　中村大樹
水谷優子　平松晶子
大谷育江

『となりのトトロ』　制作総合データ

○総製作費：6億5000万円
○上映時間：86分20秒14コマ（フィルム巻数7巻）
○フィルムサイズ：35m／mビスタビジョン
○映倫番号：112482
○上映館：124館
○配給期間：88年4月16日〜18カ月

○公開期間：88編4月16日～5月27日
○観客動員数：63万6366人

○制作期間：13ヵ月
○総カット数：950カット（OP、ED含まず）
○OP動画枚数：646枚
○ED動画枚数：24枚（Aセル19枚　Bセル5枚）
○本編動画枚数：48391枚（総計49061枚）
○動画ワンカット平均：50・1枚
○ワンカット平均タイム：5・4秒
○作画用紙発注枚数：12万枚
○総使用枚数：約11万7000枚（ラフ、失敗、没、落書き含む）
○フィルム：44缶（35m／m　400フィート）
　動撮　4缶（アフレコ、音響のためにまだ色が塗られていない動画を撮影）
　※これをわかりやすく言うと、動撮は全体の約30％でなんと70％には色がついているという事です。自分で書くのもナンですが、このスケジュール環境下で

動撮が30%という数字は驚異でしかありません。制作担当の田中栄子さんの手腕が凄いのはもちろんですが『トトロ』の制作チームは実に良く頑張りました。

○原版保有：東京現像所

制作実績（総カット950／49061枚として）

スケジュール	実働日数	消化／1日
原画予定	87年7月15日〜87年11月30日	138	6・9カット
原画実績	87年7月15日〜88年2月21日	221	4・3カット
動画予定	87年8月1日〜87年12月15日	137	358・1枚
動画実績	87年8月1日〜88年2月25日	209	234・7枚
仕上予定	87年9月1日〜87年12月25日	116	281枚
仕上実績	87年9月1日〜88年3月26日	208	235・8枚
背景予定	87年7月15日〜87年12月25日	161	5・9カット
背景実績	87年7月15日〜88年3月7日	237	4カット

撮影予定　87年10月1日〜88年1月16日　108　8・8カット
撮影実績　87年10月3日〜88年3月27日　176　5・4カット
※このデータの予定はスケジュール表上の日程を基準としています。
編集・音響など
尺出し　A・Bパート　88年2月15日
　　　　C・Dパート　88年2月25日
アフレコ　88年3月3日
　　　　　88年3月5日
　　　　　88年3月7日
ダビング　88年3月24日
　　　　　88年3月27日
　　　　　88年3月28日

原版　88年3月29日
0号　88年3月31日
初号　88年4月1日（事実上の映画の完成）

〔その他〕
レイアウト初上がり　87年7月15日
原画初上がり　87年7月23日

いずれも丹内司さん。

流石は前作『天空の城ラピュタ』の作画監督というべきか、宮崎さんの要求に対する理解が深いというべきかまさに神速の上がりです。

映画はその人のパート、メディア、全体など関わり方次第で始まり（スタート）の捉え方が違うと思えますから、それぞれの開始についてもまとめておきます。

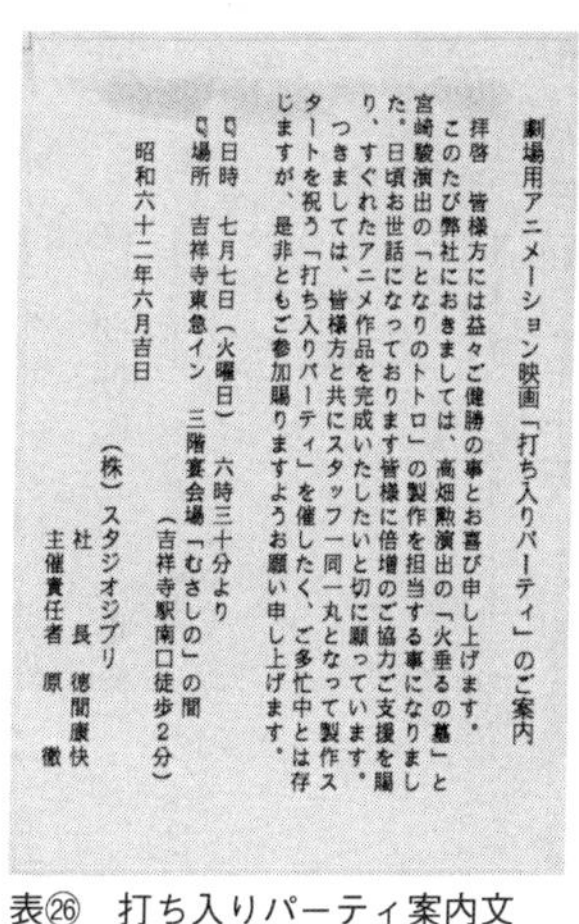

劇場用アニメーション映画「打ち入りパーティ」のご案内

拝啓　皆様方には益々ご健勝の事とお喜び申し上げます。
このたび弊社におきましては、高畑勲演出の「火垂るの墓」と宮崎駿演出の「となりのトトロ」の製作を担当する事になりました。日頃お世話になっております皆様に倍増のご協力ご支援を賜り、すぐれたアニメ作品を完成いたしたいと切に願っています。
つきましては、皆様方と共にスタッフ一同一丸となって製作スタートを祝う「打ち入りパーティ」を催したく、ご多忙中とは存じますが、是非ともご参加賜りますようお願い申し上げます。

☞日時　七月七日（火曜日）　六時三十分より
☞場所　吉祥寺東急イン　三階宴会場「むさしの」の間
（吉祥寺駅南口徒歩２分）

昭和六十二年六月吉日

（株）スタジオジブリ
社　長　徳間康快
主催責任者　原　徹

表㉖　打ち入りパーティ案内文

86年9月16日　私が宮崎さんから『トトロ』制作の話を打ち明けられる（宮崎さんと私との現場スタート）。

86年10月2日　『ラピュタ』打ち上げパーティの場で集まったスタッフ・関係者に『トトロ』の製作を正式に決定と発表。

87年3月2日午前11時　制作打ち合わせ。7月1日に作画インを予定とし、原画スタッフを決定。現場における制作がスタート。

87年4月18日　『となりのトトロ』（徳間書店）と『火垂るの墓』（新潮社）の製作発表会が半蔵門ダイヤモンドホテルで開かれ、多くのメディアを前に公式に合同プロジェクトとして発表される。一般的にはここからがスタート。

87年7月7日　『火垂る』と『トトロ』の「打ち入りパーティ」が吉祥寺東急イン三階宴会場「むさしの」の間で開かれる（表㉖）。

87年10月　合同プロジェクトの認知を高めるために『火垂る』と『トトロ』の両監督インタビューを中心とする「プロモーション映画」が完成（『となりのトトロ』Blu-rayに特典映像として収録）。

88年9月25日　ビデオ発売（89年2月10日まで50，811本を売り上げている）

追記

88年7月15日〜8月17日　香港（当時イギリス領）で公開。動員数47万人。タイトルは『龍猫』（トトロ）

ちなみに1987年〜88年当時の香港邦画歴代興行成績は

1位『天空之城』（ラピュタ）　87年7月31日〜9月10日　57万人　収入1328万5287HKドル

2位『龍猫』（トトロ）　47万人　収入1096万5515HKドル

3位『風之谷』（ナウシカ）　88年2月12日〜3月10日　46万人　収入1083万3092HKドル

以下、

4位『子猫物語』（監督：畑正憲・市川崑）

5位『南極物語』（監督：蔵原惟繕）

6位『乱』（監督：黒澤明）

2018年12月14日には日本公開30周年を記念して中国で公開されて大ヒットを記録しています。その興行成績は1・71億RMB（中国人民元）でした（2018年末のレート1元＝16・70円として、28・56億円）。

タイトルは『龙猫（龍猫）』これで『トトロ』と読むのだそうです。

『トトロ』の文字に「猫」を使うのだからネコバスはなんと呼ばれているのかというと、「龙猫公共汽车」なのだそうです。発音はともかくそのまま読めば「トトロ公共汽車」です。うーん……アトラクション的な名前だ。

さらに2022年10月〜2023年1月までイギリスのロイヤル・シェイクスピア・カンパニー（RSC）がロンドンのバービカン・シアターで『My Neighbor

Totoro』のタイトルで舞台上演しています。
この舞台版『トトロ』はオリヴィエ賞の作品賞を含む6部門で受賞しています。

・最優秀作品賞
・演出家賞（フェイリム・マクダーモット氏）
・舞台美術賞（トム・パイ氏）
・照明デザイン賞（ジェシカ・ファアン・ハン・ユン氏）
・衣装賞（中野希美江氏）
・音響デザイン賞（トニー・ゲイル氏）

実は私もイギリスまで観に行くつもりでしたが、ロンドンに住んでいる友人から「どうやってもチケットが手に入らないからあきらめて」と悲痛とも言える連絡をもらって断念しました（本人自身も観たかった）。
「長い上演期間の舞台でこんなことは初めて」とボヤく程の人気を集めた舞台だったそうです。

——以上がスタジオジブリ第2スタジオ（トトロ班分室）最初で最後の作品にして、私の制作デスクデビュー作『となりのトトロ』です。

文庫版あとがき

２０２３年の1月28日午後7時30分。

私はフランスのアングレームにいました。この地で毎年開催される〝国際漫画祭〟でホラー漫画家伊藤潤二先生の受賞をお祝いするためでした（過去２冊原作で仕事をしています）。

この日この時、夕食に訪れたタイ料理レストランで一人のアメリカ人のセールスマンと仲良くなります。

街中が漫画で盛り上がっていることもあって、流れからアニメの話になりました。

「トトロ!?　君はトトロのスタッフだったのかいっ!?」

観てくれてありがとう。

「世界中の人が知ってるさ！　みんな大好きだよ！　トトロは〝マジックワード〟だからね!!」

マジックワード？

「そうさ！　だって〝トトロ〟は〝トトロ〟だろ？　他の何も指さない言葉であのキャラにしか使わない言葉だよ！」

トトロは魔法の言葉か……。

とても嬉しいプレゼントをもらった様な気がしました。

それからの半年で海外の５都市からパネル（講演）の依頼が来ました。

ＵＡＥ（アラブ首長国連邦）のアブダビ。

アメリカはフロリダ州オーランド。テキサス州グレープバイン。カリフォルニア州サンノゼとサンディエゴ。

いずれも『となりのトトロ35周年を記念して』というテーマです。

講演はどこもすぐに満員となって会場に入り切らなかった人々で廊下が溢れかえりました。

まさに『トトロ』はアングレームで耳にした通り世界中の人気者なのです。

……今年２０２３年はこの『トトロ』の初公開から35年の節目に当たる年です。

ワンポイントトリリーフで設けられた小さなスタジオジブリ第２スタジオで誕生した

映画が、これ程世界の人々から愛される作品になると誰が想像したでしょう……。

　この喜びを伝えたかった人物をまた一人、失いました。

　原徹さん。

　スタジオジブリ初代代表です。

『風の谷のナウシカ』を制作した今は無きトップクラフトの代表取締役社長だった人で、私をジブリに呼んでくれた恩人でもあります。

　2021年の年末……ジブリで動画を務めた服部圭一郎君からの電話が第一報でした。

「木原君大変だ！　原さんが亡くなられた！　詳しく知ってるっ!?」

　こら！　滅多な事を口にするな！　情報源はどこの誰からなんだ？

　なんとフランスのアニメ作家Maroin Elvastiさん（『ユリシーズ31』・『太陽の子エステバン』・『ルパン8世』などを手掛けた作家）からもたらされた情報でした（マロインさんとは原さんが亡くなった報せをきっかけに強い友情で結ばれることになります）。

　彼は生前の原さんからインタビューを取っていた関係から、ご家族から連絡をもらっていたのです。

２０２１年12月14日享年86……交通事故によるものだったと知りました。

ほどなくしてまたも電話が鳴ります。

「木原君？　私、誰だかわかる？」

元気な女性の声？　……もしや……と思った瞬間。

「こらっ！　木原！　しっかりせんかっ！」（それも原さんの真似）

田中栄子さんっ!?

「なんだちゃんとわかるじゃない」

田中栄子さんは『となりのトトロ』や『魔女の宅急便』で原さんの片腕として制作担当を務めた私のボスです。

原さんの訃報は知っているの？　という事と、連絡の取れる限りの人に連絡して香典を集めてご家族にお渡しししたいという話でした。

私は知る限りの情報を話すことしか出来ませんでしたが、田中さんの動きは早かった。12月28日には「主に『となりのトトロ』・『魔女の宅急便』ジブリ在籍スタッフ一同」として、制作・美術・作監・演助・原画・動画・動検・仕上げ……総勢31名をまとめ上げて香典を整えたんですから流石の一言です。

私は最後のトップクラフト出身者でありながら、その見事で迅速な田中さんの手配に、なんと情けない……と悔やむしかありませんでした。

さて、原さんと田中さんと私を結んだ『トトロ』のエピソードを最後に残しておきたいと思います。

1988年……おそらく第2スタジオ（トトロ班分室）を引き払って、一つのジブリ本社になった5月頃。

私は田中さんに、一目でわかる『トトロ』の総合製作データ表を作って原さんに提出したいと、ラフな表（図①）を見せて相談します。

「どうして？　それぞれのデータは全部出してあるじゃない？　今さらまとめて表にするの？」

はい……実はこんな形で原さんに出してみたいと思って……と、1968年に公開された東映長編アニメ『太陽の王子　ホルスの大冒険』のデータ表（図②）を見せた。

「面白い！　乗った！」

二人して表を見た時の原さんの顔が見たかったのです。

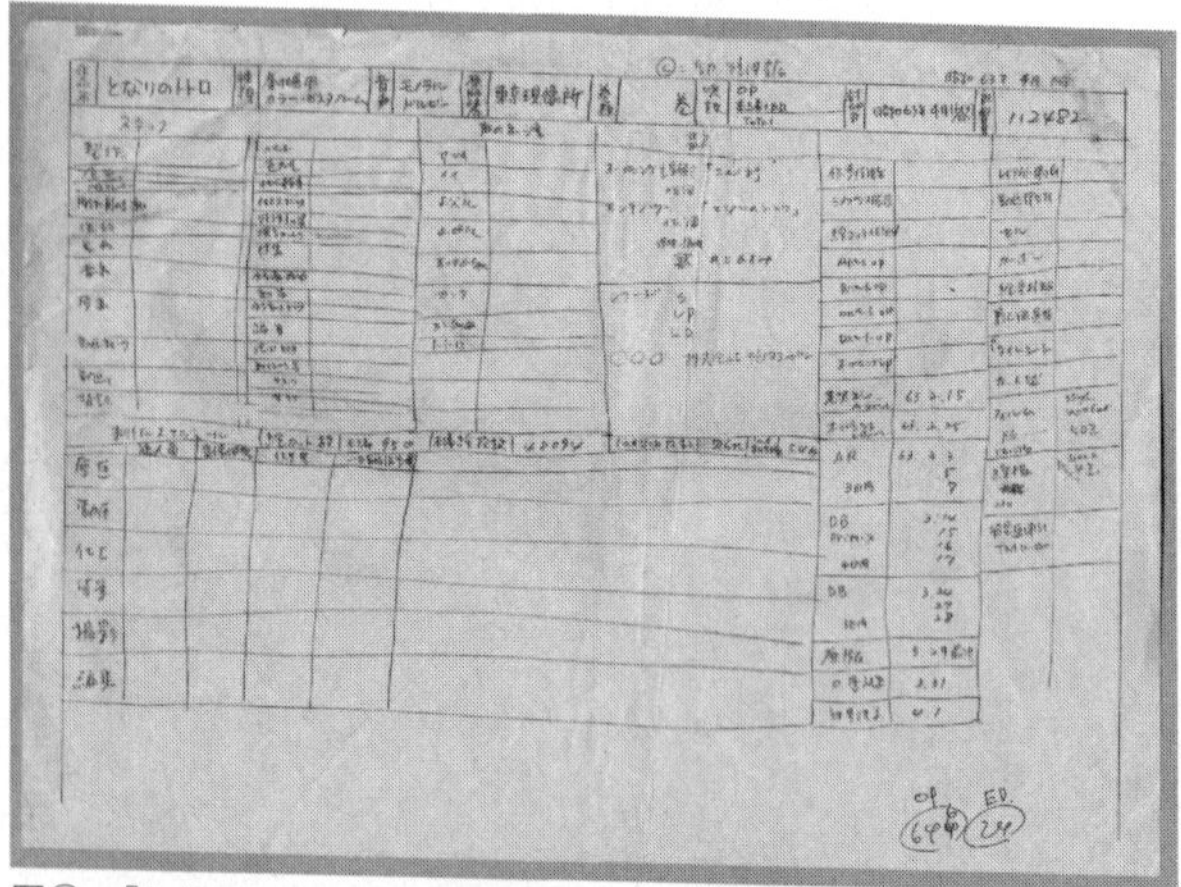

図①　『となりのトトロ』総合製作データ表ラフ

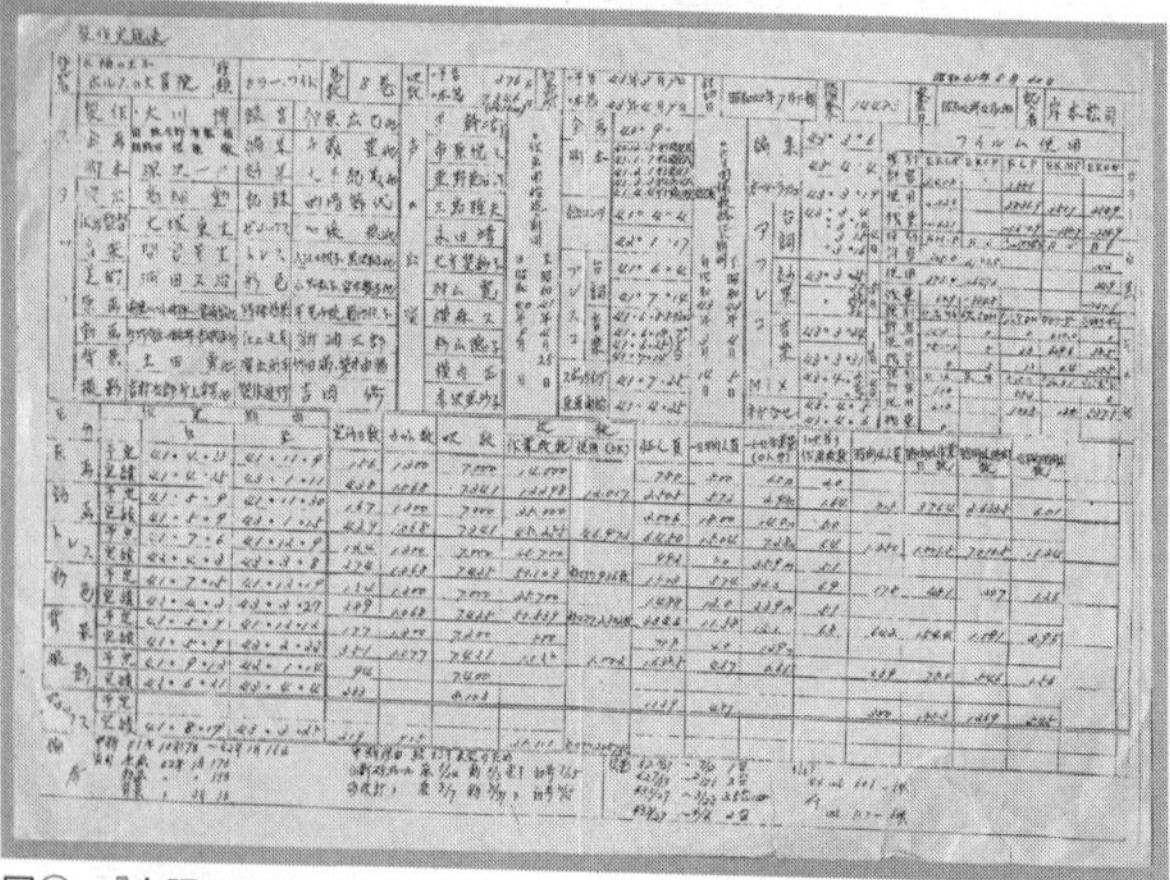

図②　『太陽の王子 ホルスの大冒険』総合製作実態表

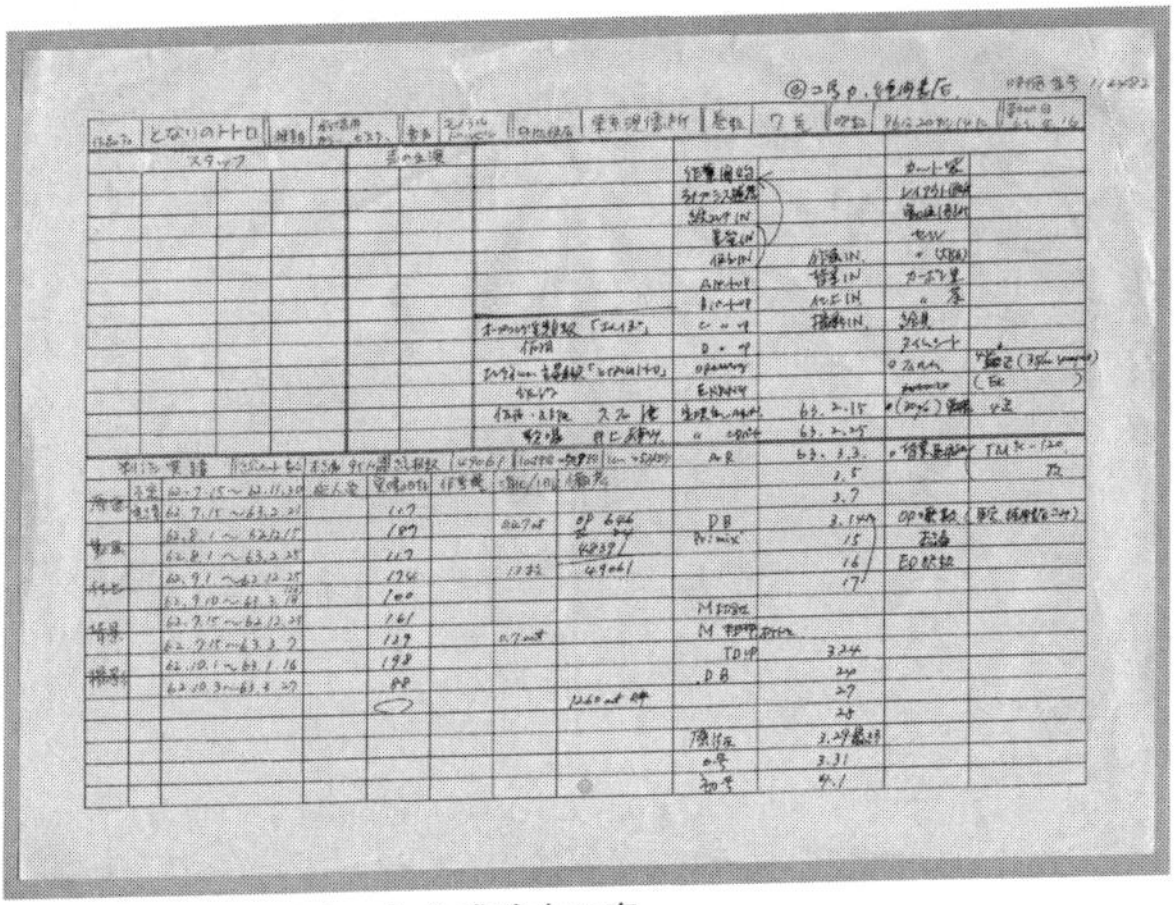

図③　『となりのトトロ』作成途中の表

その作成途中の表（図③）まで残っているのに完成形のコピーは行方不明なのだから情けない。

さて出来上がった表を原さんに提出するとどうなったのか？

「あぁ……そう……ご苦労さん」とチラ見しただけで素っ気ない。

「……」

しばらくして手にすると、ハテ？　と首を捻る。良く見ては首を捻る。

「あー……木原君……これは今、初めて出したんか？」

はいそうです。『トトロ』のデータですから……何か？

「いや……そうか……んー……そうか？……いや……。なんか初めて見た気がせんでなぁ……気のせいか……」

原さん。中身は初めてでも表は違います。ほらコレ、と『ホルス』のデータコピーを見せた。

「こらぁ……！」（これは！）

手にした原さんはメガネを上げて驚いた。

「あんた、コレをどうしたんや？　トップにも無い資料がなんである⁉」

出元は忘れましたが高校生の頃からコピーは持っていました。

田中さんもクスクスと笑いながら見ている。

原さんもクスクス笑いながら、へーーっと表を何度も眺めた。

「木原君……『ホルス』のこれコピー取ってくれるか？」

もちろんです。


『太陽の王子　ホルスの大冒険』は今から55年前の1968年7月21日に公開された東映長編映画です。

私が初めて子供だけで劇場に観に行ったアニメーションでもあります。

亡くなられた原徹さんは企画でクレジットされています。

作画監督は故・大塚康生さん。監督は故・高畑勲さん。場面設計として宮崎さんが初めて大きくクレジットされた映画でもあります。

その公開から20年後……当時8歳だった子供は同じプロジェクトの名の下に、原さん、高畑監督、宮崎監督と共に同じ会社で働くことが出来ました。

原さんは前作『ラピュタ』でプロデューサーを務めた高畑さんが『火垂る』の監督となったために、プロデューサーとして両作品にクレジットされています。

その公開から35年の時が流れました。

私が知る由もない苦労の山だったはずです。

いえ……正確に言えば苦労を書くことより大切な点があります。原さんのおかげで、ジブリというアニメ会社はその最初から歩き出すことが出来たという点です。

設立したてのジブリなど誰も知りません。

名前の話でなく、取引が一度もないので会社としての信用が無い、という点で知られてはいないのです。

高畑さんがプロデューサーで、宮崎さんが監督です……。

と言ったところで、人は集めやすいかもしれませんが、設立時に誰がこの二人をまとめて誰が会社を引っ張り続けて行くのか？　という信用問題があるからです。受注ではなく制作会社として発注する側の会社ですから一発屋のような会社だと思われては困るのです。

ここで原さんの名は大きな力を発揮しました。

トップクラフトの元代表取締役社長だった原さんは、『風の谷のナウシカ』の制作を含めて、数多くのスタジオと長年の取引を続けていたからです。

代表は原徹さんです!

十人が十人とも「原? って、あの原さん!? トップの?」と返すのですから、これこそ〝魔法の言葉〟としか言い様がありません。

スタジオであれ個人の原画マンであれ仕事の開始より先に口座を開く所から始まるのですから当然ではないでしょうか?

原さんが代表を務めていればこそ会社としてすぐに起動出来たのです。つまりジブリが最初に会社として動き出す点……起点であった……と。

最初からアニメの各社に絶大な信用がある人物……誰にでも務まる事ではないのではないか? と思うのです。

トップクラフトが解散していた事もあってですが、原さん無くしてジブリの継続は難しかったと思うのです。

当たり前の事ですが、入金に問題なく、会社が維持され、作品が生まれ続け、ヒット作を生み出し、名が知れるまでは存続不明と言えるのがアニメの世界です。逆に言えばもし成功作品が生まれれば会社はその名と共に歩きやすくなりますが、それがいつになるのかわかりません。

先行き不明……そんな不安定とも言える創立初期に原さんが果たした役割は、クレジットされた肩書よりもずっと大きいものであったと思います。

制作の代表の功績を記せる機会は二度とないでしょう。

それだけにここに書き残せて良かったとしみじみ思います。

さて私が最後に原さんとお話し出来たのは事故に遭われる3ヵ月程前でした。

「木原君の名前を本屋で見かけた時……あれは嬉しかった……」

生涯の宝となる言葉をいただきましたが、その先のことまでわかっていたらもっと話を伺っておくべきであった……と悔やまれてなりません。

今回の文庫化において、ご協力いただいた田中栄子さん、松尾圭介さん、フランスのアニメ作家のマロインさん、イギリスはロンドンの川瀬知子さん、中国は香港の

Hana Tsangさん、廣中タマ恵さん、ならびにこんなとんでもない増補にお付き合いくださった講談社の佐藤辰宣さんに心からの感謝を申し上げます。
最後に……映画『となりのトトロ』にクレジットされた181名の皆さん。35年目のお疲れ様でした。そして35年の感謝を込めてありがとうございます。今も『となりのトトロ』を愛してくださる全世界の皆様に御礼申し上げます。宮崎駿監督と原徹さんに感謝を込めて。

2023年7月14日。宮崎駿監督最新作『君たちはどう生きるか』公開の日に記す。

元スタジオジブリ第2スタジオ（トトロ班分室）制作デスク　木原浩勝

〔8月19日に『天空の城ラピュタ』、『火垂るの墓』で美術監督を務められた山本二三さんが亡くなられました。ご冥福をお祈りします〕

「～あんたが撮影で見せた根性があれば、宮さん相手でも務まるやろ。一緒に宮さんを担がんか？」

（『もう一つの「バルス」』より原徹さんの言葉）

本書は二〇一八年九月に刊行された単
行本に加筆・修正し、文庫としました。

|著者| 木原浩勝　1960年兵庫県生まれ。アニメーション制作会社・トップクラフト、パンメディア、スタジオジブリに所属。『天空の城ラピュタ』、『となりのトトロ』、『魔女の宅急便』などの制作に関わる。'90年『新・耳・袋』で作家デビュー。以来、「新耳袋」、「九十九怪談」、「隣之怪」（角川文庫）、「現世怪談」シリーズ、『禁忌楼』（講談社）など怪談作品を次々発表。怪談トークライブやラジオ番組も好評を博す。また、本書の前作にあたる『増補改訂版　もう一つの「バルス」 ―宮崎駿と『天空の城ラピュタ』の時代―』が話題となり、欧米を中心に世界各国から日本のアニメやスタジオジブリに関する講演の依頼がきている。

増補改訂版　ふたりのトトロ
―宮崎駿と『となりのトトロ』の時代―

木原浩勝

定価はカバーに
表示してあります

2023年10月13日第１刷発行

発行者――髙橋明男
発行所――株式会社　講談社
東京都文京区音羽2-12-21　〒112-8001
電話　出版（03）5395-3510
　　　販売（03）5395-5817
　　　業務（03）5395-3615

デザイン―菊地信義
本文データ制作―講談社デジタル製作
印刷―――株式会社KPSプロダクツ
製本―――株式会社国宝社

Printed in Japan

ISBN978-4-06-532942-9

講談社文庫刊行の辞

二十一世紀の到来を目睫に望みながら、われわれはいま、人類史上かつて例を見ない巨大な転換期をむかえようとしている。

世界も、日本も、激動の予兆に対する期待とおののきを内に蔵して、未知の時代に歩み入ろうとしている。このときにあたり、創業の人野間清治の「ナショナル・エデュケイター」への志を現代に甦らせようと意図して、われわれはここに古今の文芸作品はいうまでもなく、ひろく人文・社会・自然の諸科学から東西の名著を網羅する、新しい綜合文庫の発刊を決意した。

激動の転換期はまた断絶の時代である。われわれは戦後二十五年間の出版文化のありかたへの深い反省をこめて、この断絶の時代にあえて人間的な持続を求めようとする。いたずらに浮薄な商業主義のあだ花を追い求めることなく、長期にわたって良書に生命をあたえようとつとめるところにしか、今後の出版文化の真の繁栄はあり得ないと信じるからである。

同時にわれわれはこの綜合文庫の刊行を通じて、人文・社会・自然の諸科学が、結局人間の学にほかならないことを立証しようと願っている。かつて知識とは、「汝自身を知る」ことにつきていた。現代社会の瑣末な情報の氾濫のなかから、力強い知識の源泉を掘り起し、技術文明のただなかに、生きた人間の姿を復活させること。それこそわれわれの切なる希求である。

われわれは権威に盲従せず、俗流に媚びることなく、渾然一体となって日本の「草の根」をかたちづくる若く新しい世代の人々に、心をこめてこの新しい綜合文庫をおくり届けたい。それは知識の泉であるとともに感受性のふるさとであり、もっとも有機的に組織され、社会に開かれた万人のための大学をめざしている。大方の支援と協力を衷心より切望してやまない。

一九七一年七月

野間省一

講談社文庫 最新刊

講談社文芸文庫

京須偕充

圓生の録音室

解説＝赤川次郎・柳家喬太郎

昭和の名人、六代目三遊亭圓生の至芸を集大成したレコードを制作した若き日の著者が、最初の訪問から永訣までの濃密な日々のなかで受け止めたものとはなにか。

きＬ１
978-4-06-533350-4

伊藤痴遊

続 隠れたる事実

明治裏面史

解説＝奈良岡聰智

維新の三傑の死から自由民権運動の盛衰、日清・日露の栄光の勝利を説く稀代の講釈師は過激事件の顚末や多くの疑獄も見逃さない。戦前の人びとを魅了した名調子！

いＺ２
978-4-06-532684-8

講談社文庫　目録

熊谷達也　浜の甚兵衛
倉阪鬼一郎　八丁堀の忍
倉阪鬼一郎　八丁堀の忍(二)〈大川端の死闘〉
倉阪鬼一郎　八丁堀の忍(三)〈遥かなる故郷〉
倉阪鬼一郎　八丁堀の忍(四)〈隻腕の抜け忍〉
倉阪鬼一郎　八丁堀の忍(五)〈討伐隊、動く〉
倉阪鬼一郎　八丁堀の忍(六)〈死闘、裏伊賀〉
黒田研二　神様の思惑
黒木　渚　壁の鹿
黒木　渚　本性
黒木　渚　檸檬の棘
久坂部　羊　祝葬
黒澤いづみ　人間に向いてない
久賀理世　奇譚蒐集家　小泉八雲〈白衣の女〉
久賀理世　奇譚蒐集家　小泉八雲〈終わりなき夜に〉
雲居るい　破蕾(はらい)
鯨井あめ　晴れ、時々くらげを呼ぶ
鯨井あめ　アイアムマイヒーロー!
窪　美澄　私は女になりたい

黒崎視音　マインド・チェンバー〈警視庁心理捜査官〉
決戦!シリーズ　決戦!関ヶ原
決戦!シリーズ　決戦!大坂城
決戦!シリーズ　決戦!本能寺
決戦!シリーズ　決戦!川中島
決戦!シリーズ　決戦!桶狭間
決戦!シリーズ　決戦!関ヶ原2
決戦!シリーズ　決戦!新選組
決戦!シリーズ　決戦!賤ヶ岳
決戦!シリーズ　決戦!忠臣蔵
決戦!シリーズ　風雲〈戦国アンソロジー〉
小峰　元　アルキメデスは手を汚さない
今野　敏　ST 警視庁科学特捜班 エピソード1〈新装版〉
今野　敏　ST 警視庁科学特捜班 毒物殺人〈新装版〉
今野　敏　ST 警視庁科学特捜班〈黒いモスクワ〉
今野　敏　ST 警視庁科学特捜班〈青の調査ファイル〉
今野　敏　ST 警視庁科学特捜班〈赤の調査ファイル〉
今野　敏　ST 警視庁科学特捜班〈黄の調査ファイル〉
今野　敏　ST 警視庁科学特捜班〈緑の調査ファイル〉

今野　敏　ST 警視庁科学特捜班〈黒の調査ファイル〉
今野　敏　ST 為朝伝説殺人ファイル〈警視庁科学特捜班〉
今野　敏　ST 桃太郎伝説殺人ファイル〈警視庁科学特捜班〉
今野　敏　ST 沖ノ島伝説殺人ファイル〈警視庁科学特捜班〉
今野　敏　ST 化合 エピソード0〈警視庁科学特捜班〉
今野　敏　ST プロフェッション〈警視庁科学特捜班〉
今野　敏　特殊防諜班 諜報潜入
今野　敏　特殊防諜班 聖域炎上
今野　敏　特殊防諜班 最終特命
今野　敏　茶室殺人伝説
今野　敏　奏者水滸伝 白の暗殺教団
今野　敏　同期
今野　敏　欠落
今野　敏　変幻
今野　敏　警視庁FC
今野　敏　カットバック 警視庁FCII
今野　敏　継続捜査ゼミ
今野　敏　エムエス〈継続捜査ゼミ2〉
今野　敏　蓬莱〈新装版〉

講談社文庫 目録

今野 敏　イコン〈新装版〉
今野 敏　天を測る
後藤正治　拗ね者たらん〈本田靖春 人と作品〉
幸田 文　崩れ
幸田 文　季節のかたみ
幸田 文　台所のおと〈新装版〉
小池真理子　冬の伽藍
小池真理子　夏の吐息
小池真理子　千日のマリア
五味太郎　大人問題
鴻上尚史　あなたの魅力を演出するちょっとしたヒント
鴻上尚史　鴻上尚史の俳優入門
鴻上尚史　青空に飛ぶ
小泉武夫　納豆の快楽
近藤史人　藤田嗣治「異邦人」の生涯
小前 亮　趙匡胤〈宋の太祖〉
小前 亮　始皇帝の永遠〈天下一統〉
小前 亮　劉裕〈豪剣の皇帝〉
香月日輪　妖怪アパートの幽雅な日常①
香月日輪　妖怪アパートの幽雅な日常②
香月日輪　妖怪アパートの幽雅な日常③
香月日輪　妖怪アパートの幽雅な日常④
香月日輪　妖怪アパートの幽雅な日常⑤
香月日輪　妖怪アパートの幽雅な日常⑥
香月日輪　妖怪アパートの幽雅な日常⑦
香月日輪　妖怪アパートの幽雅な日常⑧
香月日輪　妖怪アパートの幽雅な日常⑨
香月日輪　妖怪アパートの幽雅な日常⑩
香月日輪　妖怪アパートの幽雅な食卓〈るり子さんのお料理日記〉
香月日輪　妖怪アパートの幽雅な人々〈妖アパミニガイド〉
香月日輪　妖怪アパートの幽雅な日常〈ラスベガス外伝〉
香月日輪　大江戸妖怪かわら版①〈異界より落ち来る者あり〉
香月日輪　大江戸妖怪かわら版②〈異界より落ち来る者あり 其之二〉
香月日輪　大江戸妖怪かわら版③〈封印の娘〉
香月日輪　大江戸妖怪かわら版④〈天空の竜宮城〉
香月日輪　大江戸妖怪かわら版⑤〈雀、大浪花に行く〉
香月日輪　大江戸妖怪かわら版⑥〈魔狼、月に吠える〉
香月日輪　大江戸妖怪かわら版⑦〈大江戸散歩〉
香月日輪　地獄堂霊界通信①
香月日輪　地獄堂霊界通信②
香月日輪　地獄堂霊界通信③
香月日輪　地獄堂霊界通信④
香月日輪　地獄堂霊界通信⑤
香月日輪　地獄堂霊界通信⑥
香月日輪　地獄堂霊界通信⑦
香月日輪　地獄堂霊界通信⑧
香月日輪　ファンム・アレース①
香月日輪　ファンム・アレース②
香月日輪　ファンム・アレース③
香月日輪　ファンム・アレース④
香月日輪　ファンム・アレース⑤(上)(下)
近衛龍春　加藤清正〈豊臣家に捧げた生涯〉
木原音瀬　箱の中
木原音瀬　美しいこと
木原音瀬　秘密
木原音瀬　嫌な奴
木原音瀬　罪の名前

講談社文庫 目録

講談社文庫 目録

2023年9月15日現在